KB215396

세가 게임기 투쟁사

세가 컨슈머 게임기 40년의 기록 : 1983~2023

오쿠나리 요스케 저   고라 역

STARBEEZ
도서출판 스타비즈

머릿말

나의 Twitter(현 X) 계정의 프로필 란은, 2010에 시작한 이후로 바뀌지 않았다.

"게임 고고학을 전공하고 있습니다. 아직 1980~90년대의 세계를 방황하고 있습니다."

이것을 썼을 때에는 그다지 진지하게 생각하지 않았다. 당시에는 회사에도 SNS 규정이 없었기 때문에, Twitter를 시작할 때 '옛날(게임)의 이야기 밖에 하지 않는 사람입니다'라는 것을 말하고 싶었을 뿐이었다. 하지만, 10년이나 그대로 두자 어느새 진지하게 받아들이는 사람이 나타나게 되었다.

취재로 처음 만났던 분이 "오쿠나리奧成씨는 게임 고고학 선생님이시죠?"라고 진지하게 물어봐서 놀랐던 적이 있지만, 물론 그런 학문은 존재하지 않는다(고 생각한다). 하지만, 요근래(2020년) '세가 세미[1]'라는 기획에서 선생님 스타일로 패러디극을 직접 연기했기에(대본은 직접 썼다), 오해가 더욱 퍼져나가고 있다. 지금은 '게임 학과' 같은 것이 대학에 실제로 있으므로, 조만간 실제로 '게임 고고학과'가 생길지도 모른다.

※1. 세가 세미(セガゼミ=Sega Seminar) : 유튜브 세가 채널에서 2020년 경 공개한 세가에 대한 상식을 소개하는 콘텐츠. https://youtu.be/HRLGPRHFiQE （QR코드 참조 →）

그런 날이 오면 입문서가 있는 편이 좋다…라는 이유만은 아니지만 묘한 계기로 게임의 역사에 대해 쓰게 되었기에, 내가 수업에서 떠들 만한 이야기를 모은 것이 이 책이다.

이미 비디오 게임의 역사에 관한 책은 많이 나와 있다. 당사자 자신이 집필한 논문부터, 여러 개발자를 취재한 연구서, 게임을 소재로한 작가의 회고록까지.

이 책은 그러한 것의 중간쯤을 목표로, 사실을 기반으로 하면서도 딱딱하지 않고 가볍게 읽을 수 있는 책을 목표로 해서 썼다.

내가 게임 업계에 발을 들인지 어느 새 30년 이상이 되었지만, 업계에 들어오기 전에도 게임 팬으로 지냈기에 거의 나이=게임 경력이다. 그리고, 그 중 상당한 비중으로 세가 팬이었다. 수년 전에 게재된 인터뷰 기사의 타이틀이기도 했던 '세가를 너무 좋아하는 세가 사원'은 편집부가 붙여준 별명이고 직접 말한 것은 아니었으나, 부정할 생각은 없다. 그런 사람이 쓴 것이다 보니, 세가의 가정용 게임기의 역사를 중심으로 한 책이다.

이 책의 의의는 가급적 정확한 역사를 알리려는 데 있다. 올해(2023년)는 닌텐도의 「패밀리 컴퓨터」가 등장한지 무려 40년이 되는 해다. 즉, 같은 해, 같은 날에 탄생한 세가 게임기 하드웨어도 탄생 40주년이 된다. 세가 하드에 대해서는 아직도 많은 팬이 있어서 감사한 일이지만, 의외로 알려지지 않은 사실이 많으므로 이번 기회에 알리고 싶다고 생각했다.

이 정도로 세월이 흐르면 1978년의 인베이더 붐을 체험했던 세대에게는 당연했던 비디오 게임의 추억이 사람들에게서 잊히거나, 오해가 퍼지기도 한다. 분명히 있었던 사실이 사람들과 공유되어있지 않다. 참 슬픈 일이 아닌가?

여기에 쓰여 있는 것은 내 자신이 사원으로서 경험해왔던 것은 물론, 입사 전의 이야기는 선배로부터 들은 옛 이야기나 공개되어 있는 자료를 기반으로 한 것도 있다. 경험하지 않은 것이나, 특히 세가 이외의 하드나 메이커에 관해서는 사실과 다른 것이 있을지도 모르나, 추측이 지나치지 않도록 주의하였다.

또한, 원래대로라면 세가 하드를 다룰 때에 아케이드의 역사에 대해서도 다루는 것이 맞겠지만, 그렇게 되면 너무 볼륨이 커지기 때문에, 이번에는 가정용 게임기 개발로 이야기를 좁혀서 1980년대에서 1990년대를 중심으로 정리하였다.

50대 이상에게는 추억을 되새기거나 '어른이 되서 다시 보니 그랬었구나' 하는 계기가, 젊은 사람에게는 일본의 20세기 비디오 게임의 역사를 이해하기 위한 참고가 되면 좋을 것이다.

그리고, 이 책에서는 특별히 언급이 없을 경우, '비디오 게임'은 TV 게임 전반을 가리키는 말로 사용한다. 또한, 사진 사용 등은 세가의 공식 라이센스를 얻고 있으나 내용은 저자 개인의 것으로 회사의 공식 견해가 아니라는 것을 이해해 주길 바란다. 문장 중의 회사명과 가격은 당시의 것이며, 숫자는 기본적으로 공식 보도자료나 인터뷰 등에서 공개된 것을 참고로 하고 있다.

한국 독자분들께 드리는 말

우선, 내가 처음으로 쓴 이 책이 한국에도 출판된다는 것을 매우 기쁘게 생각한다. 첫 번역서이기도 하다. 한국어판을 내주신 스타비즈 출판사에게 감사를 표하고 싶다.

본작은 20세기 가정용 게임기의 역사를 내가 직접 체험한 일본 시장을 중심으로 기록한 것이다. 북미나 유럽 시장에 대해서도 최소한으로 다루고 있지만, 한국 시장에 대해서는 쓰여 있지 않다.

애초에 원래 제목이기도 한 '세가 하드' 자체가 한국에는 존재하지 않았다. 당시 한국에서는 일본 제품을 직접 판매할 수 없었기 때문이다. 하지만 세가 대신에 '삼성전자'가 세가 하드를 오랫동안 판매해 주었다는 것을, 지금의 한국 게임 팬들은 모를지도 모른다.

마스터 시스템은 이름을 바꾸어 「겜보이」로, 메가 드라이브는 「슈퍼 겜보이」로, 세가 새턴은 「삼성 새턴」으로 판매되었다. 세가를 대표하는 게임인 『소닉』도 『버추어 파이터』도 삼성이 만든 게임이라고 생각한 사람도 있지 않았을까. 그러니 한국에서는 만약 이 책을 「세가 하드 전기」가 아닌, 「삼성 게임 하드 전기」라고 바꾸는 편이 더 많은 사람들에게 와닿을지도 모르겠다. 책 제목을 바꾸면 왠지 매우 잘 팔릴 것 같은 예감이 들지만, 분명 누군가가 화를 낼 것 같으므로 이쯤에서 멈추겠다.

　내가 실제로 삼성제 하드나 소프트를 본 것은 세가에 입사하고 나서 10년 이상 지난 2000년 이후였다. 그 후 한국 게임기 사정에 흥미를 가져 조사해 보니 삼성 겜보이는 일본 마스터 시스템보다 훨씬 오랫동안 신작 소프트를 발매하고 있었다는 것을 알았다. 특히 마스터 시스템을 좋아하는 나는, 옆 나라에서의 활약이 매우 부러웠다.
　이러한, 비슷한 듯 다른 한국과, 일본 및 북미/유럽 시장과의 차이는 여러 가지 있겠지만, 그래도 이 시대의 게임기 전쟁의 역사는 분명 재미있으실 것이라 믿는다.

　나는 올해로 세가에 입사한 지 30년이 되지만, 2016년부터 2019년 사이에는 아시아에 게임을 수출하는 일을 했다. 구체적으로는 일본 외의 아시아 국가들에, 세가가 아닌 다양한 유명 제작사의 게임을 한글이나 중국어로 로컬라이즈하여 세가 이름으로 플레이스테이션 PlayStation이나 닌텐도 스위치 Nintendo Switch용으로 판매했었다.
　그때 관여한 타이틀을 몇 가지 들자면, 아쿠아플러스의 『칭송받는 자 うたわれるもの』 3부작과 마벨러스의 『섬란 카구라 閃乱カグラ Burst Re:Newal』나 『Fate/EXTELLA LINK』, SNK의 『SNK HEROINES: Tag Team Frenzy』 등이다.
　아시아 게임 팬의 취향도 공부했다. 그때 실감한 것은, 특히 한국 팬은 일본 팬과 유럽 팬 양 측의 니즈를 모두 갖추고 있다는 것이었다. 어느 쪽의 인기 게임일지라도 반응이 있었다. 특히 놀란 것은 소닉의 인기였다. 북미/유럽에 가까운 수준으로, 아시아에서도 가장 인기라서 솔직히 일본보다 인기가 있었다. 옆 나라에서 이렇게 소닉이 인기 있다는 사실이 기뻤다.

2017년에는 출장으로 처음으로 서울에 갈 수 있었다. 강남 지역의 국제 전자 센터도 좋았지만, 무엇보다 용산 나진 상가가 좋았다. 거기에는 내가 매우 좋아하는 클래식한 게임 소프트가 잔뜩 있어서 마치 박물관 같은 느낌이었다. 첫 방문에 너무나 흥분하여 동행한 동료가 기가 막히다는 반응을 보였다. 다음 해 재방문했을 때에는 자유 시간 전부를 용산에서 보냈다.

다시 기회가 있다면 서울에 가서, 이번에는 한국의 세가 하드(삼성 하드?) 팬들과 이 책에 관해 뜨거운 대화를 나눌 수 있다면 좋겠다.

2025년 1월

오쿠나리 요스케

서장
| 1970년대~
세가 하드 이전의 역사

제1장
| 1983년~
SG-1000

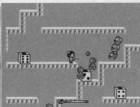

제3장
마스터 시스템

| 1986년~

제4장
메가 드라이브

제7장
드림캐스트

| 1998년~

제8장
그 후

| 2002년~

서장 | 1970년대~
세가 하드 이전의 역사

『스페이스 인베이더』에서 시작된 비디오 게임 붐

내가 세가 가정용 게임을 처음 접한 것은 1983년 말, 친구가 「SG-1000」을 샀을 때였다.

물론 게임기의 존재는 그 전부터 알고 있었다. 세가가 가정용 게임기에 참가한 그 해, 초등학생의 취미라고 하면 건프라나 비디오 게임이었기 때문이다(뭐지, 지금도 전혀 바뀌지 않았잖아).

세가의 SG-1000과, 같은 날에 닌텐도의 「패밀리 컴퓨터(패미컴)」가 발매된 그 날보다 훨씬 전부터 게임은 이미 아이들의 꿈으로 군림하고 있었다.

'디지털 네이티브'라는 말은 태어났을 때부터 인터넷이 생활 속에 있던 1990년대 이후에 태어난 세대를 말하는데, 그렇다면 나처럼 1970년대 이후에 태어난 세대는 '비디오 게임 네이티브'라고 말해도 지나치지 않다.

그리고, 그 세대의 아이들이 처음으로 접한 비디오 게임은 패미컴처럼 집에서 가지고 노는 것이 아닌, 업소용의 소위 '아케이드 게임'이라고 불리는 것이었다.

원래 미국에서 탄생한 비디오 게임은 호텔의 게임 코너나 영화관 한켠에 설치되어 있던 '일렉 메카'[※1]의 한 종류에 지나지 않았다.

※1 핀볼이나 메달 게임 등을 제외한, 물리적인 장치가 있는 게임을 말한다. 크레인 게임이나 두더쥐잡기가 그 예. 그 때에 있던 비디오 게임은 「퐁(테이블 테니스)」이나 「브레이크 아웃(블록깨기)」다.

그 때에 있었던 비디오 게임은 『퐁(테이블 테니스)』나 『브레이크 아웃(블록깨기)』이었다. 이것들은 직선적인 움직임을 하는 도트(점)을, 바를 움직여 맞춰서 궤도를 바꿔 테니스 같은 게임을 하거나, 늘어선 블록을 혼자서 제거하거나 하는 단순한 게임이었다.

그래도 그전까지 일방적으로 보는 것만 할 수 있었던 TV 모니터 안을 자신이 조작할 수 있다는 점은 매력적이었기에 화제가 되었다. 구성도 단순했기 때문에 얼마 지나지 않아 가정의 TV로 즐길 수 있게 한 것이 발매되었다.

일본의 초기 가정용 게임기로 유명했던 것으로는 에폭Epoch 사가 1975년에 발매했던 일본 최초의 가정용 게임기 「테레비 테니스」가 있다.[2] 그리고, 1977년에는 「컬러 테레비 게임15」와 그 염가판인 「컬러 테레비 게임6」이라는 닌텐도 최초의 가정용 게임기가 등장. 이 때에는 TV에서 광고가 많이 나와서 더욱 많은 사람들이 관심을 가지게 되었던 기억이 있다. 닌텐도의 첫 게임기는 2종류만으로 70만 대라는 큰 히트를 기록하지만, 이때까지는 아직 비디오 게임 붐이라고 말할 정도는 아니었고, 여러 오락거리 또는 장난감의 한 종류에 지나지 않았다.

본격적인 비디오 게임 붐은 이듬 해인 1978년에 아케이드 게임으로 등장한 타이토(TAITO)의 『스페이스 인베이더』부터 시작되었다. 해외 게임의 카피 제품만 있던 일본에서 『스페이스 인베이더』는 아직 흔치 않았던 일본 오리지널 게임이었다. 블록깨기를 기본으로 하

※2. 발매 후에는 다수의 메이커에서 유사한 테이블 테니스 게임이 발매되었다.

면서, 볼의 단순한 움직임을 크게 진화시키고 침략과 공격이라는 요소를 더한 이 게임은 대히트. 일본의 남녀노소 모두가 열중했고 순식간에 사회 현상이 되었다. 이 '인베이더 붐'에 의해 TV 게임은 일반에 더욱 퍼져나갔다.

인베이더 게임만으로 가게를 꾸린 '게임 센터'라 불리는 점포가 차례로 탄생했다. 당시에는 '인베이더 하우스'라고도 불렸으며 남녀노소 가리지 않고 많은 사람들로 붐볐다. 더욱이 인베이더는 찻집이나 술집 등 지금까지 게임과 관계가 없던 장소에도 등장, 점 내의 테이블 중 몇 개는 인베이더를 내장한 테이블 기체로 교환되어 놓이게 되었다.

인베이더 같은 아케이드 게임기를 취급하던 것은 호텔이나 볼링장의 게임 코너에 두는 놀이 기구를 오랫동안 유통시켜왔던 어뮤즈먼트 업계였다.

2차 세계 대전 후, 일본에 온 40만 명이 넘는 미 주둔군. 그들을 위해 오락으로 수입된 주크박스나 핀볼 기계 등의 게임 머신을 판매, 관리하면서 일본 국내에서 개발을 시도한 업자들이 어뮤즈먼트 업계의 조상이다.

미 주둔군이 떠나고 나서, 이 업자들의 거래처는 시내의 오락시설이 되었다. 즐길 거리의 수요 확대에 맞춰, 업계는 탑승형 놀이기구나 상자형 사격 머신을 중심으로 한 일렉 메카 개발도 하며 성장을 지속했다. 그리고, 70년 대 후반이 되어 어뮤즈먼트 업계는 크게 변화한다. 일시적인 유행에 불과할 것이라고 생각되었던 비디오 게임이 인베이더 붐을 계기로 여관 한편의 게임 코너에 놓이는 도구에서 벗어나, 본격적인 사업의 중심이 된 것이다.

어린이들이 열광했던 '전자 게임'

『스페이스 인베이더』의 열광적인 붐은 실제로는 매우 짧았고 1년 남짓한 기간 만에 가라앉았으나, 나의 당시 감각으로는 너무나도 머리에 쾅! 하고 와닿았던 탓인지, 몇 년이나 지속되었던 것 같은 인상이 있다. 하지만 착각이 아니라 실제로도 인베이더 하우스는 없어지기 않았다. 인베이더의 너무나 큰 히트에 의해 '게임 시장'이 생겨난 덕분에 "인베이더의 빈자리에 둘 다음 것을 준비하자"라며, 그 뒤에도 비디오 게임 붐은 지속되었다.

인베이더를 만들어 낸 타이토는 물론이고, 인베이더에 지지 않을 게임을 만들기 위해 다양한 신종 게임을 만들던 회사, 붐에 편승하여 인베이더 카피 품이나 복제 게임을 만들던 회사 등 모두가 이 기회에 올라탔다. 그리고, 포스트 인베이더를 목표로 경쟁적으로 신작을 만들어냈다.

『갤럭시안』(남코), 『문 크레스타』(일본 물산) 등 인베이더의 직접적인 영향 하에 탄생한 게임은 물론, 『헤드온』(세가), 『팩맨』(남코), 『동키 콩』(닌텐도), 『크레이지 클라이머』(일본 물산) 등 완전히 새로운 타이틀이 차례로 탄생하고 히트한다. 인베이더로 시작된 게임 센터의 사업은 일회성으로 끝나지 않고 그대로 마을 곳곳에 자리잡았다.

그리고, 이 인베이더 붐을 유소년기에 체험한 것이 내가 생각하는 최초의 '비디오 게임 네이티브'이며, 나 자신이 그 한 명이라고 생각한다.

당시의 내 머릿속은 인베이더로 꽉 차 있어서 눈에 보이는 모든 것이 도트 매트릭스로 보였다(10년 후, 『테트리스』로 비슷한 말을 하는 사람이 늘었다). 하지만 당시 나는 아직 초등학생. 캔 콜라 하나가 100엔이 안 되던 시대에 아케이드 게임의 1회 플레이는 100엔으로, 계속 즐기기에는 경제적으로 한계가 있었다. 어쩔 수 없이 인베이더의 화면이 인쇄된 종이 책받침을 구해서 학교 책상 가운데에 두고 꾸부정하게 앉아 책받침을 보면서 수업 중에 이미지 트레이닝을 했었다.

하지만 그림이 움직이지 않는 책받침만으로는 역시 무리가 있었기에, 어린이에게는 어린이를 위한 인베이더가 필요했다. 거기에 주목한 것이 토미Tomy나 반다이Bandai 등 완구 업계였다. 각 제작사는 인베이더(풍의) 게임을 즐길 수 있는 장난감, 통칭 '전자 게임'[3]을 앞다퉈 발매했다. 1979년의 일이었다.

아케이드의 재미를 간단한 형광표시관(FL) 램프 등의 깜빡임으로 재현한 소형 장난감인 '전자 게임'은 싸더라도 5,000엔 이상, 비싸면 1만 엔을 넘을 정도로 당시에도 꽤 비싼 가격으로 발매되었다. 1회 플레이 100엔과 비교하면 고가인 물건이었으나, 이것만 있으면 언제 어디서라도 무한히 게임을 즐길 수 있다. 그리고, 어린이들에게는 크리스마스나 생일 선물 등 한 해에 몇 번 정도 전자 게임을 얻을 수 있는 기회가 있었다. 용돈을 아케이드 게임에 쓸 것인지, 저금해서 전자

....
※3. 전자 게임의 원조는 미국으로 1976년에 발매된 마텔 사의 『Auto Race(오토 레이스)』다. 일본에서는 에폭 사의 야구 게임 『디지컴9』(1979년)이 최초의 히트작.

게임을 살 것인지를 두고 아이들 사이에 2개의 파벌이 생겼다(물론 둘
다 할 수 있던 아이도 있었지만). 어쨌든 아이들이 본격적으로 게임을 '사
서 소유'할 수 있게 된 것이 전자 게임이었다.

인베이더 붐 뒤에도 새로운 아케이드 게임이 나오면 그에 맞춰 완
구 제작사가 그 게임의 재미를 전자 게임화하는 순환이 생기고, 전자
게임이 No.1 히트 완구가 되며 시장은 점점 커져갔다.

전혀 세가가 나오고 있지 않지만, 이야기는 계속된다.

이제 아이들은 전자 게임을 살 수 있게 되었을 때 어떤 것을 살 것
인지 크게 고민한다. 단순히 게임의 종류만이 아니다. 같은 게임을
모티브로 하고 있더라도 어느 회사가 만든 전자 게임이 가장 오리지
널을 제대로 재현하고 있는지, 또는 어레인지를 더하여 원본보다 더
재미있는지를 고민했다. 소학관의 어린이용 인기 잡지 [코로코로 코
믹]이나 [테레비군]에서는 인기 장난감인 전자 게임을 매번 특집으
로 다뤘다. 아이들은 이 소개 기사를 읽거나 백화점 장난감 코너에
놓인 체험대에서 해보거나 해서 필사적으로 게임기를 골랐지만 그
이상으로 종류가 많았다.

예를 들면 1980년에 대 히트한 남코의 『팩맨』은 전자 게임을 발매
하던 거의 모든 완구 메이커가 각각 독자적으로 전자 게임을 만들었
다. 우선 토미의 전자 게임기 「팩맨」은 둥글고 노란 본체 디자인이 미
래의 디자인 같아 아름답고, 상품명도 오리지널과 같아서 진짜 같은
느낌만은 대단히 뛰어났다.

하지만 실제 즐겨보면 이동할 수 있는 미로의 크기가 매우 작고 조

작은 레버가 아닌 십자로 배치된 4개의 버튼이며, 게다가 팩맨은 그려진 그림이 한 방향뿐이라 오른쪽에서 왼쪽으로 이동 시에만 먹이를 먹을 수 있는 등, 내용에도 여러 문제가 있어서 내 주위의 평가는 좋지 않았다.

반대로 많은 친구들 사이에 표준이 되었던 것은 다음의 2가지 기종이다. 하나는 반다이의 「FL 팩크리 몬스터」. 이동 맵은 토미 것보다 넓고 캐릭터도 경쾌하게 움직인다. 커피 브레이크의 데모도 유사품 중에서 유일하게 재현되어 있으며 가격도 7,800엔으로 타사보다 비교적 싸다는 점도 매력적이었다.

다른 하나는 에폭 사의 「파쿠파쿠(뻐끔뻐끔)맨」이다. 이것은 후술할 「게임&워치」와 마찬가지로 액정 화면은 소형이었으나 단추형 전지 구동인 높은 편리성과 경쟁품 중에서는 가장 싼 6,000엔이라는 가격으로 특히 잘 팔렸다는 인상이 있다.

그 중에 내가 샀던 것은 학연學研의 「팩 몬스터」였다. 가격은 8,500엔으로 고가였으나, 맵은 가장 넓고 아케이드와 같은 세로 화면 구성이라 게임 센터의 분위기에 가장 가깝다고 생각한 명기였다.

아이들은 자신이 고른 팩맨이 가장 재미있다(재현도가 높다, 열중할 수 있다, 소리가 좋다)고 믿으며 친구들과 비교하며 놀곤 했다.

물론 「팩맨」 이외의 게임을 사는 방법도 있다. 아케이드 게임에 기반을 두지 않은 오리지널 게임도 다수 발매되었다. 유명한 것은 닌텐도가 발매한 게임&워치 시리즈다. 형광관을 쓰지 않고 전자 계산기를 응용한 액정 화면[※4]을 쓴 것이 시선을 끈 휴대형 게임기로, 5,800엔이었다. 그해 봄에서 여름까지의 몇 달 사이에 4종류의 게임을 차례로 발매했다.

제1탄인 「볼」은 일본에서는 생소한 해외 메이커 메도우스 게임즈 Meadows Games의 아케이드 게임 『집시 저글러Gypsy Juggler』(1978년)를 전자 게임화한 것이었으나, 리드미컬한 효과음이 기분을 좋게하는 게임 플레이는 독특한 매력이 있었다. 또한, 해외 만화 캐릭터를 떠올리게 하는 세련되고 애교넘치는 실루엣의 캐릭터와 컴팩트한 본체 디자인, 성인을 대상으로 한 광고도 효과적이었는지, 발매 후 바로 주목을 모았으며 제4탄인 「파이어」[※5]는 특히 인기였다. 첫 5작품 만으로 예상을 훨씬 뛰어넘는 60만 대가 팔렸다고 한다.

게임&워치는 그 뒤에도 개량을 더한 신작이 수 개월마다 발매되어, 1981년에는 와이드 스크린의 「옥토퍼스」, 그리고 1982년에 발매된 위아래 2화면의 멀티 스크린 「동키콩」도 대히트. 게임&워치 시리즈는 최종적으로 일본에서 1,287만 개, 해외에서 3,053만 개나 팔렸다고 한다. 전자 게임에 뒤늦게 참가한 닌텐도였으나, 여기서도 큰 존재감을 드러냈다.

그런데, 멀티 스크린 「동키콩」은 1981년에 게임 센터에 릴리즈한 인기 게임을 이식한 것이었으나, 전자 게임 붐은 이 「동키콩」이 정점이 된다. 아케이드 게임의 기술 진화가 너무 빨라 전자 게임으로 게

※4. 액정 화면을 사용한 게임기 자체는 닌텐도의 게임&워치가 세계 최초가 아니고 미국에서 먼저 발매되었으며, 닌텐도는 그것을 참고하여 소형화한 것이다.

※5. 화재가 난 빌딩에서 뛰어내리는 사람들을 트램펄린을 사용해 구출하는 게임. 미국의 Exidy사가 1977년에 릴리즈한 아케이드 게임 「서커스」(통칭: 풍선 터트리기)에서 착상한 것으로 보이지만 플레이 내용은 상당히 다르다.

임 시스템을 구현하는 것이 어려워지고, 단순한 게임 시스템도 질리기 시작했기 때문이었다.

가정용 게임기와 하비 퍼스컴

이때 새롭게 등장한 것이 가정용 게임기다.

인베이더 붐 이전에도 『퐁』을 가정의 TV로 즐길 수 있게 한 가정용 게임기는 몇 개 있었으나, 즐길 수 있는 게임은 전자 게임과 마찬가지로 1종류 밖에 없고 내용도 단순하여 질리기 쉽다는 문제가 있었다. 카트리지 교환 방식의 게임기도 존재는 했으나, 가격이 너무 높았기에 보급되지는 않았다.

이 여명기에 성공을 거둔 것이 앞에 이야기한 「컬러 테레비 게임 15」를 발매한 닌텐도와 에폭 사다. 에폭 사는 닌텐도의 컬러 테레비 게임15와 거의 동시에 「시스템10」이라는 게임기로 참전. TV로 즐기는 야구 게임의 원조격인 존재 「테레비 야구 게임」, 1라인 밖에 없다고는 해도 인베이더 게임을 TV로 즐길 수 있게 한 「테레비 베이더」 등을 낸 뒤에 낮은 가격의 카트리지 교환식 게임기 「카세트비전」을 1981년에 발매했는데 이것이 대히트한다.

게임 화면은 모두 아이가 조립한 블록 인형 수준의 큰 모자이크 같은 캐릭터였으나[6], 카트리지(카세트)를 교환하면 전혀 다른 게임을 즐길 수 있는 게임기를 1만엔 대에 구입할 수 있다는 점은 획기적이었다.

....
※6. 당시 아이의 눈으로 봐도 '아무리 그렇다고 해도 그림이 너무 조잡하다'며 화면에 대해 불평이 있었다.

　본체 1만 3,500엔, 카트리지 4,980엔으로 전자 게임 2대 가격이라, 이 정도 초기 투자를 할 수 있는 아이는 한정되었지만, 그래도 일본의 많은 아이들이 처음으로 주목한 카트리지 교환식 게임기였다.

　또한, 이 시대는 TV도 개인이 혼자 점유할 수 있는 것이 아니었기에 TV 게임은 가족이 함께하거나 아무도 TV를 보지 않을 때만 즐길 수 있는 아주 감질나는 물건이었다. 그래도 이를 가지고 있는 아이의 집에는 매일같이 친구들이 몰려들 정도의 인기 히트 상품이었다.

　카트리지 교환식 시스템은 카세트비전이 처음이 아니다. 미국에서는 세계 최초의 가정용 게임기인 「오디세이」(1972년)에 이미 채용되어 있었다. 70년대 후반 미국에는 여러 종류의 카트리지 교환식 게임기가 등장하여, 인베이더 붐 후에 조금 늦게 일본에도 몇 가지가 발매된다. 그러나, 1달러=200엔 전후였던 시대의 수입품이었던 만큼 일본에서의 판매 가격이 5만엔 대의 고가[7]였기에, 카세트비전 이전의 기종은 아이들의 화제가 되지 않았다.

　하지만, 현지 미국은 달랐다. 200달러 정도에 판매되던 「아타리 VCS(후에 「아타리2600」으로 이름을 바꿈. 이하, 아타리2600으로 표시[8])」는 카세트비전을 뛰어넘는 성능으로 인베이더나 팩맨 소프트를 카세트 교환 방식으로 즐길 수 있어서 1500만 대를 넘는 대 히트를 하고 있었다.

....
※7. 일본에서도 반다이에서 「슈퍼 비전 8000」이라는 카트리지 교환식 게임기가 발매되었으나, 가격은 인베이더 카트리지 동봉으로 5만 9,800엔의 상당한 고가 상품이었다.

※8. VCS는 Video Computer System의 약자. 아타리2600은 일본에서는 「카세트 TV게임」이라는 명칭으로 1980년에 수입 판매되지만, 인베이더 카세트 포함 4만 7,300엔으로 역시 고가였기에 큰 화제는 되지 않았다.

아쉽게도 일본에는 이런 정보가 잘 전해지지 않았다. 영화 〈스타워즈〉의 극장 개봉조차 미국의 1년 뒤였던 당시 일본에서는 TV 게임 열풍도 거의 알려지지 않은 채 전자 게임 붐이 계속되고 있었다. 그 후 미국에서 1983년에 시작된 소위 "아타리 쇼크"[9]에 의해 TV 게임 붐이 급속히 가라앉을 즈음에야 일본에도 본격적인 붐이 시작된다. 어쨌든 여기서는 일본 이야기를 이어서 하겠다.

한편, 전자 게임이나 가정용 게임기와 함께 퍼스널 컴퓨터(당시는 마이크로 컴퓨터, 줄여서 '마이컴'이라고 불렀다)가 서서히 가정에 보급되고 있던 것도 이 즈음이었다. 처음에는 고가였기에 살 수 없었던 퍼스컴이었으나, 마츠시타 전기가 「JR-100」, 도시바가 「퍼스피아」를 낸 1981년 연말 이후가 되면, 몇만 엔이나 하는 PC용 모니터를 추가로 사지 않더라도 가정용 TV에 연결하여 쓸 수 있게 되어 점차 일반 가정에서 볼 수 있게 되었다. 현재는 '하비 퍼스컴'이라고 불리는 저가격 컴퓨터들이다.

그 중에서도 NEC의 「PC-6001」은 아이들에게 상당한 화제였다. 당시 [코로코로 코믹]에서 아이들에게 비디오 게임 붐을 불러일으키는 촉매였던 만화 〈게임 센터 아라시〉를 연재하고 있던 스가야 미츠루 선생이 단행본으로 그린 획기적인 PC 입문서 〈안녕 마이컴〉(소학관, 1982년)에서 한권 통째로 PC-6001을 소개하고 있었기 때문이

※9. 1982년 연말 성수기에 저품질인 게임 소프트가 시장에 범람하고, 과잉 공급이 더해져 대량의 재고를 떠안고 큰 적자를 낸 것을 계기로, 미국 최초의 TV 게임 붐이 끝나고 시장이 붕괴한 사건. 이 용어가 실제로 당시에 존재했는지에 대해서는 여러 설이 있지만, 현재는 일반적으로 사용되고 있으므로 그대로 사용하도록 하겠다.

었다.

〈게임 센터 아라시〉의 외전같은 만화라고 생각하고 〈안녕 마이컴〉을 샀던 아이들은 컴퓨터만 있으면 TV게임을 집에서 직접 만들 수 있다는 사실을 알게 된다. 〈아라시〉의 팬들에게는 충격적인 사실이었다.[10]

실제로도 다수의 하비 퍼스컴의 등장에 의해 많은 젊은이들이 퍼스컴의 포로가 되었다. 그들은 새로운 게임을 직접 만들거나 인기 아케이드 게임을 이식하며 실력을 갈고 닦았다. 그 결과, 그 후의 게임 업계를 견인하는 프로그래머가 태어나고 게임 제작사가 탄생하는 계기가 되었다. 하지만 그것은 10대 후반 이상에 해당하며, [코로코로 코믹] 독자인 초등학생에게는 이른 이야기였다. PC-6001은 아무리 지금까지의 퍼스컴보다 저가격이었다고해도 8만 9,800엔. 전자 게임의 10배 가격이다. 당시 가장 낮은 가격인 JR-100이라도 5만 4,800엔이나 했다. 직접 게임을 만들고 싶을지라도 아이들은 아직 전자 게임을 벗어날 수 없었다.

이를 노리고 전자 게임을 만들고 있던 완구 메이커가 하비 퍼스컴 시장에 참가했다. 1982년의 일이다. 유명한 것은 토미의 「퓨타」, 게다가 전자 게임에는 참여하지 않았던 타카라도 「게임 퍼스컴」[11]을 발매했다. 둘 다 5만 9,800엔으로 가격은 큰 차이가 없으나, 완구 메이

※10. [안녕 마이컴(こんにちはマイコン)]의 성공으로 스가야 미츠루 선생은 〈게임 센터 아라시〉의 연재를 교체하는 형식으로 [별책 코로코로 코믹]에서 〈마이컴 전아 런(マイコン電児ラン)〉을 연재한다. 직접 만든 게임으로 라이벌과 대결하는 만화였으나 아쉽게도 예상보다 인기를 끌지 못하여 단기간에 연재가 종료되었다.

※11. 게임 패드를 제외한 「게임 퍼스컴 M5」도 4만 9800엔에 이듬해에 발매되었다. 또한, 타카라와 공동 개발한 소드 계산기 시스템 사에서도 「게임 퍼스컴 m5」라는 이름으로 발매되었고 둘 다 4만 9800엔이었다.

커에서 만든 퍼스컴에는 카트리지를 넣는 곳이 있었고, 카트리지로 게임을 공급했다. 게임을 프로그램하지 않아도 카세트비전처럼 전원을 넣고 바로 TV게임을 즐길 수 있었던 것이다.[12] 이들 완구 메이커의 하비 퍼스컴은 그때까지의 퍼스컴 유통이 아닌 장난감과 같은 완구 유통을 사용하고 있었으므로 백화점의 장난감 코너 등에 진열되었다.

그런만큼 게임 센터의 히트작 『프로거』(코나미)를 즐길 수 있는 퓨타의 매력은 빛났으며, 장난감 매장의 체험 코너는 항상 아이들로 가득했다.

TV로 즐기는 게임의 박력은 전자 게임판 학연의 『프로거』나 반다이의 『크로스 하이웨이』 등으로는 전혀 따라잡을 수 없는 것이었으며 오리지널 그대로의 표현력과 그에 따른 게임의 깊이 차이가 당시의 아이들에게도 확실히 느껴졌다. 게임 퍼스컴으로 『갤러그』나 『디그 더그』 등 남코의 인기 타이틀이 다수 이식되어 체험 코너가 있는 백화점은 아이들로 대인기였으나, 가격이 장벽이 되어 실제 샀다고 하는 친구는 내 주위에는 아무도 없었다.

하비 퍼스컴과 함께 나타난 가정용 게임기가 반다이의 「인텔리비전」[13]이다. 키보드가 포함되어 있지 않았기에 게임을 직접 만들 수는 없었으나, 카세트비전을 월등히 뛰어넘는 선명하고 아름다운 화

※12. 이때까지의 퍼스컴 소프트는 프로그램이 들어간 카세트 테이프를 재생시켜 몇 분이나 걸려서 데이터를 읽어들인 후 게임을 플레이하는 것이 기본이었고, 카트리지 방식 게임은 많지 않았다.

※13. 1980년에 미국의 완구 메이커 마텔 사가 발매. 일본에는 마텔 사와 업무 제휴를 하고 있던 반다이가 1982년에 발매했다. 일본 명칭은 인테레비전(インテレビジョン)이나 원 제품명을 살려 인텔리비전(Intellivision)으로 번역하였다.

면은 하비 퍼스컴 이상으로 보였다. 4만 9,800엔이라는 가격은 과거의 카트리지 교환식 게임기와 비슷한 고가였으나, 조금 앞서 나온 아케이드 게임에 가까운 세밀하고 깔끔한 화면은 타기종과 비교해도 차세대 화질로 느껴졌다. 즐길 수 있는 게임의 종류도 풍부하며 가격 자체도 하비 퍼스컴보다 싸다. 인텔리비전의 타겟은 20대였다고 하며 일본에서는 아케이드 게임의 이식이 아닌 스포츠 게임 중심의 라인업이었기에 아동 대상의 잡지에서는 그다지 소개되지 않았다. 하지만 반다이의 젊은이를 대상으로 한 프로모션 전략 덕분에 한 단계 위의 게임기가 있다는 기억은 남아 있다.

1983년, 패미컴과 SG-1000이 등장

드디어 운명의 1983년이 다가온다. 나는 초등학교 6학년이 되었고, 물론 게임에 빠져있었다.

[코로코로 코믹]은 최신 전자 게임 특집을 지속하고 있었으나 여름을 지날 무렵에는 게임 특집 기사에 여러 가정용 게임기의 비교 기사가 게재되었다.

토미의 「퓨타Jr.」은 키보드(프로그램) 기능을 제거한 게임 특화형으로 1만 9,800엔(소프트 1개 포함)이라는 오리지널 판에 비해 상당히 저가격을 실현했다. 반다이의 「알카디아」[14]는 1만 9,800엔이라는 저가격이 된 인텔리비전의 자매기로, 호환성은 없지만 마찬가지로

※14. 실제로 반다이는 인텔리비전 이전에도 「애드온 5000」이나 「슈퍼 비전 8000」을, 알카디아와 동시기에는 호비 퍼스컴 「RX-78」, 벡터 스캔 모니터를 본체로 한 「광속선(光速船)」 등 여러 가지 시도를 전개하지만 여기서는 생략한다.

다수의 게임이 라인업되었다. 인텔리비전에는 없는 아케이드 게임의 이식 타이틀이 몇 가지 있던 것이 무엇보다 매력이다. 에폭의 「카세트비전Jr.」은 히트 기종의 염가판으로 5,000엔이라는 파격적인 가격이었으나 다른 게임기의 화면과 비교하면 이미 한 세대 전의 게임이라는 인상이었다. 학연의 「TV보이」도 가격이 쌌으나 마찬가지 상황이었다.

그리고, 닌텐도의 패밀리 컴퓨터. 잡지에 소개될 때의 사진은 언제나 『동키콩』이었다. 『동키콩』은 2년 전에 대히트했던 게임이므로 조금 낡은 느낌이었으나 화면은 게임&워치 판이나 유사 전자 게임 판과는 비교가 안될 정도로 아케이드 판과 거의 같아 보였다. 실제로 당시의 라이벌 기종과 비교해도 한 단계 높은 표현 능력을 가지고 있으면서도 가격은 1만 4,800엔으로 더 쌌다. 유일한 단점이라면 발매되는 타이틀 수가 압도적으로 적었다는 것이다.

그리고, 패미컴과 항상 함께 소개되던 가정용 게임기가 세가의 SG-1000이었다. 화면은 언제나 『콩고봉고』였다(오래 기다리셨습니다. 이제 드디어 세가 이야기다).

▲『콩고봉고』

당시 나에게 세가라는 이름은 영화관 로비의 휴게실[15]에 놓여있는 게임기의 화면에서 본 적은 있지만 완구로는 처음 보는 회사였

※15. 옛날 영화관은 동시상영(1개의 입장권으로 2편의 영화를 볼 수 있는 상영 방식)을 하는 경우가 많았기에, 극장의 로비 한켠에는 중간 휴식 시간에 차를 마시거나 담배를 피울 수 있는 휴게 공간이 있었다. 그리고 그곳에는 대개 테이블 게임기 몇 가지가 놓여져 있었다.

다. 화면 사진으로만 판단하면 겉보기에 패미컴에는 떨어지지만, 알카디아나 퓨타와 비슷한 수준의 표현력에 발매 예정 타이틀 수도 많으며 가격도 1만 5,000엔으로 상당히 낮았다.

그래서 나는 1983년 크리스마스에 세가의 SG-1000……이 아니고, 그리고 패미컴도 아닌, 고민 끝에 알카디아를 사기로 했다. 근처의 과자점 앞에서 쳐다보고 있던 『정글러』(코나미)나 『호피 버그』(세가의 아케이드 게임 『점프 버그』의 이식판[16]) 같은 아케이드 게임의 이식 게임을 즐길 수 있는 점이 이유였다. 하지만 살 때는 분위기에 휩쓸려 당시 인기 애니메이션 〈초시공요새 마크로스〉의 게임 소프트를 사 버렸다.

패미컴이나 SG-1000은 친구 집에서 즐겼다. 친구 집에서 본 SG-1000은 알카디아와 비교해도 그다지 뒤떨어지지 않았다. 게임은 『콩고봉고』와 『챔피언 베이스볼』이 있었다. 인기가 있었으며 기본이 되는 타이틀이었던 것 같다.

세로 형태의 컨트롤러를 한손으로 뒷면을 잡고서 엄지손가락과 검지손가락으로 좌우에 위치한 버튼을 누른다. 이동에 사용하는 조이스틱은 컨트롤러 가운데에 튀어나와 있어서, 다른 한손으로 절구공이를 빙빙 돌리듯이 조작한다. 이것은 알카디아도 같은 조작이다.

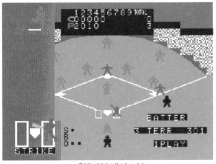

▲『챔피언 베이스볼』

※16. 세가 판매의 게임이었지만 게임 자체의 권리는 개발 회사에 있었기 때문에, 알카디아 판의 릴리즈에 세가는 관여하지 않았다. 타이틀 제목이 아케이드 판과 다른 것도 그 때문으로 생각된다.

게임 센터에서 즐기는 조이스틱과는 전혀 다른 것이었지만, 이것이 당시 가정용 조이스틱의 표준이었기에 익숙해져야만 했다. 실제로 이 컨트롤러로 『콩고봉고』를 해보면 버튼의 반응도, 조작성도 어중간했다. 자주 플레이어가 가고 싶은 방향과 전혀 다른 방향으로 움직여버려서 똑바로 가기만 하면 되는 길에서도 계곡으로 떨어져서, 『파이어』에서 구하지 못한 구조 요청자처럼 하늘로 날아가 버렸다.

그래서 나는 내심 '음. 알카디아가 좀 더 재미있는 걸'하고 생각했다.

제1장 | 1983년~
SG-1000

일본 게임사에 큰 영향을 준 「콜레코비전」

곧 초등학교 6학년이 되는 나를 포함해 일본 내의 아이들이 전자 게임에 열중하던 1982년의 3월. 그때까지 아케이드 게임 전문 메이커였던 세가는, 같은 비디오 게임일지라도 완전히 다른 업종인 가정용 게임기 사업 참여를 발표했다.

하지만 그것은 모두가 알고 있는 세가의 첫 가정용 게임기 「SG-1000」이 아니다. 이 뉴스는 「콜레코비전」의 일본 국내 독점 판매에 관한 것이었다.

콜레코비전을 아는 분이 얼마나 있을까? 콜레코비전은 1982년 8월에 콜레코 사가 미국에 발매한 가정용 게임기로, 인기 아케이드 게임의 이식작을 다수 즐길 수 있다는 점을 최대 세일즈 포인트로 하고 있었다. 세가는 이 게임기가 미국 현지에서 발매하기 5개월이나 앞에 일본 발매를 발표했다.

그러면 콜레코비전이 탄생하기까지의 미국 시장에 관해 순서대로 이야기해 보겠다.

일본의 가정용 게임기 붐은 1983년 닌텐도 「패밀리 컴퓨터」 발매부터 본격적으로 시작되지만, 미국에서는 그 전에 시작되었다.

최초로 성공한 가정용 게임기는 「아타리2600」으로 패미컴보다 한참 빠른 1977년에 발매되었다. 하지만 인기에 불이 붙은 것은 1980

년 경으로, 뒤늦게 찾아온 히트였다.

이는 일본과 마찬가지로 『스페이스 인베이더』 등의 아케이드 게임이 미국에서 대히트할 때에 아타리가 이들 게임의 이식판을 가정에서도 즐길 수 있는 형태로 발매한 것이 계기였다. 인베이더 붐이 아타리2600을 살려낸 셈이다.

전성기의 아타리2600의 판매 대수는 무려 1,500만 대를 넘었다고 한다. 1980년에는 마텔 사의 「인텔리비전」이라는 라이벌 기종도 참가하여, 미국의 가정용 게임기 시장은 크게 성장했다. 하지만 아타리2600도 인텔리비전도 1970년 대에 개발된 하드웨어였기 때문에 최신 아케이드 게임에 비하면 그래픽 성능은 전혀 비교할 수 없는 수준이었다. 전자 게임보다는 훨씬 나았지만 결코 오리지널에 충실한 재현은 할 수 없었다. 이때 나타난 것이 「콜레코비전」이었다.

아타리2600이나 인텔리비전보다 훨씬 고성능인 게임기를 내서 좀 더 아케이드 판에 가까운 게임을 즐길 수 있으면 된다는 것이 후발 주자인 「콜레코비전」의 컨셉이었다.[1]

콜레코는 다양한 아케이드 게임 개발 제작사로부터 라이선스 협력을 얻어 많은 아케이드 타이틀의 이식판을 발매했다. 그 중에는 물론 일본 제작사도 다수 포함되어 있었다.

그 중 핵심은 닌텐도의 『동키 콩』이었다. 대히트한 아케이드 판의 이식작이지만 그 재현도가 매우 대단했다. 먼저 나온 아타리2600이나 인텔리비전에도 이식되었지만, 콜레코비전 판은 다른 것과 비교

※1. 아타리도 콜레코비전을 따라 「아타리5200」이라는 2600의 후계기를 내지만 발매시기가 나빴기에 거의 팔리지 않고 끝났다.

할 때 아케이드에 상당히 충실하며 캐릭터도 효과음도 아케이드 거의 그대로였다. 하드의 성능 차이를 확실히 알 수 있었다. 콜레코는 일부러 본체에 『동키콩』 소프트를 동봉하여 200달러가 안되는 가격으로 1982년 여름에 발매. 대성공을 한다.

『동키콩』으로 대 히트라면 일본에서는 패미컴을 생각하겠지만, 패미컴이 발매되기 1년 전에 미국에서는 이미 『동키콩』의 이식 판이 패미컴 이외의 게임기에서 발매되었다는 것이 일본인에게는 놀라울지도 모른다.

콜레코는 그 외에 코나미나 타이토, 데이터 이스트, 유니버셜 등 당시 인기 아케이드 게임 메이커의 라이센스를 얻어 이식 게임을 발매했다. 세가도 그 중 하나로 미국에서 히트한 아케이드 게임 『잭슨』등의 독점적인 권리를 콜레코에 제공했다. 세가는 거기서 그치지 않고 콜레코비전을 일본에서 판매할 권리를 얻은 것이었다.

하지만 세가는 이런 매력적인 하드의 판매권을 얻었음에도 불구하고 결국 이 발표를 마지막으로 콜레코비전을 더 다루지 않았다. 당연히 발매도 하지 않는다. 이유는 불확실하지만 1982년 초의 일본에서 당시의 트렌드는 가정용 게임기보다 하비 퍼스컴이라 생각하여 판매를 불안하게 생각했거나[2], 핵심이었던 『동키콩』 등 타사의 라이선스 타이틀을 일본에 발매할 수 없었기 때문에 포기한 것일지도 모른다. 그래도, 콜레코비전을 계기로 세가는 가정용 게임기 업계에 처

....

※2. 콜레코비전도 퍼스컴 형태로의 확장 기능은 계획되어 있었으나, 추후 발매 예정이었다. 콜레코비전의 패배 원인은 이 확장에 실패했기 때문이라고도 한다.

음으로 적극적인 관심을 보이게 된다.

결국서 미국에서 라이벌 기종이었던 「아타리2600(일본판 '아타리 2800' 포함)」이나 인텔리비전과 달리 콜레코비전만은 결국 일본에 발매되지 않았다.[※3]

그렇기 때문에 일본에서의 지명도는 매우 낮았지만, 실은 이 콜레코비전이야말로 다음 해에 등장하는 패밀리 컴퓨터와 SG-1000, 즉, 일본 게임사에 큰 영향을 준 머신인 것이다.

갑작스레 발매하게 된 SG-1000

1983년에 패밀리 컴퓨터를 발매하게 된 닌텐도는 아케이드에서 『동키콩』과 『마리오 브라더스』라는 히트작이 있었지만, 원래는 화투나 트럼프를 판매하던 오래된 완구 회사다. 패미컴 이전에도 「컬러 테레비 게임15」나 「블럭깨기」 등 가정용 게임기의 개발, 판매 실적도 있으며, 당시에는 큰 붐을 일으키고 있던 「게임&워치」를 주력 상품으로 하고 있었다.

한편, 이 당시의 세가는 콜레코비전의 판매를 발표했으나 원래는 게임 센터 등을 위한 업소용 기기의 전문 개발, 판매회사로 장난감을 포함한 가정용 상품의 개발 판매는 전혀 한 적이 없었다.

그런 세가가 가정용 게임기의 수입 판매 뿐 아니라 상품 개발까지 직접 하려고 생각하게 된 계기는 1982년 닌텐도에 있던 코마이 토쿠조駒井徳造가 세가로 이적했기 때문이었다. 닌텐도의 아케이드 부문을

※3. 세가의 독점 판매권은 그대로 남았기에 다른 곳에서도 발매할 수 없었던 것으로 보인다.

총괄하여 『동키콩』의 히트에 관여한 코마이는 닌텐도의 아케이드 부분이 축소, 폐쇄될 것을 예상하고 세가로 옮겨온 것이었다. 하지만 그가 처음에 제안한 상품 기획은 아케이드가 아닌 당시 국내외에서 화제가 되고 있던 가정용의 염가 퍼스널 컴퓨터 '하비 퍼스컴'의 개발이었다. 이를 통해 탄생한 것이 바로 'SC-3000'이다.

▲ SC-3000

코마이의 지시에 따라, 후에 세가의 사장이 되는 사토 히데키佐藤秀樹의 손에서 개발을 시작한 SC-3000이지만, 당시 세가는 가정용 하드의 제조 노하우가 없었기에 포스터 전기에 개발 협력을 의뢰한다. 포스터 전기는 저가격의 범용 부품을 우선하여, 6만 엔 정도가 표준이었던 하비 퍼스컴의 가격을 대폭으로 밑도는, 그 절반인 3만 엔으로 승부할 수 있는 퍼스컴을 완성했다.

또한, 당시 완구 회사가 발매한 하비 퍼스컴의 특징은 카트리지 형식으로 간단히 게임을 플레이할 수 있다는 점이었으므로 SC-3000

도 이를 가장 큰 특징으로 삼았다. 원래 게임 제작사인 세가에는 풍부한 아케이드 게임 라이브러리가 있으므로 이들을 가능한 많이 이식하면 라인업은 충실해진다.

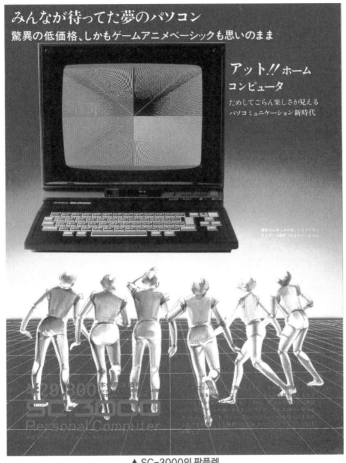

▲ SC-3000의 팜플렛

퍼스컴으로 쓰기 위한 컴퓨터 언어는 당시 가장 일반적이었던 BASIC을 선택하여 이 역시 카트리지로 제공했다. 또한 당시의 하비 퍼스컴은 아이들이 가지고 놀면서 공부할 수 있다는 점을 구입 동기가 되도록 광고하고 있었으므로 산수, 영어, 일본사, 세계사는 물론, 화학, 물리 등 초등학교 4학년부터 중학생 정도까지의 학습용 소프트도 준비했다.

▲ SC-3000 발표회(1983년 5월)

하드웨어가 완성되자, 많은 스태프를 모아서 판매의 핵심이 될 전용 게임 소프트를 개발한다. 『동키콩』의 무대를 정글로 바꾼 것 같은 액션 게임 『콩고봉고』[4], 원조 야구 게임으로 불렸던 『챔피언 베이스볼』 등 아케이드 인기 타이틀이 빠르게 연달아 이식되었다.

개발 인원은 사내 인력 만으로는 부족하여 일부는 외주로 위탁하기로 한다. 그리고, 여기에서 큰 공헌을 한 것이 나중에 『뿌요뿌요』로 일세를 풍미하는 컴파일이다.

컴파일의 창업자인 니이타니 마사미츠(仁井谷正充)는 우선 세가에서 이식 업무를 받은 후, 실력 좋은 프로그래머를 모았다. 그들은 세가로

※4. 아케이드 판의 타이틀은 『팁 톱(ティップタップ, Tip Top)』으로, 『콩고봉고』는 해외에서 아케이드 판에 붙인 타이틀이었다. 오리지널 판의 개발은 『동키 콩』을 닌텐도와 개발한 이케가미 통신기(池上通信機)와 공동으로 했다.

부터 프로그램 데이터의 제공 등을 거의 받지 못한 채 실제 아케이드 게임을 눈으로 보면서 『보더라인』이나 『N-SUB』, 『트랜퀼라이저건』[5] 같은 세가의 게임을 신구작 가리지 않고 이식했다. 컴파일이라는 회사가 생기고 처음 한 일이 이런 이식 작업이었다. 컴파일은 20년 후에 소멸할 때까지 오랫동안 세가에 공헌했다.

더 나아가 콜레코비전과 마찬가지로 아케이드에서 인연이 있었던[6] 쟈레코나 아이렘, 남코 등의 게임 개발사들에게도 협력을 얻어 SC-3000용 게임을 이식하게 하거나 인기 타이틀의 라이선스를 제공받기도 했다. 『엑세리온』이나 『지피 레이스』, 『세가 갤러그』 등의 소프트가 준비되었다.

이런 식으로 대체적인 상품구성도 정리되어 가던 중에 대형 뉴스가 날아든다. 코마이의 전 직장인 닌텐도가 하비 퍼스컴이 아닌 가정용 게임기를 동시기에 발매한다는 정보였다. 물론 그 「패밀리 컴퓨터」를 말하는 것이다.

실은 닌텐도도 세가와 동시기에 발매 전인 콜레코비전의 고성능 하드웨어를 보고 충격을 받았다.[7] 그래서 콜레코비전을 연구하여 그 이상의 성능을 가진 자체 하드를 개발한 것이었다.

어쨌든 세가는 이를 위협으로 느꼈다. 게임&워치를 크게 히트시킨 닌텐도의 신형 게임기가 나온다면 반드시 큰 화제가 될 것이다.

※5. 이식판의 타이틀은 『사파리 헌팅サファリハンティング』.

※6. 세가는 당시 일본 전국에 다수의 게임 센터, 게임 코너를 가지고 있었기에 세가 이외의 게임을 두기 위해 많은 게임 메이커와 친한 관계였다.

※7. 닌텐도는 세가보다도 먼저 콜레코비전과 수입 판매에 대해서 교섭을 하고 있었던 것 같다.

분명 그 가격은 하비 퍼스컴보다 훨씬 낮을 것이다. 그 때 세가는 3만 엔의 퍼스컴으로 승부가 될까?

그래서 세가는 황급히 이미 완성되어 있던 SC-3000을 재검토하여 퍼스컴 기능=키보드를 제거하고 대신에 전용 컨트롤러를 1개 붙여서 가정용 게임기로 판매한다는 아이디어를 떠올린다. 소프트는 SC-3000 용으로 개발하고 있던 것을 그대로 쓸 수 있게 하며, 가격도 SC-3000의 정가인 29,800엔의 약 절반인 15,000엔으로 한다. 이것은 물론 닌텐도의 패밀리 컴퓨터의 가격(14,800엔)[8]에 대항하기 위한 것이다. SG-1000의 탄생이다. SC-3000과 같은 성능이 되도록 키보드도 별도로 판매했다.

▲ SG-1000

이 발상은 예전에 닌텐도가 「컬러 테레비 게임6」과 「15」를 발매할 때, 1만 엔 이상 하는 「15」를 팔기 위해 일부러 성능을 낮춘 「6」을 9,800엔에 함께 판매하여, 라이벌 회사를 가격으로 견제하며 결과적으로 더 비싼 「15」를 히트 시킨 것과 비슷했다.

SC-3000/SG-1000의 발매일이 패미컴과 같은 7월 15일이 된 것

....
※8. 닌텐도는 발매 직전까지 가격을 15,000엔으로 예정하고 있었으나, 최종적으로는 200엔 내렸다고 한다.

도 어느 쪽이 맞춘 것인지는 불분명하나 우연은 아닐 것이다.

그래도 세가에게는 어디까지나 SC-3000이 메인이었다.

실제로 발매 직전의 닛케이 산업 신문(7월 13일자)에는 '유럽에서 거래 문의 쇄도, 생산을 예정보다 50% 늘림'이라는 제목으로 SC-3000의 첫 해 생산 대수를 30만 대로 늘린다는 뉴스가 실려 있다.

분명히 SC-3000은 유럽에도 일본과 같은 시기에 발매되어 호주, 뉴질랜드 등에서 인기가 있었던 것같다. 지금도 팬이 있을 정도다(호주는 영연방 가맹국이기 때문에 유통은 유럽과 연결되어 있다).

하지만 발매 후, 세가에게 있어서 실제 임팩트가 있던 것은 SG-1000 쪽이었다.

▲ 도쿄 장난감 쇼(1983년 6월)

패미컴에 이은 2번 타자 자리를 획득

1983년에는 세가와 닌텐도 외에도 토미의 「퓨타Jr.」, 반다이의

「알카디아」, 에폭 사의 「카세트비전Jr.」, 학연의 「TV보이」, 카시오의 「PV-1000」에, 「아타리 2800」 등등 다수의 가정용 게임기가 발표되나, 이 중에서 가장 주목을 받은 것은 모두가 아시는 대로 닌텐도의 패밀리 컴퓨터이다.

비주얼, 음악, 처리 능력이나 컨트롤러 등 하드웨어 측면을 보아도, 동시 발매인 『동키콩』의 게임으로의 재미, 재현도, 완성도의 높음을 보아도, 패밀리 컴퓨터가 타사 하드에 압승이었다.

전년도에 미국에서 콜레코비전이 타기종보다 고성능에 충실한 이식으로 성공한 방법과 완전히 똑같은 형태로 닌텐도는 같은 『동키콩』을 사용하여 패미컴에서 콜레코의 성공을 재현했다.[※9]

그리고, 의외로 수많은 다른 신형 게임기 중에서 2번째 자리를 차지한 것이 세가의 SG-1000이었다.

게임의 겉모습은 패미컴에 미치지 못하지만 첫 해에 20개 이상의 신작 게임을 준비했다(패미컴은 첫 해에 단지 9개 뿐이었다). 또한, 패미컴 이외의 라이벌 기기 중에서는 고성능이며, 무엇보다 패미컴을 따라 다른 라이벌 기종보다 5,000엔 싸게 설정한 가격이 통했다. 가정용에서는 신흥 제작사였던 세가가 꽤 괜찮은 성공을 거둔 것이었다.

또한, 세가 입장에서는 닌텐도가 스타트에서 큰 실수를 한 것도 행운이었다. 패미컴은 발매 직후에 LSI의 불량이 원인으로 회수 문제가 발생하고 있었다. 그래서 1년 중 가장 많은 장난감이 팔리는 연말

....

※9. 패미컴 판 「동키콩」은 콜레코비전 판보다도 재현도가 높다. 여담으로 패미컴 판, 콜레코비전 판 양쪽 다 아케이드 판 「동키콩」에 있던 50m 단계=2라운드가 삭제되었다.

시즌에 패미컴은 조기에 매진되어 버렸다.

연말 내내 아무리 패미컴이 인기를 끌어도 화제의 패미컴은 매진이라 어디서도 살 수 없었다. 그 결과로 같은 가격대인 SG-1000이 패미컴 대신 날개 돋친 듯이 팔리는 일이 일어났다. 그 수는 16만 대. 물론 소프트도 팔린다.

이 16만 대라는 숫자는 지금 보면 결코 큰 숫자로 보이지 않지만, 그때까지 1대 당 100만 엔의 기계를 100대 단위로 팔고 있던 세가에게는 예상을 한참 뛰어넘는 대단한 금광을 찾아낸 것처럼 느껴졌다.

이러한 1983년 연말 시즌의 성공으로 인해 세가는 그 뒤 20년 가까이에 걸친 가정용 게임기 전쟁을 시작할 원동력을 얻는다.

한편, 패미컴은 초판으로 45만 대를 출하. 회수 소동도 이듬해에는 해결하여 1984년 여름까지 1년간 123만 대를 판매한다. 가정용으로 신규 참가한 세가와는 비교가 되지 않을 수를 출하했기에 발매 당초부터 라이벌에게 압승하고 있었다.

덧붙여 지원사격이 되었는지 아닌지 모르겠지만 1983년 연말에 빠르게도 세가 호환기 「오셀로 멀티 비전」까지 등장했다.

베스트셀러가 된 인기 보드 게임 '오셀로'를 가진 저명한 완구 메이커 츠쿠다 오리지널ツクダオリジナル사에서 발매된 이 기계는 그 이름대로 TV에 연결하여 혼자서 오셀로 게임을 즐길 수 있는 게임기다. 본체에는 조이스틱과 오셀로 전용 좌표 키보드, 거기에 카트리지 슬롯이 붙어 있었다.

해외 라이센스의 아케이드 게임 『Q버트』등의 이식작을 포함해 다수의 게임 소프트도 동시 발매했고 이에 더해 SG-1000의 게임 소프트가 그대로 동작하며 풍부한 소프트는 상호 호환성을 가지고 있었다.

실제로 오셀로 멀티 비전의 하드웨어 성능은 SG-1000 그대로이며 하드 설계 자체도 세가가 한 것이었다. 그 뒤 「SG-1000Ⅱ」, 「세가 마크Ⅲ」, 「메가 드라이브」를 설계한 이시카와 마사미石川雅美의 가정용 게임기 개발 데뷔작이기도 하다.

굳이 하드웨어를 직접 개발하지 않고 가정용 게임 호환기로 참가했던 츠쿠다 오리지널의 판단은 흥미로운 시도였다. 하지만, SG-1000에 오셀로 게임 소프트 1개를 더한 것 뿐임에도 불구하고, 본체 가격을 19,800엔으로 설정한 탓에 SG-1000과의 차별화가 나쁜 방향으로 나타나고 말았다. 그 뒤에도 본체 컬러를 다르게 한 버전을 발매하지만 마지막까지 큰 존재감을 드러내지 못했다.[※10]

가정용 하드 사업을 본격화

이듬 해 1984년이 되자, 세가는 강력한 파트너를 얻는다. 이전 해에 사장으로 승진한 나카야마 하야오中山隼雄의 노력으로 오카와 이사오大川功 회장이 이끄는 시스템 엔지니어링 회사인 CSK(당시 정식 명칭은 컴퓨터 서비스 주식회사)가 세가에 자본 참가를 한 것이다. 이제 세가는 CSK의 자회사가 된다. 오카와 회장은 세가의 방향성에 이해를 보

※10. 세가의 호환기는 「오셀로 멀티 비전」 외에도 파이오니어에서 발매된 하이파이 컴포넌트 TV 「SEED」에 카트리지를 끼울 수 있게 한 별매 컴포팩도 있다.

이며 비즈니스는 세가의 자율에 맡기는 것을 약속했다. 세가는 이때까지 미국 영화 회사인 파라마운트사 산하에 있던 외국 자본 계열의 회사였으나 이때부터 일본계 회사가 된다.

가정용 하드 사업은 CSK 산하에 들어가고 나서 본격화된다. 닌텐도와 큰 차이가 있긴 했지만 당초 예상을 크게 뛰어넘는 놀랄만한 성공을 하고 있던 세가는 급조했던 본체 디자인을 변경하고 컨트롤러도 패미컴과 유사한 패드형을 2개 동봉시킨 SG-1000Ⅱ를 1984년 7월에 발매한다.

첫 해의 성공이 세가에게 큰 용기를 불어넣었다. 1984년부터는 신입 사원을 더욱 많이 채용하고, 사내의 기술 스태프도 SG-1000Ⅱ 소프트 개발로 돌려서 체제를 강화했다. 그리고 아케이드 게임의 이식만이 아닌 오리지널 타이틀 개발에도 주력한다.

그중 하나가 『챔피언 복싱』이다. 후에 『스페이스 해리어』나 『버추어 파이터』를 개발하는 스즈키 유鈴木裕[11]의 데뷔작이기도 하지만, 여기에 그래픽으로 참가한 코다마 리에코小玉理恵子는 이 1984년에 입사하여 그 뒤에 『판타지 스타』 등 수많은 작품에 참여하게 된다.[12]

▲「챔피언 복싱」

『소닉 더 헤지혹』을 탄생시킨 나카

※11. 스즈키 유는 'Game Developers Choice Awards 2011'에서 일본인 게임 개발자로는 사상 두 번째가 되는 '파이오니어 상'을 수상하는 등, 다수의 수상 이력이 있다.
※12. 코다마 리에코는 'Game Developers Choice Awards 2019'에서 일본인 게임 개발자로는 사상 세 번째, 여성으로는 사상 최초가 되는 '파이오니어 상'을 수상. 2022년 서거.

▲『걸즈 가든』

▲『두근두근 펭귄 랜드』

유지中裕司도 1984년에 입사하여 같은 해에 『걸즈 가든』을 릴리즈했다. 다음 해에 발매되는 『두근두근 펭귄 랜드』를 만든 오구치 히사오小口久雄도 1984년에 입사한다. 오구치는 그 뒤에 『슈퍼 모나코 GP』나 『더비 오너즈 클럽』을 만들고, 2004년에 세가 사장에도 오르게 된다.

이들처럼 후에 세가를 견인하는 스태프들도 만약 SG-1000이 1983년에 성공하지 못했다면 입사할 일이 없었을지도 모른다.

한편 패밀리 컴퓨터는 1984년 초반부터 본격적으로 공급되며 압도적인 인기를 끌었다.

패미컴은 우선 2월에 추가 주변기기로 광선총과 전용 소프트 『와일드 건맨』을 발매. 광선총이라는 것은 닌텐도가 이전에 발매했던 완구를 TV 게임 내에 새롭게 재현한 것이었으나, 가정용 TV로 완전히 새롭게 접근한 것이라 아이들의 마음을 사로잡았다.

7월에는 일본 가정용 게임기 최초로 서드 파티[13]로부터 소프트웨

※13. 대상 하드웨어로 소프트나 주변 기기를 판매하는, 그 하드의 개발/발매원이 아닌 메이커를 말한다. 하드를 출시한 메이커는 퍼스트 파티라고 부른다. 또한, 퍼스트 파티에서 발매되는 게임 중, 퍼스트 파티 내부 제작이 아닌 외부 개발회사를 세컨드 파티라고 부르는 경우도 있지만, 이 정의는 정해진 것이 아니며 게임 업계 이외에서는 '이용자' 등 다른 의미로 사용되는 경우도 있다.

어 공급이 시작되었다. 허드슨의 『로드 러너』와 『너츠&밀크』다. 닌텐도의 게임기에서 동작하는 닌텐도 이외의 회사로부터 발매되는 게임 소프트라는 것은, 퍼스컴이나 해외의 게임기 시장을 알고 있으면 쉽게 이해할 수 있는 일이지만, 당시 일본에서는 놀라움을 불러일으켰다. 9월이 되어 두 번째 참가 메이커인 남코에서[※14] 『갤럭시안』이 발매되자, 드디어 "닌텐도 이외의 회사가 패미컴으로 게임을 발매한다!"는 놀라움으로, 패밀리 컴퓨터의 인기는 한층 더 올라가게 되었다. 패밀리 컴퓨터는 발매 이듬해인 1984년 말에는 합계 약 211만 대라는 판매 대수를 기록하게 된다.

　또한, 에폭 사로부터 새로운 라이벌 기종 「슈퍼 카세트비전」도 등장했다. SG-1000Ⅱ와 같은 7월 발매로, 가격은 14,800엔. 패미컴과 같은 가격이다.

　카세트비전으로 패미컴 이전의 일본 가정용 게임기의 왕자였던 에폭 사의 신형 기기는 1년 후 발매라는 점도 있어서 성능 면에서 일부는 패미컴을 능가하는 부분도 있었지만, 종합 성능으로는 패미컴에 미치지 못했다.

　어쨌든 이때부터 수년간 일본 가정용 게임기는 닌텐도, 세가, 에폭 사 3사의 싸움이 되며 이 3사 이외의 게임기는 사라진다.

　그런 상황에서 발매된 SG-1000Ⅱ은, 역시 외관의 변경만으로는 화

※14. 남코는 패미컴 이전에 가정용 게임기 시장으로 진입해, 하비 퍼스컴인 'MSX'에 1984년 1월부터 참여, 카트리지 방식의 게임 소프트를 순차적으로 공급해왔다. SG-1000의 『세가 갤러그』 남코가 직접 개발한 것이지만 발매는 세가가 했다.

▲『로렛타의 초상』

제성에서 한계가 있었는지 판매 대수가 세가의 예상을 밑돌았다.

그래도 SG-1000 용의 게임 소프트는 다음 해에 발매되는 차세대기「세가 마크Ⅲ」가 등장하는 1984년 이후에도 공급이 계속되어 1987년까지 계속 릴리즈 되었다. 만년에는 『로렛타의 초상』이라는 대용량 1메가 카트리지 소프트까지 발매된다.

패미컴은 그 후 발매 2년 만에 400만 대에 가까운 보급 대수가 되지만, 그 시기를 라이벌로 싸웠던 SG-1000 시리즈는 합계 70만 대 정도가 출하되었다고 한다. 라이벌이라고 하기엔 차이가 크지만 당시로서는 충분한 존재감을 보여줄 수 있었다.

반면에 당초 주력이 되었을 하비 퍼스컴 SC-3000은 마지막까지 움직임이 둔했다. 여기에는 1983년 말에 하비 퍼스컴으로「MSX」가 등장한 영향도 있었던 것으로 생각된다.

MSX는 Windows를 내놓기 전의 마이크로소프트가 대대적으로 발표한 퍼스컴 세계 공통 규격으로 이를 주도했던 것은 가전 메이커 대기업인 마츠시타 전기였다. MSX의 구상에 동의한 마츠시타는 비디오 플레이어 시절에 'VHS vs. ß(베타)' 같은 규격 차이에 의한 시장 혼란을 피하기 위해서 MSX가 하비 퍼스컴을 통일해야 한다는 명분으로, 퍼스컴 시장에 흥미를 느끼고 있던 라이벌 회사들에게도 참가를 유도했다.

이에 찬성한 것이 도시바, 미츠비시, 히타치, 산요, 일본 빅터, 야마하, 그리고 소니 등 유명 가전 메이커들이었다. 각 사가 일제히 MSX 규격의 하비 퍼스컴을 발매하자 당시 큰 화제가 되었다.

MSX는 성능 면에서 SC-3000과 거의 차이가 없었지만 각 메이커들의 선전 등에 힘입어 군웅할거하던 일본의 저가격 하비 퍼스컴 시장은 MSX가 장악하게 되었다.

덧붙이자면, 먼저 일본 국내 PC시장에서 점유율을 확보하고 있던 NEC나 샤프는 참가하지 않았고 일단 참가했던 후지츠도 다시 독자 규격 머신으로 돌아갔다.

MSX는 그 뒤 카시오가 타사의 약 반값인 저가격 기기를 발매하여[15] 가격 균형이 무너진 것에 기인한 하드 시장 붕괴나, 차세대기의 사양에 각 사의 의견이 맞지 않는 등 혼란을 겪다가 시장에서 사라지지만, 90년대 전반까지 약 10년간 많은 하비 퍼스컴이 지향하고 있던 퍼스컴 입문기로서 높은 시장 점유율을 유지했다.

이 때의 내 이야기를 하자면 여름 방학에 할머니에게 받은 용돈으로 1984년 8월에 반다이 알카디아에서 닌텐도 패미컴으로 갈아탔다. 요코하마의 요도바시 카메라에서는 본체와 동시에 소프트 3개를 세트로 사면 이득이어서 『마리오 브라더스』, 『뽀빠이』, 『베이스볼』을 골랐다. 가격은 18,200엔이었다. 당시 본체만 9,800엔에 살 수 있었지만 큰마음을 먹은 것이었다.

....
※15. 카시오PV-7. 타사의 MSX가 모두 5만엔을 넘던 시기에 29,800엔으로 발매했다. RAM용량이 타사 MSX의 절반 밖에 되지 않았기 때문에 동작하지 않는 소프트도 있었다.

결정타는 6월에 발매된 주변기기 「패밀리 베이직」의 존재였다. 나는 MSX나 SC-3000이 아닌 일부러 패미컴을 자신의 첫 번째 퍼스컴으로 골랐던 것이었다.^{※16}

요도바시에 다시 가서 패밀리 베이직을 샀을 때의 가격은 1만 500엔. 아버지에게 "퍼스컴 공부를 하고 싶어!"라고 졸랐던 기억이 있다.

거실 TV에 연결하고 샘플 프로그래밍을 해서 직접 마리오가 움직이게 했을 때는 약간 기뻤다. 12월에는 게임 소프트 『제비우스』와 함께 전용 데이터 레코더, 허드슨의 패밀리 베이직 용 프로그램 데이터 집 [소년 미디어]도 구입했다.

나는 얼마간 패밀리 베이직으로 컴퓨터 공부를 계속했다. 1985년 7월에 창간하는 [패밀리 컴퓨터 매거진]에 실려 있던 프로그램을 직접 입력했던 기억이 있으니 1년 이상 한 것으로 보이지만, 어느 새 질려서 게임 플레이만 하게 되었다.

만약 거기서 좀 더 부모님과의 약속을 지켜 패밀리 베이직으로 퍼스컴 공부를 계속했다면 (당시 패밀리 베이직으로 프로그램 공부를 했다는) 소라Sora의 사쿠라이 마사히로桜井政博 같은 게임 디자이너가 됐을지도 모르겠지만 아쉽게도 그렇게 되지는 못했다.

세가 하드가 우리 집에 있게 되는 것은 조금 더 나중의 일이었다.

....
※16. 첫 번째 이유는 패밀리 베이직으로 만들어진 게임 화면이 패미컴 시장의 게임 소프트와 견줄 정도로 좋았기 때문이었다. 구입하고 나서, 실은 표시되는 캐릭터는, 미리 수록되어 있는 마리오 등 제한된 그림에서 골라서 표시할 수 밖에 없다는 것을 알게 된다.

제2장 | 1985년~
세가 마크 Ⅲ

패미컴에 참가?

「SG-1000」의 성공으로 외관과 컨트롤러 등을 개선한 「SG-1000
Ⅱ」를 1년 후에 내지만, 부진한 결과를 낸 세가. 한편 SG-1000과 같
은 날에 발매된 닌텐도의 「패밀리 컴퓨터」는 허드슨과 남코 두 회사
의 서드 파티 참가로 더욱 큰 붐을 일으켜 간다. 세가는 다음 수를
생각하고 있었다.

▲ SG-1000 Ⅱ

길은 두 가지가 있었다.

하나는 외관뿐 아니라 성능을 향상시킨 신형 게임기를 시장에 투
입하는 것이다. 개발은 이미 진행 중이고 새롭게 모든 설계를 세가가
직접 하고 있었다. 이때 기반으로 한 것은 1983년부터 주축이 되고
있었던 아케이드용 시스템 기판인 「시스템1」[1] 과 그 개량판 「시스템2

※1. 세가는 미국에서 매수한 게임 개발회사인 그렘린 사에서 시스템 기판의 기술을 배웠다. 세가 자체
에서 개발한 첫 시스템 기판이 '시스템1'이지만 시스템 기판의 구조 자체는 그 이전의 게임에도 사용되고
있었다.

」이다.

시스템 기판이란 아케이드 게임을 움직이게 하는 본체인 '기판'의 기본 설계를 동일하게 하여 소프트 IC칩 교환만으로 게임을 교체할 수 있게하는 기판을 말한다. 한 번 이 기판을 점포에서 도입하면 게임의 ROM 부분만을 구입할 수 있어서, 새로운 게임으로 교체할 때 고가의 기판을 통째로 사지 않아도 되는 판매 방법이다.

결국 구조적으로는 가정용 게임기에서 소프트를 교환하는 것과 같다. 점포에서는 적은 비용으로 게임을 교환할 수 있고 메이커도 게임을 개발할 때마다 기판 설계를 하지 않아도 되므로 서로에게 이득인 수단이라 할 수 있다. 시스템1 대응 게임은 개발 중인 것을 포함하여 이미 10개 이상 있었다. 신형기에서는 이 기판을 거의 그대로 가정용으로도 쓸 수 있게 한 것이다.

CPU에는 아케이드 기판에서 가장 대중적인 8비트 CPU인 'Z80'을 채용. 이 자체는 SG-1000과 같으나, 패미컴과 비교하여 특히 부족했던 그래픽 성능을 크게 개선하여 더욱 깨끗하고 많은 캐릭터를 화면에 표시할 수 있게 했다.

이를 통해 원래 장점이었던 "아케이드 게임을 그대로 집에서 즐길 수 있다"는 부분에서 상당히 오리지널에 가까운 게임 개발을 실현할 수 있게 된다. 이렇게 해서 다시 닌텐도에 도전하는 것이다.

그리고, 다른 하나의 길은 실패할 경우 리스크가 큰 자사 하드웨어 개발을 중지하고 소프트웨어 회사가 되어 허드슨과 남코처럼 패미컴에 참여하는 것이다. 1984년 연말 시즌 패미컴의 성공을 전후로 앞선 두 회사의 뒤를 따라, 코나미, 타이토, 쟈레코, 아이렘, 에닉스, 데비 소프트 등 유명한 아케이드나 퍼스컴 게임 제작사가 차례로 패미컴에 참여하는 것이 이 시기였다.

세가는 사내 스태프에게 SG-1000용 타이틀을 시험 삼아 3가지 정도 패미컴 용으로 이식시켜 본다. 물론 닌텐도에게 라이선스는 얻지 않고 허드슨이나 남코처럼 리버스 엔지니어링[※2]을 통해 개발한다.

세가는 이미 SG-1000용으로 준비했던 많은 타이틀이 있고 몇 가지의 히트작도 있었으니 그대로 이식만 해도 어느 정도는 인기가 있을 터였다. 나아가 지금껏 그리고 앞으로도 아케이드 게임은 계속 만들 것이기 때문에 패미컴 시장에서도 유력 소프트 메이커 중 하나의 자리를 차지할 것임은 틀림없다.

실은 소프트 메이커에 관한 이야기는 「SG-3000」을 개발할 때에도 있었다. 당시 마이크로소프트의 부사장이었던 니시 카즈히코西和彦로부터였다. 세가가 SC-3000과 「MSX」의 협력을 이야기하려 갔을 때, 니시 카즈히코는 세가는 SG-3000을 파는 것보다 MSX에서 소프트 제작사가 되는 편이 좋다고 역으로 어드바이스했다. 하지만 세가 입장에서 MSX에 소프트 제작사로 참여하는 메리트는 전혀 없었기에 MSX 관련의 이야기는 그것으로 끝났다.

신형 하드를 투입할 것인가, 아니면 패미컴의 소프트 제작사가 될 것인가, 이 두 개의 선택지(혹은 둘 다?)에 관해서는 다들 아시는 대로

※2. 타사가 개발한 기존 제품을 입수, 분해하여 사양과 동작 확인을 하고 기술 정보를 명확히 하는 것.

세가는 굳이 라이벌로 싸우는 길을 선택했다. 만약 여기서 다른 선택을 했다면 그 뒤의 세가 하드는 탄생하지 않았을 것이고 지금과는 전혀 다른 게임 업계가 존재할 것이다. 어쩌면 세가라는 회사 자체가 이미 없어졌을지도 모른다.

패미컴의 성능을 뛰어넘는 「세가 마크Ⅲ」

세가의 3번째 가정용 게임기가 되는 「세가 마크Ⅲ」는 SG-1000에서 약 2년 후, SG-1000Ⅱ에서는 약 1년 후인 1985년 10월에 발매되었다.

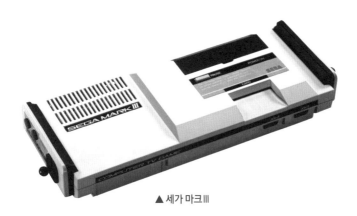

▲ 세가 마크Ⅲ

패미컴을 능가하는 그래픽은 중간색이 선명하게 표현되어, 화면을 비교하면 한눈에 알 수 있다. 동시 발매로는 아케이드 판이 5월에 막 발매된 시스템1 대응의 액션 게임 『테디 보이 블루스』로, 그래픽은

▲ 『테디 보이 블루스』

오리지널과 비교해도 손색이 없는 수준으로 재현되어 있었다. 그 외 SG-1000에서 히트했던 야구나 축구 등 스포츠 게임도 업그레이드판을 새롭게 준비했다. 2년간 수십 종류를 발매했던 SG-1000 소프트와도 모두 상위 호환성을 가지고 있어서 마크Ⅲ에서도 그대로 플레이할 수 있었다.

그리고 『테디 보이 블루스』와 함께 본체 동시 발매가 된 또 하나의 주목작이 바로 『행 온』이다.

이 『행 온』은 같은 해 7월에 막 발매된 아케이드 게임인데 대형 오토바이를 묘사한 탑승형 게임기 기체가 시선을 끄는 작품으로, 이후 '세가 체감 게임'으로 오랫동안 이어지는 대형 기체 시리즈 최초의 히트작이다. 이번 마크Ⅲ에 있어서도 특히 이 『행 온』을 집에서 즐길 수 있게 되는 것이 큰 세일즈 포인트였으나, 세가에는 한 가지 계산 착오가 있었다. 『행 온』이 그때까지의 아케이드 게임의 상식을 파괴하는 하이 스펙인 게임이었다는 점이다.

마크Ⅲ의 기반이 된 세가의 아케이드 기판 시스템 1, 2는 Z80이라는 8비트 CPU라는 것은 앞에서 설명했다. 하지만, 이 『행 온』은 한 세대 위인 16비트 CPU 'MC68000'을 무려 2개나 사용한, 1985년 당시로는 있을 수 없는 초고성능 하드웨어였다.

▲『행 온』

그리고 세가의 아케이드 기판 중 최초로 'FM음원'이라는 야마하의 신디사이저에서 사용되는 최신 음원 칩도 탑재하여 깊이 있는 음악이 흘러나오고 있었다. 한편 마크Ⅲ는 SG-1000과 같은 DCSG(PSG)라는 매우 심플한 음원 칩이었다. 음의 깊이도 완전히 다르다.

비유하자면 같은 신형 머신일지라도 스쿠터와 750cc의 대형 오토바이 정도의 차이였다. 이 성능 차는 아무리 마크Ⅲ라는 최신 기종일지라도 뛰어넘을 수 없다. 본체와 동시 발매되는 전용 '바이크 핸들' 컨트롤러를 구입해도 마크Ⅲ 판『행 온』은 아케이드의 다이나믹한 표현과 화려한 연출은 거의 재현, 체험할 수 없었다.

▲ 어뮤즈먼트 머신 쇼(1985년 10월)

게다가 세가에게는 또 하나의 불운도 겹쳤다. 마크Ⅲ와 동 시기에 패미컴에 등장한 것이 바로 전설의 게임『슈퍼 마리오 브라더스』였던 것이다. 마크Ⅲ의 발매 1개월 전, 1985년 9월에 발매된『슈퍼 마리오』는 닌텐도가 가진 모든 힘을 쏟아 넣고 긴 시간을 들여 개발된 패미컴 소프트의 결정판이었다.

사실 이 게임은 당초에는 패미컴 최후의 카트리지 소프트로 할 계획이었다고도 한다. 그도 그럴 것이, 세가가 마크Ⅲ를 개발하던 것과 같은 시기에 닌텐도도 새로운 하드로 패밀리 컴퓨터의 파워업 유닛인 「디스크 시스템」을 준비하고 있었기 때문이었다. 다음 해인 1984년 2월에 발매되는 이 주변기기에 닌텐도는 큰 기대를 하고 있었다. 디스크 시스템이 발매된다면 소프트는 이때까지의 카트리지 방식이 아닌 디스크로 옮겨갈 것이라고 생각했었다.

닌텐도에게 있어서 디스크 시스템은 시장의 요구에 맞춘 획기적인 하드웨어였다. 게임 소프트의 대용량화에도 대응하며, IC 칩을 쓰지 않기 때문에 게임 소프트 가격을 기존의 반 정도로 낮출 수 있었다. 그뿐 아니라 RPG 등에서 데이터 세이브도 할 수 있게 되고, 디스크 덮어쓰기 서비스를 이용하면 저 가격(500엔)으로 소프트를 얻을 수 있는 등 좋은 점이 많았다.

유일한 문제는 이 부속 유닛만으로 패미컴 본체와 같은 가격인 1만 5,000엔이나 한다는 점이었다. 유저는 본체 외에 추가로 이 하드를 구입해야 한다.

패미컴은 이때 이미 400만 대나 팔렸으니 닌텐도는 이미 패미컴의 인기는 정점이라고 생각하여 이후에는 400만 대를 기반으로 하는 발전 방향을 꿈꿨던 것인지도 모른다.

하지만, 다름 아닌 카트리지 최후의 대작이 돼야 했을 『슈퍼 마리오 브라더스』가 이 계획을 어긋나게 한다. 패밀리 컴퓨터의 인기를 한 차원 높은 수준으로 만들어 버린 것이었다.

『슈퍼 마리오』의 성공으로 패미컴의 판매 대수는 더욱 늘어나, 1985년 연말연시에 600만 대를 돌파. 2년 후인 1987년 여름에는 1,000만 대를 넘게 된다. 패미컴은 닌텐도의 예상을 뛰어 넘어 다시 물품 부족을 일으키게 된다.

또한 패미컴에는 타사 참가=서드 파티가 발매하는 소프트에도 매력적인 게임이 점차 갖춰져 갔다. 『슈퍼 마리오』 등장 이후 약 반년 사이에 발매된 패미컴의 유명 타이틀을 여기서 잠깐 늘어놓아 보자. 허드슨의 『챌린저』, 『봄버맨』에 『닌자 핫토리 군』, 쟈레코의 『시티 커넥션』, 반다이의 『근육맨 머슬 태그 매치』, 『오바케의 Q타로 완완 패닉』, 선 전자의 『잇키』, 『아틀란티스의 수수께끼』, 아이렘의 『스펠 렁커』, 남코의 『스타 러스터』, 코나미의 『트윈비』와 『구니스』, 타이토의 『자이로다인』, 『카게의 전설』, 에닉스의 『포트피아 연속 살인 사건』, 그리고 『드래곤 퀘스트』…… 40년 가까이 지났어도 아직까지 이야깃거리가 되는 초기 명작 소프트가 이 시기에 연달아 발매된다. 이들 중 많은 소프트가 100만 개 이상 판매된 기록이 남아 있으므로, 이것만 봐도 패미컴이 당시 어린이들에게 얼마나 화제였는지를 알 수 있다.

메가 카트리지로 반격을 꾀하다

이야기를 되돌아가면, 「세가 마크Ⅲ」는 패미컴 이상의 고성능 하드로, 세가의 큰 기대를 받으며 시장에 등장했다. 아케이드의 최신 게임 『행 온』과 『테디 보이 블루스』를 동시 발매하고, 그 뒤에도 반년 정도의 사이에 10종 이상의 하이 페이스로 게임을 선보였다.

하지만 패미컴은 『슈퍼 마리오 브라더스』라는 킬러 소프트를 필두로, 층이 두껍고 강력한 라인업이 계속 발매되었고 거기에 「디스크 시스템」이라는 신제품도 등장했다.

이렇게 더욱 큰 인기를 보이는 패미컴 붐 속에서 세가 하드는 앞선 SG-1000 이상으로 주목을 받지 못했다.

그래도 승부를 포기하지 않았던 세가에 1986년 6월이 되어 겨우 찬스가 생긴다. '메가 카트리지'의 시대가 온 것이었다.

소위 메가 카트리지란 1M 비트 이상의 대용량 게임을 말한다. 이 때까지의 패미컴이나, 기존 마크Ⅲ 소프트의 약 4배의 데이터를 가진 메가 카트리지는 더욱 많은 프로그램을 쓸 수 있어, 캐릭터나 스테이지, 기믹을 다수 표현할 수 있게 되었다.

최초로 발매된 대응 게임은 패밀리 컴퓨터 용으로 발매된 캡콤의 『마계촌』이었다. 이 게임은 전년 9월에 발매된 아케이드 히트작의 이식으로, 모든 요소를 1M 비트라는 당시 기준 대용량에 재현하여 아케이드를 훨씬 뛰어넘는 큰 히트를 기록한다. 그리고 세가는 패미컴 판 『마계촌』의 발매와 같은 주에 『판타지 존』을 발매했다.

세가의 메가 카트리지 오리지널 브랜드 '골드 카트리지' 제1탄인

▲「판타지 존」

『판타지 존』은 1986년 봄에 등장한 신형 아케이드 기판 「시스템16A」 대응 슈팅 게임의 이식작이다. 시스템16A는 그 이름대로 16비트 고성능 기판으로 비주얼도 사운드도 큰 진화를 이뤄, 대응 타이틀인

『판타지 존』이나 『메이저 리그』는 게임 센터에서 이미 히트작인 상태였다. 마크Ⅲ 판 『판타지 존』은 『행 온』과 마찬가지로 하드 성능차로 인해 아케이드판과 완전히 같다고는 할 수 없지만 아름다운 파스텔 컬러 그래픽과 개성적인 게임 시스템, 풍부한 무기 등 특징적인 요소는 그대로 재현되어 있었다. 메가 카트리지 덕분에 가능했다.

또한, 오토바이에 탄다는 놀이 기구적인 요소가 강했던 『행 온』과 달리 8개의 스테이지를 다양한 무기로 공략해 가는 슈팅 게임인 『판타지 존』은 가정용으로도 재미를 재현하기가 쉽고, 내용도 당시 가정용 게임의 흐름에 맞았다.

그 뒤에도 마크Ⅲ에서는 『판타지 존』에 이어, 7월에 인기 애니메이션을 게임화 한 『북두의 권』, 11월에는 포스트 '슈퍼 마리오'를 목표로 만들어진 액션 게임 『알렉스 키드 인 미라클 월드』 등등이 발매된다.

▲『알렉스 키드 인 미라클 월드』

세가는 1986년 여름 이후 거의 모든 소프트를 메가 카트리지로 개발하여 반전을 꾀한다. 패미컴 붐으로 점점 커져가던 게임 인구 증가는 세가에게 있어서도 기회였기 때문이었다.

이런 카트리지 소프트의 대용량화와 다수의 소프트를 공급할 수 있었던 이유는 1986년이 되어 IC 칩의 가격이 떨어졌기 때문이다. 대용량화하면서도 가격을 올리지 않아도 되었기에 카트리지의 시대는 더욱 발전하게 되었다.

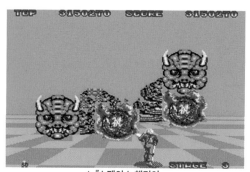
▲ 『스페이스 해리어』

메가 카트리지 덕분에 조금 상황이 좋아진 발매 2년 째의 마크Ⅲ는, 12월 연말 시즌에 화제작 『스페이스 해리어』를 2M 비트 용량의 메가 카트리지로 발매한다. 『스페이스 해리어』는 1985년 12월에 등장한 『행 온』에 이은 대형 기체 아케이드 게임으로 게임 센터에서는 초대형 히트작이었다. 하드 성능은 『행 온』을 더욱 파워 업한 것이었으므로, 이식은 『행 온』 이상으로 매우 어려웠지만, 이를 스펙이 부족한 마크Ⅲ에서 분위기와 박력을 중시한 이식을 실현하여 팬들로부터 갈채를 받는다. 이제야말로 마크Ⅲ가 진정으로 '아케이드의 인기작을 즐길 수 있는' 게임기가 된 것이었다. 덧붙여 이 무리한 이식을 실현해 낸 것은, 역시 그 나카 유지다.

그는 1984년 입사 후 SG-1000 개발 부서에 배속되어 앞서 이야기한 『걸즈 가든』 이후에도 수많은 소프트를 개발했다. 특히 그 재능이 두각을 드러낸 것이 『북두의 권』과 『스페이스 해리어』 같은 메가 카트리지 용 타이틀이었다.

특히 『알렉스 키드 인 미라클 월드』는 『슈퍼 마리오 브라더스』의 대히트 이후에 패미컴으로도 수없이 나온 마리오-라이크 게임 중 하나였으나, 깔끔한 그래픽과 RPG를 연상케 하는 상점 시스템을 통한 파워 업, 텍스트를 곁들인 스토리 연출 등 『슈퍼 마리오』에도 없는 새로운 개성이 있어서 마크Ⅲ 유저들에게 높은 평가를 받았다.

이 게임을 개발한 하야시다 코타로林田浩太郎는 1983년에 입사. 그 후 개발 리더가 되어 세가의 첫 오리지널 RPG 『판타지 스타』를 만드는 등, 초기 CS 개발에서 활약했다. 현재는 직접 세운 회사 리벨 엔터테인먼트リベル・エンタテインメント에서 『아이★츄』 등 스마트폰용 게임의 기획 운영을 하며 지금도 업계 최전선에서 활약하고 있다.

스타트에서 고전했던 마크Ⅲ의 판매와 인기는 메가 카트리지 등장 이후 조금씩 오르기 시작했다. 세가의 공세는 여기부터 시작한다.

반면 마크Ⅲ 등장 직후에 발매된 패미컴의 디스크 시스템도 최종적으로는 400만대 이상 팔린 대히트 제품이 되었다. 하지만 디스크 데이터의 용량은 메가 카트리지에 미치지 못한 점과 추가 주변 기기를 구입해야 하는 높은 장벽 및, 소프트 메이커가 얻는 이익이 적은 점 등의 문제가 있었다. 결국 닌텐도의 예상을 뛰어넘어 거대화하는 패미컴 시장의 성장 속에서 디스크 시스템의 장래성은 어중간한 것이었기에 역사 속으로 사라져 갔다.※3

마찬가지로 세가도 패미컴의 디스크 시스템 등장 보다 조금 앞인 1985년부터, 소프트를 '마이 카드'라는 스타일리쉬한 명함 사이즈

※3. 디스크 시스템은 용량 문제 이외에도, 덮어쓰기 서비스를 각지의 점포에서 준비해야할 필요가 있는 등, 일본 이외의 지역에서는 운영이 어려운 점도 있어서 였는지, 일본 한정 전개가 되었다. 그 때문에 디스크 시스템용으로 발매된 소프트가 해외에서는 카트리지로 발매되었다.

의 디자인으로 발매하여 마크Ⅲ의 소프트 공급도 처음에는 '마이 카드'만으로 하고 있었다. 사이즈는 후에 PC엔진의 'Hu카드'와 완전히 같으며, 장기적으로는 디스크 시스템과 마찬가지로 '덮어쓰기 서비스'도 계획하고 있었을 정도였다. 하지만, 소형화를 노린 '마이 카드'는 소프트의 대용량화에는 대응할 수 없는 기술이었기 때문에, 등장 1년 후에 세가는 메가 카트리지라는 이름으로 카트리지 형 소프트 공급을 재개. '마이 카드' 소프트의 공급은 그 뒤 1987년까지 이어지지만, 디스크 시스템과 마찬가지로 오래가지는 못했다.

제2.5장 ㅣ 1980년대
게임 잡지

게임 전문지 [Beep]

「패밀리 컴퓨터」가 순식간에 시장을 석권해 가던 중, 큰 차이가 있었다고는 해도 2위로 살아남고 있던 세가. 조용히라고는 해도 그 존재감을 유지할 수 있던 것은 패미컴이 다 팔려서 없을 때 부모가 착각해서 사 왔기 때문만은 아니다. 거기에는 친(親) 세가 게임 잡지였던 [Beep]의 공헌도 있었다고 한다. 그래서 번외편으로 이들 여명기의 게임 잡지에 관해 조금 다뤄보겠다.

애플이 처음으로 제작한 컴퓨터인 「Apple I」이 탄생한 1976년, 일본에도 독자 프로그램을 게재하는 일본 첫 퍼스컴 잡지로 [I/O](일본 마이크로컴퓨터 연맹)가 탄생. 그 분가로 아스키ASCII의 [월간 아스키], 그리고 전파신문사電波新聞社에서 [월간 마이컴] 등이 연이어 창간된다.

80년 대에 들어서 일반 가정 내 퍼스컴 보급에 맞춰 1982년에는 전파신문사가 [마이컴BASIC매거진], 아스키는 [로그인Login], 또한 토쿠마 서점德間書店은 [테크노폴리스]를 창간하여, 각 잡지는 경쟁적으로 퍼스컴의 최신정보와 함께 독자가 투고한 게임프로그램을 게재. 게다가 일본 소프트뱅크는 [Oh! PC], [Oh! MZ][1] 등 당시 대형 메이커별로 구분된 전문지를 연이어 창간한다.

시중에서 팔리는 게임들이 늘어남에 따라서 게임 소개의 수요도

※1. [Oh! PC], [Oh! MZ](나중의 [Oh-X])는 1982년 창간. 또한 [Oh! FM]이 1983년에 창간. 이 3가지가 가장 유명. 그 외에도 엡손의 'HC-20' 대상 잡지 [Oh! HC], MSX 대상 잡지 [Oh! HiTBiT] 등 다수의 잡지가 기종별로 존재했다.

늘어 [로그인]은 1983년의 월간화에 맞춰 게임 정보 전문지가 되어 간다. [테크노폴리스]도 그 노선을 추구하며, [마이컴BASIC매거진]은 [슈퍼 소프트 매거진]이라는 게임 소개 & 공략 기사를 별책 부록으로 만들게 된다. 게다가 새로운 게임을 중심으로 한 퍼스컴 잡지로 카도카와 서점角川書店의 [콤프틱], 소학관小学館의 [팝컴POPCOM], [I/O]를 발행하고 있던 공학사工学社의 [PiO] 등이 창간되어, 퍼스컴 잡지 뿐 아니라 하비 잡지와도 차별화를 모색하면서 '게임 잡지'라는 장르가 형성되어 갔다.

또한 1983년 말에는 「MSX」의 발매에 맞춰, 규격을 주도하던 아스키에서 직접 [MSX매거진]도 창간한다.

이 시기에 'Oh!' 시리즈의 일본 소프트뱅크가 창간한 잡지가 [Beep]다. 창간은 앞서 이야기한 잡지들보다 조금 늦은 1984년 12월이었다.

[Beep]는 후발주자인 만큼, 다른 잡지와 다른 독자적인 방향성을 모색했다. 우선 그전까지의 퍼스컴 잡지라면 왼쪽매기에 평철, 무선철 방식이었으나, [Beep]는 중철에 오른쪽매기로 [플레이보이] 등의 주간지와 같은 라이트한 형태로 제작되었다(예외로 [MSX매거진]은 창간부터 1년 간만 중철에 오른쪽매기였으나, 그 뒤는 평철에 왼쪽매기로 되었다).[※2] 컬러 페이지도 많고 가격도 360엔으로 다른 잡지보다 적당하다는 느낌이 있었다.

....

※2. 실은 [Beep]보다도 먼저 창간한 같은 장정의 게임 잡지로 어뮤즈먼트 라이프 사의 [어뮤즈먼트 라이프]가 있다. 이쪽은 1983년 1월 창간인 월간지이므로 [Beep]보다 2년 빠르다. PC 잡지 주체의 다른 잡지와 달리, 아케이드 업계 최초의 일반지라는 위치로 탄생했으나 전자 게임이나 가정용 게임기, 퍼스컴 소프트나 영화 정보 등 취미 전반에 관해 폭넓게 다루었다. [Beep]의 창간 직전인 1984년 9월, 21호를 마지막으로 휴간. 지면 구성은 [Beep]보다 1986년 창간인 신성사(新声社)의 [게메스트(Gamest)]에 가깝다.

원래부터 퍼스컴 소프트의 유통 대기업이었던 일본 소프트뱅크의 발행이었기에 내용은 퍼스컴 게임 소개를 메인으로 하면서도 도쿄 디즈니랜드 특집을 톱으로 가져오거나 아케이드 게임의 소개 기사에도 페이지를 크게 할애하는 등 후발주자로서 기존 잡지와의 차이를 모색하고 있었다. 그 차별화 기획 중에는 "가정용 게임기를 크게 소개한다"는 것도 있어서 발매 2년째에 돌입하여 붐이 시작되려 하고 있던 패미컴(과 SG-1000Ⅱ, 슈퍼 카세트비전)에 관해 다른 잡지보다도 꽤 크게 페이지를 할애했다.

이때는 아직 패미컴 잡지가 탄생하지 않았었고, [코로코로 코믹]도 게임 소개 페이지는 한정되어 있었다. 그 때 [Beep]의 합리적 가격은 TV 게임 정보를 얻고 싶은 아이들의 요구에 맞았다. 패미컴 특집은 반향을 불러일으켰고 [Beep]는 호가 계속될 수록 패미컴 소개 기사를 늘려 갔다.[※3]

패미컴 전문지와 공략본 붐

[Beep]보다 나중에 탄생한 것이 1985년 7월 발매인 [패밀리 컴퓨터 매거진](토쿠마서점), 통칭 [패미매가]다.

월간지, 중철에 오른쪽매기, 발매일은 [Beep] 외 많은 퍼스컴 게임지가 발매되는 매월 8일, 장정은 모든 [Beep]의 포맷에 그대로 맞추면서도 가격은 350엔으로 [Beep]보다 10엔 싸다. 꽤 [Beep]를 의식

※3. [Beep] 이외의 하비 퍼스컴 잡지와 마찬가지로 카도카와 서점의 [콤프틱](1985년 7/8월 호, 5월 발매)에 게재된 패미컴 판 『제비우스』의 숨겨진 커맨드 독점 기사는 큰 반향이 있어서, 잡지인데도 증간을 할 정도의 인기였다. 그 후 슈에이샤(集英社)의 [주간 소년 점프]까지 뒤따라서 이 정보를 게재했다.

해서 만들어졌다. 하지만 내용은 패미컴을 즐기던 층에 맞춰 초등학생도 읽을 수 있도록 한자에 모두 루비(독음)를 달고, 패미컴 게임을 모티브로 한 저연령 지향의 만화도 실었다.

이 '패미컴 전문지'라는 컨셉이 매우 좋았을 뿐 아니라 창간 타이밍도 행운이었다. 1985년 7월은 바로 그『슈퍼 마리오 브라더스』발매 2개월 전이라는 타이밍이다.『슈퍼 마리오』의 발매 직후인 10월 8일 발매의 11월호(제4호)에서는 페이지를 늘려 모든 스테이지의 맵을 게재한 것이 대성공. 갑자기 80만 부 판매로 1위 인기 잡지로 튀어 오른다(피크 시에는 120만 부의 기록도 있다고 한다).

[패미매가]가 창간된 1985년은 패미컴 판『드루아가의 탑』(남코)의 발매(8월)에 맞춰, 아스키의 [로그인] 편집부가 공략본 [드루아가의 탑의 모든 것을 알 수 있는 책]을 발행하여 이미 베스트셀러가 되어 있었다.

[패미매가] 편집부는 이번에는 이 아스키의 공략본 체재를 그대로 참고하여, 11월 호의 지면에 실렸던『슈퍼 마리오』공략 기사를 개량하여 잡지를 낸 보름 후에 따로 공략본으로 발매한다. 이 재빠른 대응이 대성공을 거둔다. [슈퍼 마리오 브라더스 완전공략본]은 10월 하순에 발매되었는데도 그해 전체 서적 중 연간 베스트셀러 1위가 돼버린 것이다. 패미컴의 성공과 함께『슈퍼 마리오』도 팔리므로, 공략본은 다음 해에도 계속 팔리며 무려 2년 연속으로 연간 베스트셀러 1위를 기록한다. 발행 부수는 누계 120만 부라고 한다.

좀 더 이야기하자면 [패미매가]의 창간보다도 먼저 [비기 대전집]

이라는 책자 시리즈^{※4}를 봄부터 출판하고 있던 후타미서방=見書房에서도 『슈퍼 마리오』의 공략본이 발매되었으며, 이쪽도 1985년의 베스트셀러 10위, 1986년 3위에 올랐다.^{※5}

1986년에는 그 외에도 토쿠마서점의 『트윈비』가 9위에, 『스팰렁커』가 14위에, 『포트피아 연속 살인 사건』이 20위, 『마계촌』이 21위 등 25위 이내에 5권의 공략본이 순위에 올라와 있다.^{※6} 과거 『스페이스 인베이더』나 완구 '루미큐브'의 공략본이 발매되어 화제가 되기는 했지만, 지금까지도 이어지는 TV게임 공략본의 역사는 1985년에서 1986년의 대유행이 시작이라 할 수 있다.

패미컴의 성공과 이 두 가지의 『슈퍼 마리오』 공략본의 성공으로 다른 출판사도 황급히 [패미매가]의 뒤를 따랐다. 매거진박스의 게임 종합지 [게임 보이] 만이 1985년 12월 창간이고, 그 뒤 1986년은 3월에 에이치출판英知出版에서 [하이스코어], JICC출판국에서 [월간 패미컴 필승본], 4월에 카도카와서점에서 [마루카츠㊙패미컴], 신세

※4. 裏ワザ大全集. 얇은 미니 책자 5개를 서적풍 종이 케이스에 하나로 모아서 세트로 팔았으므로 1개의 책을 샀는데 여러 권의 책을 얻은 기분이 드는 점이 아이들에게 인기였다. 후타미서방(二見書房)은 이런 특수한 장정을 70년 대에 [울트라맨 북] 등에서 먼저 시도했고 장점으로 삼고 있었다.

※5. 1985년 베스트셀러10 1위: 슈퍼 마리오 브라더스 완전 공략본(패밀리 컴퓨터 Magazine 편집부 편, 토쿠마서점) / 2위: 아이아코카(리 아이아코카, 다이아몬드사) / 3위: 과학만박 츠쿠바'85 공식 가이드북(국제과학기술박람회 협회 편, 코단사) / 4위: 프로야구 죽어도 쓸 수 밖에 없어(반도 에이지, 세이슌출판사) / 5위: 우리 집의 확정신고법(노즈에 친페이, 세이슌출판사) / 6위: 수도 소실(상, 하) (코마츠 사쿄, 토쿠마서점) / 7위: 토요토미 히데요시(상, 하) (사카이야 타이치, PHP연구소) / 8위: 더티 페어 대역전(타카치호 하루카, 하야카와서방) / 9위: 아아, 인간산맥(마츠야마 젠조, 우시오출판사) / 10위: 슈퍼 마리오 브라더스 비기 대전집(후타미기획 편, 후타미서방)   출처: 일본 저자 판촉 센터

※6. 1986년 베스트셀러10 1위: 슈퍼 마리오 브라더스 완전 공략본(패밀리 컴퓨터 매거진 편집부편, 토쿠마서점) / 2위: 자신을 살리는 상성 죽이는 상성(호소키 카즈코, 쇼덴사) / 3위: 슈퍼 마리오 브라더스 비기 대전집(후타미기획편, 후타미서방) / 4위: 화신(상, 하) (와타나베 준이치, 슈에이샤) / 5위: 일본은 이렇게 바뀐다(하세가와 케이타로, 토쿠마서점) / 6위: 지가(知価)혁명(사카이야 타이치, PHP 연구소) / 7위: 우츠미 미도리의 빳빳(カチンカチン)체조(우츠미 미도리, 후소사) / 8위: 운명을 읽는 6성 점술 입문(호소키 카즈코, 고마서방) / 9위: 트윈비 완전 공략본(패밀리 컴퓨터 매거진 편집부 편, 토쿠마서점) / 10위: 대살계를 넘기는 법(大殺界の乗り切り方) (호소키 카즈코, 쇼덴사)   출처: 일본 저자 판촉 센터

이샤新声社에서 [게메스트], 그리고 6월에 아스키에서 [패미컴 통신]까지 포함해, 그 뒤로도 길게 이어지는 패미컴 잡지([게메스트]만은 아케이드 게임 잡지)가 이때 모두 나왔다.

그외에도 다른 출판사에서 단발 특집 잡지가 나오고 일부 잡지는 월 2회 발매하는 등 서점에는 게임 잡지 코너가 풍성해지지만, 이 정도로 많은 잡지가 나오면 독자 쟁탈전이 벌어진다. 원조 패미컴 잡지인 [패미매가]는 1위를 유지하지만, 공략본 붐은 일단 가라앉아 각 잡지의 공략 기사로 대체되어 간다.

세가에게 계속 다가가는 [Beep]

다시 [Beep] 이야기로 돌아가자. 모처럼 가정용 게임기에 발을 들인 것은 좋았지만, 패미컴 전문지가 이 정도로 나와버렸기 때문에 존재감은 압도적으로 약해져 버렸다. 그런 타이밍에 발매된 것이 「세가 마크Ⅲ」의 메가 카트리지였다.

[Beep]는 아케이드 판『스페이스 해리어』의 특집 기사에 이어, 아케이드 판『판타지 존』도 크게 소개. 이어서 다른 잡지에서는 잘 다루지 않던 세가 마크Ⅲ 판『판타지 존』의 게임 정보를 크게 다뤘는데 이것이 큰 반향이 있었다. [Beep]는 1986년 중반 이후 조금씩 세가 특집 페이지를 늘려갔다. 그렇다고해도 패미컴이 1,000만 대 돌파 등을 말할 때, 세가는 SG-1000까지 전부 합쳐도 100만 대가 되지 않던 상황이다. 결코 두터운 독자층이 아니다.

세간에서는 패미컴에 이어 「PC엔진」에도 전문지가 생겨나던 중,

다른 잡지에서는 존재조차 희미했던 세가 마크Ⅲ, 그 뒤의 세가 하드인 「마스터 시스템」과 「메가 드라이브」도 계속 응원하며 마치 패미컴과 호각의 라이벌인 것처럼 소개를 한 [Beep]는 어느새 세가 정보에 목말라 있던 팬들이 모이는 곳이 되었다.

실은 매거진박스 사의 [게임 보이][7]도 마크Ⅲ 등 세가의 소프트를 크게 다뤄서 마크Ⅲ 판 『스페이스 해리어』 발매 시에는 표지로까지 해줄 정도였지만, [패미매가]와 마찬가지로 대상 연령이 낮았기 때문인지 독자는 [Beep]보다 더욱 적어 [Beep]만큼의 존재감은 남기지 못한다.

그런 [Beep]였지만 역시 세가 팬만으로는 잡지를 지속할 만큼의 충분한 독자 수가 되지 못했다. 패미컴이 일세를 풍미하고 NEC의 PC엔진이 [CD-ROM^2]를 발매하며, 세가가 5세대 째의 하드인 메가 드라이브를 발매하여 드디어 3강이 갖춰지고 나서 얼마 되지 않은 1989년, [Beep]는 56호를 기해 휴간을 하고 만다.

그래도 이 3년간, 일관되게 세가 마크Ⅲ/마스터 시스템을 "패미컴보다 사람을 가리지만 멋진 머신"이라며 팬을 개척한 결과, 그 후, 첫 세가 하드 전문지 [BEEP! 메가 드라이브](이후 BE메가)를 창간시킬 기회를 얻는다. 이것이 차세대기 [세가 새턴 매거진]에서 개화하여, 세가 하드 전문지에서는 유일하게 주간지화에 성공하는 등 대약진을 이루며, 세가 하드를 계속 곁에서 지킨다.

그 후 [드림캐스트 매거진]으로 지명을 바꾸게 되는데, 최후의 세

※7. '게임 보이'라는 명칭은 이후, 닌텐도의 휴대용 게임기의 명칭으로도 사용되지만, 물론 해당 잡지 쪽이 먼저이다.

가 하드인 '드림캐스트'가 없어진 후에는 [드리매가]라는 이름의 게임 종합지가 되어, 자체 하드를 잃은 세가의 정보를 계속 소개했다. 최종적으로 소프트뱅크 그룹 자체가 출판 비즈니스를 축소하게 되어 잡지 발행 자체를 멈춘 2012년, 결국 [드리매가]는 최종호를 맞이했다. 통권 498호. 최후까지 일관되게 세가 응원 잡지였다.

80년대에 창간한 게임 잡지로 2023년 현재도 계속되고 있는 것은 [패미통]과 [콤프틱]^{※8} 정도로, 대부분의 잡지는 [드리매가] 이전에 휴간이 되었기에 돌아보면 꽤 긴 역사를 가진 잡지가 되어 있었다.

더우기 [Beep]의 역사는 여기서 막을 내리지만, 그 후 2021년에는 전 BE메가 등의 편집 스텝들에 의한 note 형식의 Web잡지 [Beep21]이 스타트했다. 휴간으로부터 9년, 세가를 따르는 편집자의 혼은 지금도 살아 있다.

그런데, 이런 게임 잡지의 역사 속에서, 나도 당시 [Beep]와 만난 것이 계기가 되어 세가에 입사하게 되는 사람들 중 하나였다.

내가 처음으로 [Beep]를 발견한 것은 1985년 1월 발매인 2호였으나, 그 때는 서서 읽고 지나쳤을 뿐으로, 실제로 산 것은 패미컴 판 『제비우스』 특집이 실린 3호였다.

권두 기사 '텔레하비 대작전'^{※9} 에서는 패미컴의 『익사이트 바이크』가 6페이지, 『제비우스』가 4페이지에, 패미컴의 『베이스볼』과

※8. 2003년 현재 [콤프틱]은 만화 잡지가 되어, 80년대 창간 시 지면의 흔적은 전혀 남아있지 않다. 통권은 2019년에 500호를 넘었다.
※9. テレホビーゲーム大作戦. '텔레하비(テレホビー)'란 당시 [Beep] 지면에서 가정용 TV게임을 일컬어 부르던 말.

「슈퍼 카세트비전」의 『슈퍼 베이스볼』의 소개가 3페이지였다. 그 때 패미컴 전체 타이틀이 29개 타이틀, 세가 SG-1000은 30개 타이틀, SG-1000 호환기인 오셀로 멀티비전이 8개 타이틀, 슈퍼 카세트비전이 10개 타이틀이었다.

그리고, 운명의 세가 마크Ⅲ 판 『판타지 존』의 특집 기사가 실렸던 것이 1986년 7월 8일 발매의 8월호. 이어서 다음 8월 8일에 발매한 9월호에 『북두의 권』의 패미컴 판과 마크Ⅲ 판과의 비교 기사가 결정적이 되어, 다음 주 8월 14일에는 요코하마의 요도바시 카메라로 달려갔다. 본체와 세트로 구입한 것은 『판타지 존』, 『북두의 권』, 그리고 『테디 보이 블루스』였다. 우리 집에 세가가 자리하게 된 기념일이다.

만약 [Beep]가 세가를 응원하지 않았다면 나는 세가 마크Ⅲ를 사지도 않고, 세가 하드에 열중하지도 않고, 세가에 입사하는 일도 없었을지도 모른다. [Beep]에는 감사하고 있다.

제3장 | 1986년~
마스터 시스템

1986년, 「세가 마크Ⅲ」를 해외로

이야기를 조금 되돌려 1985년 가을. 일본에서는 세가가 「세가 마크Ⅲ」를 발매하고, 패미컴에 초대 『슈퍼 마리오 브라더스』가 발매되던 때, 미국에서는 「Nintendo Entertainment System」, 통칭 NES가 발매되었다. 패미컴의 해외 버전이다. 일본보다 2년 늦은 발매였지만, 닌텐도에는 고생 끝에 실현한 대망의 해외 발매였다.

일본에서 패미컴과 「SG-1000」이 발매된 1984년에 미국에서는 소위 '아타리 쇼크'가 발생하여 비디오 게임(TV 게임) 업계 전체가 괴멸적인 피해를 입었다.

세계에서 가장 거대한 시장을 가지고 성장을 계속해 온 미국의 TV게임 업계는 이때 한 번에 힘을 잃고, 많은 제작사가 도산하거나 철수했다. 이 영향으로 게임 센터도 대량으로 폐점하게 되었다고 한다. 이에 따라 1983년 이후 미국 시장에서는 비디오 게임은 1회성 붐이며 다시 부활할 전망은 없다는 말까지 나오고 있었다.

당시 1,500만 대 이상 판매되었다는 왕자 「아타리 2600」도, 2위인 「콜레코비전」이나 「인텔리비전」도 소프트 시장 가격의 폭락으로 거의 숨이 끊어진 상태였다.

그럼에도 닌텐도는 미국 시장에서의 성공을 믿고 있었다. 가정용 TV게임으로 판매하는 것이 안된다면, 홈 컴퓨터 시장용으로('패밀리

베이직'과는 완전히 다른 스타일리시한 디자인의) 키보드가 달린 하비 퍼스
컴 풍 기기를 쇼에서 전시해보거나, 아케이드용으로 패미컴 게임을
게임 센터에 릴리즈하여(VS시스템), 시장을 엿보고 있었다.

최종적으로 닌텐도가 선택한 것은 '장난감'으로 판매하는 것이었
다. 닌텐도는 우선 SF영화에 등장할 것 같은 유니크한 디자인의 로
봇 인형 'R. O. B.'를 개발. TV 화면에서 나오는 광신호를 사용하여
R. O. B.를 움직이는 소프트를 제작했다. 그리고, 광선총과 본체를 세
트로 판매했다.

R. O. B.는 일본에도 '패밀리 컴퓨터 로봇'이라는 이름으로 1985년
에 선행발매했지만, 거의 화제가 되지 못하고 사라졌다. 하지만, 미국
의 아이들은 이 R. O. B.가 마음에 들었는지 NES라고 이름을 바꾼
패미컴은 미국에서 환영받게 된다.[※1]

행운이라면, 이 시행착오에 2년을 쓴 덕분에 동시 발매 소프트가
다름 아닌 『슈퍼 마리오 브라더스』가 된 점이었다. 비디오 게임 시장
은 이제 끝났다는 분석가들의 예상과 반대로 NES는 미국에서 대
히트했다.

이러한 미국에서의 닌텐도의 성공을 지켜보던 세가도 당연히 손가
락만 빨면서 있던 것은 아니었다. 곧바로 일본에서 막 발매한 「세가
마크Ⅲ」의 해외 전개를 진행한다. 이전 기종인 「SG-1000」 및 「SC-
3000」은 당시 미국 모회사가 가정용 게임기 참가에 부정적이었던

※1. 단, R. O. B.의 인기는 역시 1회성에 지나지 않았는지 곧바로 로봇이 들어있지 않은 염가판 세트 쪽
이 시장의 메인이 되었다. 미국에서는 이 로봇을 이용한 NES의 판촉 방법을 '트로이의 목마'라고 부르
는 것 같다.

점 등의 이유로 미국에는 발매되지 않았고, 기대하던 유럽에서도 앞에 이야기한 '아타리 쇼크'에 의한 게임 부진의 영향으로 일부 화제를 얻는 정도로 그치고 말았다.

패미컴이 해외용으로 디자인을 변경한 NES로 성공한 영향을 받아 세가도 유럽, 미국 용으로는 디자인을 변경하기로 했다. 흰색을 기조로 한 마크Ⅲ를 새롭게 정반대인 검은 색을 기조로 하여 지금까지의 기종과는 다르게 어른스러운 분위기를 가진 본체가 탄생했다.[2]

이름도 패미컴의 해외명 「Nintendo Entertainment System」(닌텐도 엔터테인먼트 시스템)에 대항하여 「SEGA Video Game System」(세가 비디오 게임 시스템)으로 했다. NES의 북미 발매에서 거의 1년 늦은 1986년의 일이었다.

세가의 주변기기에는 로봇은 없었으나, NES의 광선총 전용 게임인 『덕 헌트』가 일본에서의 인기를 훨씬 뛰어넘는 인기였기에, 세가도 해외용으로 광선총과 대응 게임인 『사파리 헌트』를 개발했다(하지만 『덕 헌트』 같은 게임 붐은 일어나지 않았다).

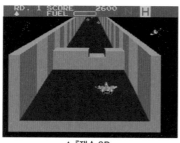
▲『잭슨 3D』

또한 액정 셔터 방식 3D 안경 '3-D 글래스'를 개발하여 『미사일 디펜스 3-D』나 『잭슨 3D』 등 입체 영상 게임을 다수 출시했다.[3]

....

※2. 검은 색의 세가 하드는 그 뒤에도 「메가 드라이브(수출판은 GENESIS)」, 「게임 기어」로 이어지며 세가 게임기의 컬러로 정착했다. 「세가 새턴」도 유럽, 미국용은 검은 색이었으나 「드림캐스트」는 전세계 공통으로 흰 색이 되었다. 그에 반해 라이벌인 「플레이스테이션2」가 검은 색으로 등장하는 것은 아이러니하다.

※3. 3-D 글래스와 일부 3D 게임은 일본에서도 발매되었다. 또한 닌텐도도 세가와 동시기에 '패미컴 3D 시스템'이란 이름으로 주변기기와 소프트를 전개했으나, 일본 외에는 발매하지 않았다.

이런 다양한 주변기기를 동봉한 전체 세트와 본체만의 상품을 각각 판매하는 스타일은 닌텐도의 NES에게서 배운 것이었다.

▲ 마스터 시스템의 주변기기, 광선총과 3-D 글래스

「SEGA Video Game System」에는 모든 기기의 중심이 되는 게임기 본체를 「SEGA Base System」이라고 불렀으나, 그 본체에는 「Master System/Power Base」라는 문자가 인쇄되어 있었다.

NES가 그랬던 것처럼, 이들 주변기기를 사용한 게임은 세가 측에서도 생각만큼의 성공을 거두지 못했다. 주변기기를 동봉하지 않은 본체만 판매에 힘을 기울이게 될 즈음에는 본체에 프린트된 「Master System(마스터 시스템)」 쪽이 일반적으로 알려지게 되었기에, 최종적으로 「SEGA Master System」(이하, 「마스터 시스템」)이 상품명이 되었다.

마스터 시스템은 북미에서 처음으로 세가가 전개한 가정용 게임기였으나 먼저 인기가 폭발하고 있던 NES에는 전혀 미치지 못하고 큰 화제는 되지 않았다. 아타리 쇼크로 큰 피해를 입은 북미 게임 제작사들은 NES에는 차례로 서드 파티로 참가를 했으나 일본 제작사와 마찬가지로 마스터 시스템을 지원하는 메이커는 거의 없었다.

▲ 마스터 시스템의 본체 발매 바리에이션

세가는 북미에서 마스터 시스템의 실패를 인정하고 다음 해인 1987년에는 현지의 장난감 메이커인 톤카(Tonka) 사에 판매권을 매각한다. 톤카는 그 뒤에 근근이 마스터 시스템 판매를 지속했고 나중에는 세가가 권리를 되찾아 이어가려 했지만, 북미에서 마스터 시스템의 지분은 확대되지 않았다.

그래도 다음 세대의 하드인 「SEGA GENESIS」(이하 제네시스로 약

칭. 메가 드라이브의 북미 명칭)나 휴대용 기기 「게임 기어」가 발매된 90
년대 이후에도 마스터 시스템의 판매는 지속되었다.

덧붙여 마스터 시스템과 같은 시기에 아타리가 신형 기기 「아타리
7800」을 출시했으나, 이 3년 사이에 모회사나 경영자가 차례로 바뀌
는 등 회사의 약체화가 심각했었다. 홍보도 거의 하지 못하고 소프트
공급량도 NES나 마스터 시스템을 밑돌았기 때문에 아타리 7800은
거의 존재감을 보이지 못하고 사라져 갔다.

유럽에서는 가정용 게임기 쉐어 No.1을 획득

일본, 북미 다음은 유럽 시장이다. 일본에 이어 북미에서도 대성공
을 이룬 닌텐도 NES는 세가보다 먼저 1986년부터 유럽 전개를 진
행하고 있었다. 하지만 유럽은 여러 나라가 걸쳐진 시장이고 EU 창
립 이전의 시대는 지금보다도 더욱 판매가 어려운 지역이었다. 그러
기에 NES의 판매 지역은 국소적이었으며 가격도 비싸고 선전도 불
충분했기 때문인지 미국만큼 눈에 띄는 성장은 보이지 않았다.

한편, 세가는 영국의 게임 회사 마스터트로닉Mastertronic사에 판매를
위탁해 1년 늦은 1987년에 유럽에서 판매를 시작했다. 마스터트로
닉은 PC용 염가 게임 소프트를 판매하는 제작사였으나 다각화에 실
패하여 거대 기업인 버진Virgin 산하에 있었다. 하지만 판매 실력은 확
실했다. 세가의 이 판단이 제대로 먹힌다.

유럽의 게임 팬들 사이에서는 NES나 마스터 시스템 같은 가정용

게임기 발매가 늦었기에 「코모도어64」나 「ZX스펙트럼ZX Spectrum」처럼 1982년에 차례로 등장한 하비 퍼스컴이 인기가 있었다. ZX스펙트럼은 옛 방식의 카세트테이프를 사용한 소프트로 게임이 발매되고 있었으나, 코모도어64는 일본에선 「MSX」나 SG-3000과 마찬가지로 카트리지 방식이었기에 게임기로서도 자리매김하고 있었다. 하지만 일본의 하비 퍼스컴이 그러했던 것처럼 가격이나 성능은 가정용 게임기에 미치지 못했다.[4]

마스터 시스템은 마스터트로닉의 판매 전술과 버진의 유통력으로 유럽 전역에서 전개. 후에 닌텐도 유럽의 소재지가 되는 서독을 제외하고 마스터 시스템을 NES 이상으로 보급할 수 있었다. 세가가 라이벌인 닌텐도에게 처음으로 승리한 것은 실제로는 유럽 시장의 마스터 시스템이었다.

그리고 이 승리에 크게 공헌한 게임은 '슈퍼 마리오-라이크' 게임으로 태어난 『알렉스 키드 인 미라클 월드』이며, 아케이드에서 인기를 얻은 마리오 타입 액션 게임의 이식작 『원더 보이』(일본 정식 제목은 「슈퍼 원더 보이」)였다. 『슈퍼 마리오』보다 먼저 확산된 이 타이틀들은 유럽 게임 팬으로부터 큰 반응이 있었다.

마스터 시스템을 대신할 세가의 차세대기, 「메가 드라이브」의 유럽 발매가 시작된 1990년이 되고 나서도 세가는 마스터 시스템의 염가판으로 「Master SystemⅡ(이후 마스터 시스템Ⅱ)」를 발매하여 시장을 유지한다. 「마스터 시스템Ⅱ」는 『알렉스 키드 인 미라클 월드』

....
※4. 하지만 「코모도어64」는 그 뒤에도 높은 보급률을 살려 가격을 낮추며 선전하였고, 일설에는 최종적으로 1700만 대에서 2000만 대 이상의 하드가 판매되었다고 한다. 물론 하비 퍼스컴으로는 세계 1위의 판매 대수이다.

의 게임 소프트를 본체에 빌트 인(내장)하여 처음부터 즐길 수 있었고(수 년 후에는 『소닉 더 헤지혹』으로 변경되었다) 극한까지 제조 코스트를 삭감하여 다양한 가정에 보급을 힘썼다. 마스터 시스템은 1990년 가지 유럽에서 가정용 게임기 쉐어 No.1을 지켰다. 세가는 1991년 이 마스터 시스템을 대성공시켜 승리로 이끈 마스터트로닉을 매수하여 세가 유럽으로 만들었다.

▲ 마스터 시스템II

그 뒤 세가의 주력 하드가 메가 드라이브(GENESIS)가 되고 닌텐도가 유럽 유통을 재검토하며 NES에 더하여 휴대기인 「게임보이」를 보급하기 시작하면서, 1991년 이후에는 닌텐도의 쉐어가 마스터 시스템을 뛰어넘게 된다. 하지만 일본에서 고전한 것을 생각하면 유럽에서 마스터 시스템은 매우 잘 싸웠다고 할 수 있다.

그 결과 마스터 시스템은 일본에서는 점포에서 모습을 감춘 지 오래인 90년대가 되어도 소프트 개발이 지속되었다. 세가의 얼굴인 『소닉 더 헤지혹』을 시작으로, 『베어 너클』나 『골든 액스』, 『슈퍼 모나코 GP』 같은 메가 드라이브의 게임도 모두 마스터 시스템용으로 이식된다. 게다가 미키 마우스나 도날드 덕 같은 디즈니의 캐릭터 타이틀, 『마이클 잭슨의 문 워커』 같은 유명 아티스트와의 콜라보 게임 등도 일본에서는 메가 드라이브 게임이라는 인상이 강하지만 이타이틀들도 거의 모두 마스터 시스템용으로도 개발되었다.

또한 『갤럭시 포스』와 『섀도우 댄서』, 『E-SWAT』 등 당시의 최신 아케이드 히트 타이틀도 하드 성능 차를 신경 쓰지 않고 이식되었다. 당시 세가가 세계적인 아케이드 게임 메이커였던 점도 마스터 시스템의 보급에 공헌했다.

타 기종의 이식만 있던 것은 아니다. 『SHINOBI 시노비』나 『알렉스 키드』 등 유럽에서 히트한 타이틀은 유럽 용으로 오리지널

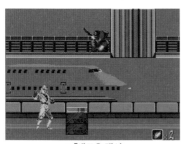

▲ 『섀도우 댄서』

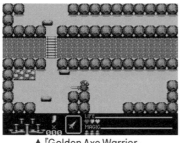

▲ 『Golden Axe Warrior』

속편이 만들어졌다. 그 중에도 『골든 액스』를 사용한 액션 RPG 『Golden Axe Warrior』는 높은 평가를 받았다. 자사 타이틀뿐 아니라 테크모의 『닌자용검전』(NINJA GAIDEN) 등 타사의 인기 게임도 독자적인 신작을 세가에서 개발하는 전개도 이뤄졌다. 그 외에도 유럽의 인기 만화 〈아스테릭스〉를 사용한 액션 게임도 개발되어 히트 시리즈가 되었다. 이 게임들은 모두 일본에서 개발되었다.

그뿐만이 아니다. 유럽에서 점유율이 No.1이 된 결과, 일본이나 미국에서는 이

루어지지 않았던 많은 서드 파티의 참여가 실현. 수 년에 걸쳐 소프트가 발매되었다. 예를 들어 일본의 대형 메이커인 타이토는 유럽에서는 마스터 시스템에 참가하여 『다라이어스Ⅱ』, 『라스탄 사가』, 『오퍼레이션 울프』등 많은 아케이드 이식 타이틀을 개발, 발매한다.

최종적으로 유럽의 마스터 시스템 판매 대수는 700만 대 정도에 달했다고 하며, 이는 일본과 미국의 마스터 시스템을 합친 수의 3배 이상이 되는 실적이다.

게다가, 마스터 시스템은 바다를 건너 남미 브라질에도 도달한다. 브라질은 당시 수입품 관세가 매우 높아 가정용 게임기는 아타리나 NES의 복제품 정도가 일부 유통될 정도로 게임 시장으로는 미개척인 땅이었다. 그런데 브라질의 대형 완구 제조사인 텍토이Tectoy사가 세가와 접촉. 당시 일본에서 발매되어 있던 세가의 장난감 '광선총 질리온'의 라이선스를 성공시켜 세가의 신뢰를 얻은 텍토이는 마스터 시스템을 브라질에서 독자적으로 제조하는 권리를 얻는다.

1989년 9월부터 브라질에서도 발매가 시작된 브라질제 마스터 시스템은 1년에 30만 대를 판매. 그 후 메가 드라이브의 라이선스도 취득한다. 텍토이는 오랫동안 브라질의 게임 시장을 세가 하드로 독점했다. 21세기에 들어서도 호환기 판매를 지속했기에 정확한 수는 불명확하나 브라질 만으로 수백만 대가 판매되었다고 한다.

일본에서도 세가 마크Ⅲ 가 마스터 시스템으로

일본에 대해서도 다뤄보겠다.

유럽 발매와 같은 1987년 가을, 세가 마크Ⅲ를 대신할 4대째 세가 하드로 일본판 마스터 시스템이 등장했다.

일본용 마스터 시스템은 앞서 말한대로 2년 전에 발매한 세가 마크Ⅲ와 성능은 같다. 본체의 명칭 및 디자인만 해외판과 같게한 세가 마크Ⅲ의 마이너 체인지 판으로 과거의 「SG-1000」을 출시했을 때와 거의 같은 방법이다.

▲ 마스터 시스템의 팜플랫

일단 북미, 유럽에 발매한 것과는 세부 기능이 다르며, 일본에만 발매된 세가 마크Ⅲ의 주변기기가 되는 사운드 확장 기기인 'FM사운드 유닛'이나 소프트 연사 장치 '래피드 파이어' 등을 내장하고 있는 것이 특징이다.

일본용 마스터 시스템의 발매는 같은 1987년 가을에 NEC-HE에서 「PC엔진」이 발매된 영향이라고 생각된다.

점유율 3위인 가정용 게임기로 조용히 판매를 계속하고 있던 에폭사의 「슈퍼 카세트비전」이 이즈음에 퇴장하고 이 자리를 채우듯이 나타난 것이 PC엔진이다. 패미컴이나 세가 마크Ⅲ와 같은 8비트 기기면서도 PC엔진은 표현 능력에서 이전 2기종을 훨씬 뛰어넘는 고성능 게임기였다.

PC엔진은 그 후, 다음 해 이후에 등장하는 「메가 드라이브」나 「슈퍼 패미컴」과 싸움을 벌이게 되지만, 세가는 아직 이때 메가 드라이브를 개발 중이었고 발매는 1년 뒤였다. 그래서 겉보기라도 새롭게 한 호환 하드를 발매한 것이었다.

마스터 시스템으로 이름과 모습을 바꾼 세가 마크Ⅲ는 더욱 다양한 타이틀을 발매했다. 하드 간 성능 차를 소프트웨어의 연구로 극복한 히트작 『스페이스 해리어』에 이어 『아웃 런』, 『애프터 버너』와 같이 점점 진화해 가는 아케이드 히트작을 차례차례 조금 무리해서 이식했다.

또한 『캡틴 실버』나 『버블 보블』 및, 『R-TYPE』, 『더블 드래곤』 등등 세가 이외의 아케이드 게임도 세가가 만들어 발

▲『아웃 런』

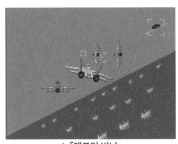
▲「애프터 버너」
※F-14D Tomcat is
a trademark of Northrop
Grumman Systems Corp.

▲「스페이스 해리어 3D」

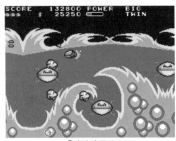
▲「판타지 존 II」

매했다. 게다가『판타지 존II』,『스페이스 해리어 3D』등 원래 아케이드 이식 작으로 크게 히트한 타이틀의 가정용 오리지널 속편도 개발했다.

그리고,『패사의 봉인』,『이스』같은 인기 PC 게임의 이식작이나『록키』,『스케반 형사II』와『안미츠 공주』등 화제가 된 영화, TV 드라마, 애니메이션들의 폭넓은 라이선스를 취득하여 세가가 직접 게임화했다.

이식뿐 아니라 오리지널 타이틀도 다수 출시했다. 특히 마스터 시스템이 발매된 1987년에는 후에 세가의 대표작이 되는『판타지 스타』가 등장. 이 게임은 일본 마스터 시스템에서 가장 주목받은 작품이 되었다.

『판타지 스타』는 패미컴에서 1987년 1월에 발매되었던『드래곤 퀘스트II』의 대히트로 갑자기 활성화된 'RPG'라는 새로운 장르의 게임을 세가에서도 만들자는 분위기가 고조되어 개발이 시작된 타이틀이다.

판타지 세계를 모티브로 한『드래곤 퀘스트』에 대항하여, 판타지 세계에 더해 미래 세계 SF 설정을 섞은『판타지 스타』는 재밌으면 무엇이든 괜찮다는, 일본 만화나 애니메이션에 통하는 모든 것이 섞인 세계관이 특징이다.

게다가 『드래곤 퀘스트Ⅱ』로부터 단지 11개월 후에 발매가 되었음에도 패미컴을 능가하는 아름다운 그래픽, 다이나믹하게 움직이는 3D 던전과 전투 장면, 중요 이벤트에 삽입되는 비주얼 씬 등, 마크Ⅲ가 패미컴보다 나은 성능을 모두 살려 동시대 RPG와는 차원이 다른 호화찬란한 작품으로 만들어졌다.※5

▲「판타시 스타」

개발에는 프로그래머로 나카 유지, 그래픽에 코다마 리에코와 오시마 나오토 등, 그 뒤에도 세가를 뒷받침한 전설적인 스텝이 모두 모여 있어, 1984년 이후 경험을 쌓아온 세가의 가정용 오리지널 타이틀 대표작이 되었다.

세가의 아케이드 기판 노하우를 반영하여 라이벌 기기를 능가하는 성능으로 등장한 세가 마크Ⅲ/마스터 시스템은 SG-1000의 시대부터 큰 축이었던 '인기 아케이드 게임의 빠른 이식'의 방향성을 밀어붙이는 한편 『알렉스 키드』나 『판타지 스타』 같은 가정용 오리지널 히트작도 탄생시키며 세가의 이후 기반을 쌓았다.

또한 1988년에는 세가 하드로 첫 서드 파티가 참가. 테크모 계열의 회사 사리오가 아케이드 게임 타이틀 이식으로 3월에 『아르고스

※5. 여담으로 패미컴용 RPG 「파이널 판타지」(1편)은 우연하게도 『판타시 스타』와 같은 주에 발매된다.

의 십자검』, 4월에 『솔로몬의 열쇠』를 발매하지만 이것이 일본에서 세가 마크Ⅲ/마스터 시스템의 마지막 빅 뉴스가 되었다.

결국 마스터 시스템은 세가 마크Ⅲ를 사려고 생각했던 잠재적인 팬에게는 어필할 수 있었으나 일본 내에서 점유율을 늘리지는 못했다.

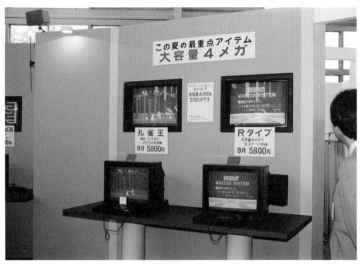

▲ 도쿄 장난감 쇼(1988년 6월)
※ 마스터 시스템의 4메가 비트 게임들인 『공작왕』과 『R-TYPE』을 전시 중

1988년 가을, 16비트 게임기인 메가 드라이브가 발매됨과 동시에 마크Ⅲ와 마스터 시스템을 지지했던 세가 팬은 메가 드라이브로 이행하거나 PC엔진이나 패미컴으로 옮겨가며 원래도 크지 않았던 시장은 급속히 사라진다. 당시 [Beep] 등의 잡지나, 가게 앞 등에서 배포되던 전단지에는 마스터 시스템의 이후 발매 예정 타이틀로 『아웃런 3D』, 『상하이』, 『램페이지』, 『울티마Ⅳ』 등 여러 게임의 이름이 실

려있었으나 대부분 발매되지 않았다. 1989년 2월에 발매된 슈팅 게임 『봄버 레이드』를 마지막으로 일본의 마스터 시스템용 소프트의 공급이 중단된다. 세가 마크III의 발매에서 3년 3개월 정도의 기간이 었지만, 일본 마스터 시스템 발매로부터 세어보면 불과 16개월 후의 일이다.

하지만 그 혼은 1990년이 되어 「게임 기어」로 되살아나게 된다.

그럼, 당시의 내 이야기를 해보자. 확실히 계기는 [Beep]에 이끌려 산 세가 마크III였으나 모든 게임이 패미컴에서는 체험할 수 없는 개성이 있었기에 나는 세가 게임을 열심히 즐겼다. 용돈의 대부분이 세가 마크III/마스터 시스템용 소프트를 사는 데 쓰였고 고등학교에 진학해서도 새로운 친구와 화제는 세가의 게임 뿐이었다. 1987년 가을, 내 주변에 있던 많은 친구들이 PC엔진이 아니라 굳이 마스터 시스템을 샀는데 결코 내가 부추긴 것은 아니다.

SEGA MARK III

제4장 | 1988년~
메가 드라이브

세가의 공세를 뒷받침한 「시스템16」

세가가 5번째 가정용 게임기인 「메가 드라이브」를 일본에서 발매한 것은 1988년 10월이지만, 개발이 시작된 것은 2년 전인 1986년 경이라고 한다. 이 1986년이라는 해는 세가에 있어서 변혁의 해였다.

1986년 1월에, 세가는 아케이드 게임용 기판 「시스템16A」를 발표했다. 「시스템16A」는 조금 뒤에 나온 개량 버전인 「시스템16B」를 합쳐서 약 5년간 아케이드에서 신작이 계속 나온 롱 셀러의 명작 기판이다.

이 시스템16(A/B)에 관해서는 2장에서도 다루었는데, 이름에 쓰여진 숫자의 유래가 되는 '16비트' CPU를 탑재한, 최신 시스템 기판이었다. 16비트로 만들어진 시스템16의 아케이드 게임은 그전까지 세계 어느 게임에서도 본 적이 없는 아름다운 비주얼, 스피드감, 그리고 사운드가 모두 합쳐져 TV게임의 역사를 바꿀 정도의 임팩트를 가지고 있었다. 20세기의 세가를 아는 사람이라면 누구나 아는 게임 『판타지 존』, 『콰르텟』, 『테트리스』나 『골든 액스』 등 많은 세가의 유명한 타이틀이 이 시스템 기판용으로 발매되었다.

세가에는 이전에도 『펭고』나 『프릭키』 등, 밝은 색의 그래픽을 사용한 귀여운 캐릭터의 히트작은 있었지만, 『팩맨』 『제비우스』나 『스페이스 인베이더』를 전세계에 히트시킨 라이벌 회사 남코나 타이토에 비해서는 존재감이 옅었다. 하지만 이전 해에 등장한 2개의 체감 게임 『행 온』 『스페이스 해리어』, 그리고 시스템16 타이틀들의 히트로 세가는 70년대의 일렉메카 시대 이후, 오랜만에 아케이드의 No.1 게임 제작사로 부흥하게 된다.

시스템16의 개발은 더욱 거슬러 올라가서 1983년 경부터 시작했다고 하나, 동시에 이뤄진 아케이드 판 『행 온』의 개발도 있었기에 큰 영향을 받았다고 한다. 『행 온』은 개발 도중인 시스템16을 원

▲『행 온』

형으로 했으나, 최신인 시스템16의 성능으로도 개발자인 스즈키 유의 이상을 실현하기에는 불충분했다. 그래서 그의 제안을 받아 하드 설계자인 카지 토시유키梶敏之가 개량을 더했다. CPU를 2개로 늘리고 스프라이트[1]에는 줌 기능을 추가하여 『행 온』 전용 기판이 완성. 기판은 거대해졌지만 원래 큰 기체였기에 문제는 없었다. 이어지는 『스페이스 해리어』의 개발에는 『행 온』의 기판을 기반으로 스프라이트 기능을 더욱 강화. 이 두 게임은 각각 1985년 여름과 겨울에 출시되어 그 영상의 대단함이 화제가 되어 크게 성공한다.

이 2개 작품의 개발 경험이 시스템16의 성능을 끌어올렸다. 이 2개의 게임에 더해졌던 기능을 남기면서 원가 절감과 소형화를 꾀한다. 여기에 스크롤 등 범용적인 기능을 추가하여 최적화한 것이 최종적으로 시스템16A가 되었다.

....
※1. 게임 화면 위에 캐릭터를 표시하는 기능을 말한다. 당시에는 1화면이나 1열 사이에 표시할 수 있는 스프라이트(캐릭터)의 수에 제한이 있어서, 이를 동시에 많이 표시할 수 있는 것이 고성능의 지표 중 하나이기도 했다.

새롭고 고성능인 것을 좋아하는 게임 팬은 『행 온』, 『스페이스 해리어』에 주목했고, 시스템16 등장 이후에는 더욱 세가 게임에 주목하게 되었다. 이것이 1986년이라는 해였다.

1988년, 메가 드라이브 발매

이처럼 16비트로 세가 게임이 크게 약진하던 타이밍에 개발을 시작한 것이 「메가 드라이브」였다.

▲ 메가 드라이브

인기 아케이드 게임을 이식하려면 메가 드라이브에도 16비트 CPU 탑재가 필수 조건이었으나 모토롤라 제 CPU 'MC68000'은 매우 고가였다. 코스트를 중시한다면 CPU는 8비트로 두자는 생각도 아직은 버리지 못하고 있었다. 메가 드라이브의 개발이 시작된 뒤에도 정말로 16비트 CPU를 탑재할 수 있을지에 대해 결정이 나지 않고 있었다.

이 문제를 해결하기 위해 당시 개발부장이었던 사토 히데키_{佐藤秀樹}가 움직였다. 사토는 MC68000의 세컨드 소스를 제조하고 있는 시그네틱스 사와 담판. 미국으로 직접 가서 교섭한 결과, 대량 발주를 통한 비용 절감을 실현하여 시장 가격보다 상당히 낮은 가격으로 조달할 수 있게 됐다. 이리하여 메가 드라이브는 16비트로 정해졌다.

하지만 CPU가 같다고 해도 시스템16의 기능을 모두 재현할 수는 없다. 시스템16과의 호환성을 해치지 않으면서 어디까지 기능을 실장할 수 있을지 설계 담당인 이시카와 마사미는 마지막까지 조정을 계속했다.

게다가 하위 호환, 즉 「세가 마크 Ⅲ/마스터 시스템」의 소프트도 동작하게 해달라는 주문이 있었다. 마스터 시스템은 「SG-1000」까지의 모든 소프트가 동작했기 때문이다. 1986년이라고 하면 메가 카트리지 발매의 영향으로 하드웨어 보급이 진행되던 시기였기에 무리도 아니었을 것이다.[2] 이런 이유로 메가 드라이브는 16비트 CPU뿐 아니라 마스터 시스템에 사용되던 8비트 CPU도 더해, 2개의 CPU를 탑재하게 되었다.

아케이드 게임을 재현하려면 음악도 중요하다. 사운드는 이전까지의 DCSG에 더해, 새롭게 아케이드 기판과 동급인 FM음원을 탑재했다. 게다가 마스터 시스템에 사용되던 2오퍼레이터의 OPLL이 아닌, 더욱 고도의 소리를 낼 수 있는 4오퍼레이터의 OPN을 채용했다.

....

※2. 실제로 이 상위 호환성을 실현하여, 별매의 '메가 어댑터'를 장착하면 메가 드라이브에서 세가 마크 Ⅲ/마스터 시스템용 소프트를 동작시킬 수 있었다. 단, 그 이전의 SG-1000 시리즈용 소프트는 동작하지 않았고, 일본판 마스터 시스템의 장점이었던 FM음원에 의한 사운드는 재현할 수 없었다.

이미 일부 하비 퍼스컴에 기본 탑재되어 있던 FM음원이지만 가정용 게임기에서는 처음 있는 일이었다.

이번에는 FM음원을 개발한 야마하에 가서 가정용 게임기에 탑재를 의뢰했으나 처음에는 야마하 사내에서 맹렬한 반발이 있었던 것 같다. 본래의 개발 용도로 음원칩을 탑재하여 판매하고 있는 야마하의 신시사이저들과 비교하면 가정용 게임기가 너무 저가격이라는 것이 그 이유였다.

하지만 세가는 그동안 아케이드에서의 채용 실적과 가정용 게임기의 제조 등에서도 야마하와 매우 관계가 깊었기에 최종적으로 허가가 나서 탑재할 수 있었다고 한다.[*3]

이렇게 문제를 하나씩 해결하며 다양한 검토를 거듭한 결과, 지금과 같은 메가 드라이브의 성능이 결정되었다.

가격은 2만 1,000엔으로, 지금까지의 세가 하드의 가격이었던 1만 5,000엔보다는 조금 올랐으나 성능을 중시했다. 그래도 이전 해에 발매된 「PC엔진」의 2만 4,800엔보다는 조금 가격을 낮춰서 설정한 것은, SG-1000 때의 성공 경험을 의식했기 때문일지도 모른다.

가격 면에서 메가 드라이브는 앞 해인 1987년에 샤프에서 발매된 하비 퍼스컴 「X68000」과 자주 비교되었다. X68000은 그 이름대로 MC68000을 탑재한 16비트 하비 퍼스컴의 결정판으로 아케이드 게임을 그대로 즐길 수 있다는 것이 큰 화제였다. 하지만, 가격은 모니

....
※3. 실은 PC엔진 진영도, 세가보다 먼저 야마하에 FM음원 제공을 요청했으나 이 때에는 거절당했다는 이야기가 있다.

터와 세트라고는 해도 40만엔 정도로, 당시 PC 중에서는 최고액이었다. 그런데 같은 68000 CPU이면서 약 20분의 1 가격으로 살 수 있는 게임기가 등장한 것이다.

하드 사양이 정해지자 소프트가 빠른 속도로 준비되었다. 초기에는 제대로 된 환경이 아닌, 100%의 성능을 낼 수 없는 거대 기판을 받아서 사용법을 익히면서 개발했다고 한다. 게다가 제작 기간은 기존 8비트 기기의 소프트보다도 짧아서 실질 2개월 정도였다고 하니 당시 스태프의 고생이 충분히 상상된다.

▲ 메가 드라이브 발표회 (1988년 9월)

메가 드라이브의 기자 발표회가 열린 것은 제품 발매 1개월 전인 1988년 9월이었다. 동시 발매인 『스페이스 해리어II』, 『슈퍼 썬더 블레이드』 외에 『수왕기』와 『알렉스 키드 천공마성』이 전시되었다.

모두 세가가 자랑하는 인기 시리즈의 속편 또는 아케이드용 최신 게임의 이식으로, 앞 세대 기기인 세가 마크 III/마스터 시스템에서는 불가능한 화려한 그래픽과 대형 캐릭터가 눈길을 끌었다. 특히

『수왕기』는 그해 6월에 아케이드로 릴리즈된 시스템16 용의 신작이었으나 빠르게 메가 드라이브 상에서 플레이할 수 있었다.[4]

　메가 드라이브는 팬에게 큰 기대를 받았다. 16비트 CPU를 탑재하고 있다는 것은 본체의 사진만 봐도 알 수 있었다. 황금색 '16-BIT' 문자 때문이다. 최대의 세일즈 포인트가 본체에 크게 새겨져 있던 것이다.

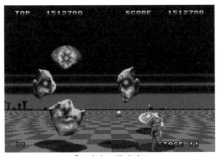
▲『스페이스 해리어Ⅱ』

　본체와 동시에 발매된 게임은 『스페이스 해리어Ⅱ』와 『슈퍼 썬더 블레이드』의 2타이틀. 둘 다 아케이드에서 인기 3D 슈팅 게임의 가정용 오리지널 속편이다.[5]

　『스페이스 해리어Ⅱ』는 초대 『스페이스 해리어』의 10년 뒤를 무대로 한 신작이다. 사실 『스페이스 해리어』의 속편은 그해 2월에 『스페이스 해리어 3D』라고 하는, 1편의 이전 이야기를 그린 소프트가 세가 마크Ⅲ용으로 이미 출시되어 있었다. 그 팀이 계속해서 개발한 것이 『Ⅱ』로, 실제로는 시리즈 3번째 작에 해당한다. 캐릭터도 거의 새롭게 만들어졌고 보스의 공격 방법도 상당히 독특했다.

　『슈퍼 썬더 블레이드』는 후에 『소닉 더 헤지혹』을 탄생시킨 나카 유지가 만든 것이다. 그는 비범한 재능으로 초대 『스페이스 해리어』

※4. 메가 드라이브 버전의 실질적인 개발 기간은 약 1개월 정도였다. 아케이드 버전의 프로그램을 어느 정도 재활용하여 실현했다.
※5. 『수왕기』는 오류가 발견되어 발매 직전에 연기되었다.

를 마크Ⅲ로 이식하여, '세가에는 대단한 프로그래머가 있다'며 팬들 사이에서 주목받고 있었으나, "스페이스 해리어의 속편인데 스즈키 유 씨를 제쳐 두고 만드는 것은 주제 넘다"며 『스페이스 해리어Ⅱ』가 아

▲『슈퍼 썬더 블레이드』

닌 『슈퍼 썬더 블레이드』를 개발하기로 했다고 한다.

두 게임 모두 이전 기종인 세가 마크Ⅲ/마스터 시스템과 비교하면 더욱 좋아진 표현력을 갖추고 있으나, 둘 다 같은 3D 슈팅 게임이며 모두 "아케이드와 차이가 없다"고 불릴 정도의 재현도는 아니었다.

이것은 아케이드의 오리지널 『스페이스 해리어』 등에 탑재되어 있던 '스프라이트 줌 기능'이 최종적으로 코스트 문제로 메가 드라이브에는 탑재되지 않았기 때문이다.[※6]

발매일에 샀던 팬으로서는, 확실히 기존의 어느 가정용 게임기보다 고성능이어서 기뻤으나 아케이드 그대로의 게임을 즐길 수 있는 것도 아니고 완전한 신작을 즐길 수 있는 것도 아닌 마냥 기뻐할 수는 없는 어정쩡한 기분이 드는 시작이었다.

게다가, 매월 1개의 페이스로 발매된 『수왕기』(11월27일 발매), 『오소마츠 군 엉망진창 극장(おそ松くん はちゃめちゃ劇場)』(12월 24일 발매), 『알렉

※6. 개발에 관여한 이시카와에 의하면 줌 기능이 포함되지 않은 또 하나의 이유는 칩의 생산 수율 문제였다고 한다. 또한 2002년에 개발된 미니 게임기 「메가 드라이브 미니2」에서는 줌 기능을 포함한 메가 드라이브 상에서 만든 『스페이스 해리어』 및 『스페이스 해리어Ⅱ』가 수록되어 있다. 당시 메가 드라이브를 발매일에 샀던 사람들이 꼭 즐겨봐주었으면 하는 게임이다.

▲『수왕기』

▲『알렉스 키드 천공마성』

스 키드 천공마성』(1989년 2월 10일 발매)의 3가지 게임은 모두 가로 스크롤 액션 게임이었다. 기세 좋게 이 게임들을 모두 샀던 메가 드라이브 유저는 치우친 장르와 볼륨이 적은 내용 덕분에 소프트를 늘려갈 때마다 본체 발매일 이상의 복잡한 기분이 되었다.

그래서 세가 마크 Ⅲ/마스터 시스템으로 돌아가 『R-TYPE』, 『더블 드래곤』, 『이스』 같은 명작 타이틀들을 즐기곤 했다.

그래서 내 이야기를 하자면, 마침 고등학생이 되었을 때였다. 집은 교외에 있었기에 아케이드 게임은 과자점 한편의 업라이트 기체[※7]로 즐길 수밖에 없었으나 다니던 고등학교 근처에 무려 '인베이더 하우스'가 남아 있었기에 나는 수업이 끝나면 친구들과 그 가게에서 눌러앉게 되었다.

[Beep]도 보고 있었기에 당연히 메가 드라이브는 발매일에 샀지만 게임 장르 편중 때문에 연말연시에는 줄곧 패미컴 판 『그라디우스Ⅱ』를 즐겼다. 게임기는 세가만 있는 것이 아니었다.

....
※7. 플레이어가 서서 플레이하는 아케이드 기기. 서구 쪽 오락실에서는 이런 스타일의 게임들이 메인이었다.

다양한 하드에서 즐길 수 있었던 세가 게임

1988년, 세가 이외의 가정용 하드의 연말 판매 경쟁은 매우 화려했다. 우선 닌텐도의 패미컴에서는 10월에 발매된『슈퍼 마리오 브라더스3』를 필두로 코나미의『그라디우스Ⅱ』, 스퀘어의『파이널 판타지Ⅱ』, 남코의『프로야구 패밀리 스타디움'88』, 캡콤의『록맨2』가 릴리즈되었다. 그 유명한 BPS의『테트리스』도 이 타이밍이다.

게다가 1년 전에 발매된 NEC-HE의 PC엔진도 있었다. PC엔진은 8비트 CPU지만 패미컴이나 마크Ⅲ에서 크게 진화한 그래픽과 고속 처리를 통해 이후 메가 드라이브나「슈퍼 패미컴」과도 쉐어를 경쟁하는 하드였으나, 이해 연말에는 일찌감치 추가 유닛을 발매했다. 세계 최초의 게임용 CD-ROM시스템「CD-ROM^2」이다. 아직 음악 CD 플레이어조차 일반 가정에서는 흔치 않았던 시대에 CD를 통한 음악 재생과 540MB의 대용량을 활용한 비주얼 강화 등을 어필했다.

최대 난점은 가격이었다. 이 게임을 즐기기 위해서는 2만 4,800엔의 PC엔진 본체 외에도 5만 9,800엔의 CD-ROM유닛을 구입할 필요가 있었다. 그뿐 아니라 소프트도(동시 발매 소프트였던『파이팅 스트리트』의 가격은 5,980엔이었다.) 고려하면 합계 9만 엔을 넘게 된다.

『용과 같이0』에서도 그려지는 버블 경기의 1988년이라고 해도 이것을 풀 세트로 구입할 수 있는 게임 팬은 매우 제한적이었다. 그래도 CD-ROM이라는 미지의 기술이 가진 매력 덕분인지 PC엔진의 주목도는 계속 올라갔다. CD 이외의 소프트도 발매 1년째의 연말에는 충실해졌고, 특히 인기였던 것은 아케이드 게임 이식 타이틀로 남코의 『드래곤 스피리츠』, 그리고 NEC에비뉴가 이식한 『판타지 존』과 『스페이스 해리어』였…?

　…그래서, 당시 세가 팬들 사이에 이야깃거리가 되었던 것이, '라이벌 하드에 자사의 히트작을 라이선스하는 세가'의 수법이었다. 실은 1988년 연말연시에는 PC엔진의 2개 타이틀 작품뿐만 아니라 패미컴에는 선 소프트가 『에이리언 신드롬』[8]과 『판타지 존Ⅱ』를, 타카라가 『스페이스 해리어』를 이식해서 출시했다.

　모두 아케이드나 세가 마크Ⅲ에서 출시된 세가의 빅 히트작이다. 이들 타이틀이 공교롭게 메가 드라이브라는 새로운 하드의 출발 타이밍에 경쟁 기종으로 속속 출시되는 것을 보고 놀라서, 메가 드라이브를 구입하지 않고 PC엔진의 세가 타이틀을 사는 팬은 적지 않았을 것이다.

　분명 세가의 변명은, 이 게임들 모두 1~2년 전에 자사의 게임기(세가 마크 Ⅲ/마스터 시스템)으로 발매된 게임이고 굳이 말하자면 오래된 게임이니 문제없다고 판단했을 것이다.[9]

　예를 들어 『스페이스 해리어』가 아무리 높은 완성도로 패미컴이나 PC엔진으로 릴리즈되더라도 최신작 『스페이스 해리어Ⅱ』를 즐길 수 있는 것은 메가 드라이브뿐이라고 생각하면 오히려 마중물이 되지

※8. 세가가 1987년 4월에 아케이드 시스템16B 기판으로 발매한 액션 슈팅 게임. 같은 해 10월에 일본판 마스터 시스템 본체와 동시 발매로 이식되었다.
※9. 이것은 세가가 일찌감치 라이센스 아웃 비즈니스를 중시했기 때문이라고도 할 수 있다. 결과적으로 이들 타이틀의 지명도나 인기가 아직도 높은 것은 여러 하드에 이식된 점도 있을 것이다.

않을까 하고 생각했을지도 모른다.

사실 당시 게임 센터에 놓이는 게임의 교체는 매우 빨라서 3개월 은커녕 1개월도 안 되어 점포에서 사라지는 경우도 흔한 시대였다. 그렇다면 가치가 있는 것은 무엇보다 지금 게임 센터에서 즐길 수 있 는 최신 게임이거나 그 속편이다.

하지만 다행인지 불행인지 예외적으로 이 시대의 세가 게임은 평가 가 높아 롱런 히트가 이어져 『스페이스 해리어』의 인기는 몇 년이 지 나도 가라앉지 않았다.

어쨌든 세가가 라이벌 기종용 이식을 여기저기 허락해 버린 결과, 자사뿐 아니라 라이벌을 포함한 3개의 기종에서 『스페이스 해리어』 가 거의 동 시기에 출시되는 사태를 불러일으켰다.

그뿐 아니라 같은 타이밍에 PC엔진 판 『판타지 존』과 패미컴 판 『판타지 존II』도 동시에 발매되어 원래 세가 게임이었음에도 『판타 지 존』을 좋아하는 팬은 메가 드라이브 이외의 기종을 선택하기도 했다.※10

그런 이유로 라이벌에 비해 압도적인 성능을 보일 기회를 얻지 못 하고, 매력적인 세가의 아케이드 타이틀은 타 기종으로 발매되는 혼 란 속에서, 조용한 스타트를 끊은 메가 드라이브의 전장은 1989년 봄으로 바뀌고 있었다.

....

※10. 이 때 라이벌 게임기에 이식된 『스페이스 해리어』와 『판타지 존』의 시리즈 1편은 시리즈 중에서도 가장 인기가 있었음에도 불구하고 마지막까지 메가 드라이브에는 이식되지 않았기에, 일부 메가 드라이 브 팬들에게는 매우 아쉬움으로 남아있다고 한다. 그래서 2022년에 발매된 「메가 드라이브 미니2」에, 신규 메가 드라이브용 이식으로 이 2가지 타이틀이 수록된 것을 기뻐하는 당시의 팬이 매우 많았다.

최대의 대형 타이틀 『판타지 스타Ⅱ』

 새로운 하드의 시작으로는 그다지 상황이 좋다고 하기는 어려웠던 「메가 드라이브」 발매를 가장 경계하고 있던 것은 닌텐도였을지도 모른다. 메가 드라이브 발매 직후인 11월, 닌텐도의 차세대 하드 「슈퍼 패미컴」의 미디어 대상 설명회가 개최되었다. 거기에서 발매 예정 시기를 9개월 후인 1989년 7월이라고 공표하면서도, 공개한 것은 실기가 아닌 본체의 시제작 견본품으로 보도진 앞에서 동작하는 것을 보이지 못했다.

 또한 배포된 비디오에서는 개발 중인 영상을 볼 수 있었으나 내용은 기술 데모가 중심이었다. 동시 발매는 『슈퍼 마리오 브라더스4』 나 『젤다의 전설3』(당시 발표 자료에 있던 가칭 타이틀)이었으나 이 2가지 타이틀의 모습은 공개된 비디오 안에는 없었다. 실제로 슈퍼 패미컴이 발매되는 것이 2년 뒤인 1990년 11월인 것만 봐도 이 발표는 연말 판매 시즌 전에 메가 드라이브나 PC엔진으로 갈아타는 것을 견제하기 위한 것으로 추측된다.

 그런, 주목도가 높은지 낮은지 알 수 없는 포지션의 메가 드라이브의 최대 대형 타이틀이라는 평가였던 것은 통산 6번째의 타이틀이자 첫 RPG『판타지 스타Ⅱ 되돌아오지 않는 시간의 끝에서』였다. 발매는 1989년 3월로 이미 본체 발매에서 5개월이 지난 시기였다.

 전작『판타지 스타』는 세가 마크 Ⅲ/마스터 시스템용으로 히트했던 타이틀이나, 속편은 개발 시작 직후에 메가 드라이브로 변경되었다. 발표 시 『슈퍼 썬더 블레이드』를 막 출시했던 나카 유지가 전작에 이어 메인 프로그램을 담당한 것에서 알 수 있듯이 개발 기간은 불과 반년 정도로 1편보다 짧았다고 한다.

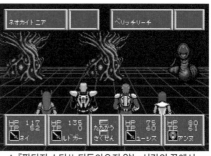
▲ 『판타지 스타II 되돌아오지 않는 시간의 끝에서』

전작에서 시나리오를 담당했던 아오키 치에코青木千惠子가 게임 디자인도 담당. 전작에서 1000년 후를 무대로 한 SF 풍이며 이야기도 조금 하드하다.

이 게임은 게임 패키지의 일러스트에 인기 일러스트레이터인 요네다 히토시米田こ±를 기용한 것도 화제가 되었다. 친숙한 면은 있었지만 비교적 아동용이었던 기존 세가 마크III 소프트 스타일에서 벗어나 포장도 종이에서 하드 케이스로 그레이드 업. 메가 드라이브를 더욱 고급스러운 노선으로 전환하는 과정에서 그를 기용한 것이었다. 다른 패키지 일러스트도 당시 하야카와 등의 SF소설의 표지를 그렸던 일러스트레이터를 중심으로 발주하였는데 이런 방침이 『판타지 스타II』의 세계관 구축에도 영향을 주었을 지도 모른다.

▲ 『판타지 스타II』의 패키지

한편, 게임 내에 등장하는 캐릭터 디자인을 막 입사한 신인 2인에게 맡기는 모험적 발탁을 하였다. 지금도 인기가 높은 히로인

'네이' 등 메인 캐릭터를 디자인한 것은 이후에 『사쿠라대전』의 메인 디자이너로 활약한 요시다 토오루吉田徹다. 마을의 점원 등 서브 캐릭터를 디자인했던 야마구치 야스시山口恭史는 후에 『소닉 더 헤지혹2』의 메인 디자이너가 되어 소닉의 파트너 마일즈 "테일즈" 파워를 만들어내는 사람이다.

『판타지 스타Ⅱ』 이전에 발매된 5가지 타이틀은 하드 개발과 병행해서 만들어진 부분도 있어서인지, 새로운 하드의 기능을 제대로 발휘했다고 할 수는 없었으나 『판타지 스타Ⅱ』는 품질도 볼륨도 손색이 없게 되어있어, 드디어 새로운 하드임을 실감할 수 있는 게임이 등장한 것이었다.

인기에 불을 붙였어야 했던
『테트리스』의 발매중지

이어지는 4월에도 대형 타이틀이 비어 있었다. 무엇보다도 전 세계의 아케이드에서 대히트 중인 퍼즐 게임 『테트리스』가 발매되어 「메가 드라이브」의 인기는 여기서 솟구쳐야…했으나 여러 사정으로 이 소프트는 발매 중지가 되고, 결국 마지막까지 발매되지 않았다.

▲ 완성되어 있던 『테트리스』 (메가 드라이브 미발매)

원래 해외 PC용 소프트였던 『테트리스』는, 일본에서도 PC용으로 다수의 하드에 출시되었고 그 후

110

패미컴 판도 인기를 끌었으나 특히 일본에서는 세가가 1988년 12월에 발매한 아케이드 판이 독보적으로 높은 평가를 받고 있었다. 각지의 게임 센터에서는 『테트리스』를 대량 설치하는 등 10년 전의 『스페이스 인베이더』 같은 사회 현상이 되어 있었다.

이 세가 판 만의 특징은 몇 가지가 있지만 특히 호평이었던 것은 오리지널 버전의 조작 시스템을 새롭게 한 것이다. 그때까지 나왔던 테트리스의 조작은 버튼으로 테트리미노[11]의 낙하, 레버를 아래로 하면 회전이었으나, 이를 버튼으로 회전, 레버 아래를 누르고 있는 동안만 테트리미노가 고속으로 떨어지도록 했다. 이 단순하지만 큰 변경은 『테트리스』라는 게임을 더욱 직감적으로 알기 쉽게 했고, 또한 스테이지 클리어 방식을 없애서 끝없이 플레이할 수 있게 하여 독특하고 새로운 매력을 만들어냈다.[12] 이 때문에 아무리 다른 『테트리스』를 집에서 즐길 수 있다고 해도 아케이드 판의 매력을 한 번 알아버리면 뭔가 부족함을 느끼게 되었다.

그리고, 이 우수한 조작 시스템은 놀랍게도 막 발매된 닌텐도의 게임보이 판 『테트리스』에 채용된다. 가정용에서 처음으로 이 직감적인 조작을 즐길 수 있게 된 게임보이 판은 6월 발매 이래 일본은 물론 전 세계에서 대히트. 게임보이의 하드 보급에 크게 공헌했다. 또한 닌텐도는 11월에 NES판을 북미에 발매. 이쪽도 기록적인 대히트를 한다.

．．．．．．．．．．．．．．．．．．．

※11. 『테트리스』에 등장하는 블록을 말한다. 4개의 정방형으로 만들어진 블록 조합으로 7종류의 모양이 있다.

※12. 그 외에도 테트리미노가 지면에 닿은 후에 접착에 걸리는 시간을 약간 남겨 일부 조작이 가능한 것이나, 회전시키면서 빈틈에 끼워 넣는 테크닉 등 세가의 아케이드 판 『테트리스』에는 독자적인 룰이 더해져있고, 이것들도 높은 평가를 받았다.

일본의 메가 드라이브가 그 뒤에도 큰 성공을 거두지 못했던 이유로 이때 『테트리스』가 발매되지 못한 것을 최초의 분기점으로 드는 분들도 많은데 어쨌든 역사는 메가 드라이브 버전의 발매를 허락하지 않았다. 중지 결정은 발매일 직전이었기 때문에 소프트는 완성을 넘어 창고에서 출하 준비 중이었던 상황. 이때 제조가 완료된 패키지는 물론 모두 폐기되었다고 한다. 나를 포함한 인터넷 등 통신 수단을 가지지 못한 당시 팬은 그런 사정도 모르고 발매 당일에 소프트를 찾아 여기저기 가게를 돌아다녔다.

▲『슈퍼 리그』

그래도 메가 드라이브의 4월에는 또 다른 2개의 신 타이틀이 발매 예정이었다. 야구 게임인 『슈퍼 리그』와 PC용 시뮬레이션 게임의 메가 드라이브용 리메이크 작품인 『슈퍼 대전략』이다.

이 『슈퍼 대전략』은 타이틀만 보면 8비트 용의 간이 버전과 같은 이름이지만 실제로는 16비트 퍼스컴인 'PC-9801'용 『대전략II』를 베이스로 한 이식판이었기에, 당시 시뮬레이션 중 최고봉이던 게임의 발매였다. "퍼스컴 상위 기종으로밖에 즐길 수 없었던 고사양 게임을 즐길 수 있다"는 점 때문에 메가 드라이브의 고성능을 실감할 수 있었다.

이어진 6월, 드디어 바로 그 『썬더 포스II MD』가 발매되었다. 메가 드라이브 첫 서드 파티 타이틀로, 당시 인기 장르였던 가로 스크롤 슈팅 게임이었다.

개발, 발매원인 테크노 소프트는 이전까지 PC용 게임을 주로 개발해 왔기에 게임 센터나 가정용 게임밖에 몰랐던 많은 메가 드라이브 유저들에게는 거의 무명이라고 해

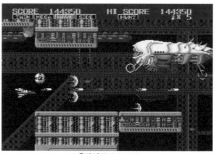
▲ 『썬더포스Ⅱ MD』

도 좋은 회사였다. 하지만, 비주얼, 사운드, 스피드, 모든 것이 당시 최고 수준의 완성도여서 게임 잡지나 입소문으로 그 평가가 순식간에 퍼져나갔다.

본작은 원래 이전 해에 「X68000」용으로 발매된 타이틀이었기에 같은 CPU인 메가 드라이브로의 이식은 단기간에 실현했다고 한다.

메가 드라이브는 아케이드 기판과의 친화성을 중시하여 만들었지만 이를 잘 살리지 못했던 이유는 16비트 게임 개발 경험을 가진 스텝이 가정용 게임 개발 부분에 없었기 때문이었다. 그 넘치는 성능을 잘 활용하지 못하고 있었다.

이때 등장한 『썬더 포스Ⅱ MD』는 세가의 소프트 개발력을 완전히 뛰어넘었기에, 팬 이상으로 세가 사내에도 충격을 주었다. 세가의 하드 개발의 톱이었던 사토 히데키도 당시를 말할 때마다 이 게임을 거론할 정도다.

메가 드라이브의 보급은 이제 시작이라는 시기였지만 원래 작은 퍼스컴 게임 시장에 비하면 『썬더 포스Ⅱ MD』는 큰 성공이었다. 테크노 소프트는 그때까지 오래 이어왔던 PC용 게임 제작을 중지하고 모두 메가 드라이브로 전환하는 용감한 결정을 내렸다.

『대마계촌』을 시작으로 히트작이 속속 등장

▲ 『대마계촌』

그렇다고 해도, 세가 자신도 지고만 있지는 않았다. 2개월 후인 8월에는 이미 메가 드라이브로는 3번째 작품이 되는 나카 유지의 프로그래밍으로 『대마계촌』이 발매되었다.

이 게임은 전년 12월에 캡콤이 아케이드용으로 발매한 대히트 타이틀의 이식판이다. 캡콤이 만전을 기해 출시한 아케이드용 16비트 시스템 기판 「CP시스템」의 제2탄으로 발매되었으며 대히트작 『마계촌』의 속편으로 누구나 다 아는 게임이었다.

아케이드 판이 발매되기 직전인 10월에 행해진 업계 대상 이벤트 '제26회 어뮤즈먼트 머신 쇼'에서 이 게임을 본 나카 유지가 한눈에 반해 상사에게 부탁해 이식을 실현한 것이었다. 캡콤은 이 인기 시리즈의 최신작 이식을 세가에 허락했을 뿐 아니라 귀중한 소스 데이터까지 제공했다고 한다. 당시 가로 스크롤 액션 게임의 개발력이 누구보다도 뛰어났던 캡콤의 전면적인 협력과 세가의 가정용 부분에서 가장 실력이 좋은 프로그래머에 의해, 아케이드 판과 비교해도 플레이 감각이 전혀 다르지 않은, 매우 충실한 이식이 실현되었다.

메가 드라이브에서 즐길 수 있는 아케이드의 이식 타이틀은 그때까지 『수왕기』뿐이었지만 플레이 감각은 약간 달랐다. 하지만, 『대마계촌』은 정말로 아케이드 '그대로'였다.

『대마계촌』은 발매로부터 9개월이 지난 그해 여름에도 게임 센터에서 아직 현역 기동 중이었기에, 메가 드라이브 유저는 "집에서 연습하고 게임 센터에서 그 실력을 보여준다"는 것이 가능했다.

아케이드 게임의 이식 타이틀이야말로 가정용 게임의 꽃이었던 시대. 그렇지만 실제로는 그래픽도 조작 감각도 거의 다른 물건인 것이 가정용의 상식이었다.

"아케이드 그대로의 화면에 동일한 플레이 감각으로 즐길 수 있다"는 것은 오랫동안 가정용 게임의 꿈이었다. 그것을 처음으로 해낸 것이 「PC엔진」이다.

허드슨에서 PC엔진 본체와 동시에 발매된 『빅쿠리맨 월드(『원더 보이 몬스터 랜드』의 이식)』[13] 와 다음 해에 발매한 『R-TYPE』(I·II)는 아케이드 조작감 그대로 집에서 플레이할 수 있었기에 PC엔진의 스타트 대시를 성공으로 이끌었다. '아케이드 충실 이식' 시대의 시작이었다.

원본 그대로의 충실 이식이 실현되면 다음은 이식판 발매까지의 기간이 얼마나 짧은지를 경쟁하게 된다. 그런 중에 메가 드라이브 판 『대마계촌』처럼 발매한 지 1년 이내의 대 히트 게임이 이식되는 것

※13. 『원더 보이 몬스터 랜드』는 아케이드에서 세가가 발매한 게임이었으나 권리는 개발원인 웨스턴이 소유하고 있었으며 웨스턴은 세가에 양해를 구한 뒤, 게임의 권리를 타사에 라이센스 아웃하였다. 하지만 '원더 보이'의 상표는 세가가 가지고 있었기 때문에 타사는 제목을 그대로 살려서 낼 수는 없었다.

은 놀랄만한 일이었다.[※14]

메가 드라이브 판 『대마계촌』은 아케이드 판의 인기를 그대로 이어받아 가정용으로도 크게 성공. 메가 드라이브 하드 보급에 공헌했다. 세가는 그 뒤에도 캡콤과 우호 관계를 쌓아 인기 타이틀을 오랜 기간 다수 라이선스할 수 있었다. 세가는 『스트라이커 비룡』, 『포가튼 월드(『로스트 월드』의 이식)』, 『전장의 늑대II』, 『파이널 파이트CD』 등을 자사에서 직접 이식했다. 하지만 타이틀의 인기와 이식까지의 스피드 면에서는 역시 『대마계촌』이 가장 임팩트가 있었다.

그리고 하드 발매에서 1년이 지난 1989년 연말 시즌 라인업은, 전 세대기부터 세가를 응원해 왔던 세가 팬들에게는 잊을 수 없는 강력한 것이었다.

12월 1주째에는 인기 게임의 속편 『더 슈퍼 시노비』가 발매되었다.[※15] 전작은 해외에서 생각하는 '기묘한 일본'을 의식한 약간 만화 같은 작품이었으나, 본작에서는 분위기를 바꾸어 리얼한 그래픽이 되었다. 또한 시스템도 크게 바뀌어 거의 다른 게임이 되었다. 입사 3년 차 플래너였던 오바 노리요시大場規勝에게는 첫 메가 드라이브 타이틀이었으나 원숙한 스테이지 구성과 매력적인 기믹 등 매우 완성도

....

※14. PC엔진 판 『R-TYPE』도 아케이드 기동 개시 뒤로 단 9개월이라는 이례적인 속도로 릴리즈되어 대 히트를 했으나 게임의 전반부인 4라운드 분량 밖에 즐길 수 없었다. 5라운드 이후를 즐길 수 있는 『R-TYPEII』의 발매까지는 추가로 2개월을 기다릴 필요가 있었다.

※15. 덧붙여 이 게임 발매와 같은 달에는, 전작인 『SHINOBI 시노비』가 PC엔진으로 이식되어 아스믹에서 발매되었다.

가 높은 게임이다.^{※16} 또한 일본 팔콤의 아르바이트에서 프리랜서 음악가로 막 전직한 코시로 유조古代祐三가 처음으로 세가 게임 개발에 참여한 기념비적인 타이틀이기도 하다. 이 게임은 아케이드 판을 뛰어넘는 히트를 하여 그 뒤 시리즈화의 발판이 되었다.

2주째는 『타츠진達人』이 나왔다. 전년 10월에 발표된 토아플랜 최대의 히트 작품인 슈팅 게임을 개발자가 직접 이식한 것이었다(발매는 세가). 토아플랜의 슈팅은 PC엔진 판 『구극 타이거』가 같은 해 3월에 발매되어 히트했기에 그 속편이라 할 수 있는 본작이 재빨리 메가 드라이브로 이식된 것이 화제가 되었다.

3주째는 『버밀리온』이다. 『애프터 버너II』와 『아웃 런』 등 아케이드 히트 작을 다수 배출한 세가의 체감 게임 개발 스텝(후의 'AM2연')이 메가 드라이브 용으로 만든 오리지널 RPG다. 세가의 제1선 스태

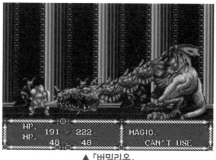
▲『버밀리온』

프에 의한 신작, 게다가 인기 장르인 RPG라는 점 때문에 큰 기대를 받았다. 하지만 실제 즐겨봤더니, 지나치게 뒤틀린 독특한 시나리오와 당시로서는 너무 심플한 시스템 때문에 당황한 유저가 많았다. 그래도 아름다운 그래픽과 중후한 음악이 호평을 받았다.

그리고 4주째가 『골든 액스』였다. 아케이드에서 5월에 릴리즈되어

※16. 오바 노리요시는 다음 작품 『베어 너클 분노의 철권』에서 더 큰 히트를 하고, 그 후 『사쿠라대전』 등을 거쳐 개발 분사 사장이 된다. 또한 『더 슈퍼 시노비』의 최종 스테이지는 미로로 된 던전인데, 이것은 오바의 데뷔 작이 마찬가지로 최종 스테이지가 미로로 된 던전인 『원더 보이 몬스터 랜드』의 이식판이었던 것이 영향을 준 것이 아닐까 생각된다.

히트 중인 게임의 시차없는 이식이었다. 하드 제약으로 당시에는 흔치 않았던 2인 동시 플레이가 재현되어 있었기에 그 즐거움이 충분히 발휘된 타이틀이었다. 추가된 스테이지나 DUEL 모드도 호평을 받아 메가 드라이브를 대표하는 액션 게임이 되었다.

그 외에도 10월에는 2번째 서드 파티로 패미컴과 PC엔진으로 게임을 발매하고 있던 아스믹이 참가하여 『슈퍼 하이드라이드』를 발매. 12월에는 테크노 소프트의 첫 메가 드라이브 오리지널 게임 『헤르쪼크 쯔바이』가 출시되었다. 이어서 PC게임 메이커였던 마이크로넷이 『커스』로 참가한다.[17]

어느 메이커도 결코 '유명', '대형'이라고는 할 수 없는 회사였으나, 메가 드라이브에서 세가 이외의 게임을 즐길 수 있다는 새로운 선택지를 열어주었기에 팬의 기대가 올라간 것은 틀림없다.

이렇게 메가 드라이브는 발매 2년째에 드디어 잠재력을 발휘하기 시작했다.

해외에서 GENESIS를 발매

같은 해인 1989년, 메가 드라이브는 북미 시장에서 「제네시스(GENESIS)」로 이름을 바꿔 발매되었다. 이것은 미국에서 「메가 드라이브」=「Mega Drive」라는 명칭을 이미 다른 회사에서 상품명으로

※17. 아스믹은 세가의 아케이드 게임인 『SHINOBI 시노비』나 『파워 드리프트』를 PC엔진 용으로, 『수왕기』를 패미컴 용으로 이식하여 발매한다. 또한 마이크로넷도 『프릭키』나 『앗포』, 『로보레스 2001』을 퍼스컴 용으로 이식, 발매하여 둘 다 세가와 관계가 깊은 제작사였다.

쓰고 있어서 상표를 얻을 수 없었기 때문이었다.

▲ 제네시스(GENESIS)

　마스터 시스템이 북미에서 불발이었기에 이번에는 같은 실패를 되풀이하지 않기 위해 세가는 런칭을 신중히 준비했다. 당시 북미의 가정용 게임기는 계속 NES가 독주하고 있었다. 다시 NES에 도전하는 것은 무리가 있지만 진정한 라이벌은 아직 모습을 드러내지 않은 차세대기 「슈퍼 패미컴」이다. 그것이 발매되기 전에 세가는 조금이라도 제네시스의 쉐어를 확보할 생각이었다.

　여름에 본체를 발매한 후, 다음 해인 1990년에는 더욱 힘을 쏟아 당시 붐이었던 F1을 모티브로 한 레이스 게임 『슈퍼 모나코 GP』, 실명과 함께 절정기인 아티스트를 주인공으로 한 이색 액션 게임 『마이클 잭슨의 문 워커』, 세계에서 가장 사랑받는 디즈니 캐릭터의 액션 게임 『아이 러브 미키 마우스 이상한 성의 대모험』, 거기에 PC에서 참전

▲ 『슈퍼 모나코 GP』

한 북미 대형 메이커 EA에 의한 『존 매든 풋볼』 같은 인기 장르나 유명 캐릭터에 의한 빅 타이틀을 릴리즈한다.

1990년에는 유럽 시장에도 메가 드라이브가 발매되어 더욱 점유율을 늘리지만 아직 성공이라고 말하기에는 어려웠다.

이는 일본에서도 마찬가지였다. 많은 주목작을 투입했던 1989년 연말이 지나고 1990년에는 오히려 존재감이 옅어지고 있었다.

당시의 인기 타이틀을 살펴보자면, 우선은 패미컴 쪽부터다. 2월에 『드래곤 퀘스트Ⅳ』(에닉스), 4월에 『파이어 엠블렘 암흑룡과 빛의 검』(닌텐도)과 『파이널 판타지Ⅲ』(스퀘어)가 이어지며 슈퍼 패미컴 발매 직전인 시장을 화려하게 장식했다. 그리고 11월에는 발표에서 2년이 지나 드디어 슈퍼 패미컴이 등장. 동시 발매 소프트는 닌텐도의 『슈퍼 마리오 월드』에 『F-ZERO』, 『파일럿 윙스』. 거기에 『포퓰러스』(이 메지니어), 『액트레이저』(에닉스), 『그라디우스Ⅲ』(코나미)에 『파이널 파이트』(캡콤)까지 모두 각 사의 인기 타이틀이 등장했다.

슈퍼 패미컴은 후발 주자인 만큼 컬러풀한 그래픽과 샘플링 가능한 PCM음원이 메가 드라이브의 성능을 뛰어넘는 것이었다. 또한 그래픽의 회전, 확대축소 기능은 눈길을 끄는 연출로[18] 많은 게임의 타이틀 화면에 쓰였다. 슈퍼 패미컴은 순식간에 보급되어 패미컴 시장을 이어받는다.

한편, 메가 드라이브보다 먼저 발매된 PC엔진 쪽도 2년째에 들어

※18. 참고로 세가가 메가 드라이브에 당초 넣으려고 했던 것은, 슈퍼 패미컴에 들어간 배경 등에 사용되는 BG면의 확대 축소가 아니라, 스프라이트(캐릭터)의 회전 및 확대 축소였기에 같은 것은 아니다.

간 CD-ROM^{2}용 게임 타이틀들이 주목을 끌었다. 특히 1989년 12월의 『이스 I ·II』(허드슨)이 대 히트. 1990년은 3월에 『슈퍼 다라이어스』(NEC 애비뉴)도 인기를 얻었다.

또한, 본체 만으로 즐길 수 있는 Hu카드 타이틀도 8월의 『발키리의 전설』을 시작으로 남코의 인기 아케이드 타이틀의 이식, 그리고 12월에는 패미컴 초기 히트작의 리메이크 판 『봄버맨』(허드슨)에 의한 5인 동시 파티 플레이 제안이 이뤄져, 분위기가 고조되었다.

유일하게 상황이 좋지 않았던 것은 표시 능력을 향상시킨 상위호환기 「PC엔진 슈퍼 그래픽스」다. PC엔진 발매 3년째가 되는 1989년 12월에 발매되었으나 3만 9,800엔으로, 기존 본체의 2배 가까운 가격이라 시장에서 외면받아 전용 소프트는 불과 5개 타이틀이라는 역대 게임기 중에서도 가장 아쉬운 결과를 남기고 사라져 갔다.

메가 드라이브의 1990년이라고 하면 해외 전개를 기대해서인지 타이토, 남코, 선 소프트, 메사이야, 울프 팀(일본 텔레넷) 등 유명 메이커가 차례로 참가하여 상당히 분위기가 좋았으나, 일본에서의 시장 점유율은 패미컴의 몇 분의 1이었던 PC게임 시장보다도 밑돌았다. 서드 파티로서는 '이후를 기대하고 일단 참가'하는 정도였을 것이다.

1990년 세가에 그 외의 화제라면 『컬럼스』의 등장이 있다. 아케이드 판의 출시에서 1년 이상 지났지만 인기가 사그러들지 않는

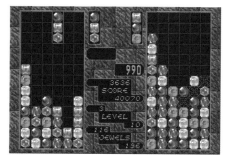

▲『컬럼스』

『테트리스』는 계속 게임 센터에서 대성공하고 있었다. 세가는『플래시 포인트』『블록시드』같은 자매작을 출시했지만 이들도 당연히 테트리스와 마찬가지로 메가 드라이브로 발매할 수 없었다.[19]

게임 센터에서『테트리스』를 이을만 하면서도 메가 드라이브에도 이식할 수 있는 새로운 액션 퍼즐 게임을 목표로 만들어진 것이『컬럼스』다.

이 게임도『테트리스』와 마찬가지로 원래는 세가의 오리지널이 아닌 미국인 프로그래머가 취미로 만든 PC 게임이었다. 이것을 세가가 발견하여 권리를 사들여,『테트리스』때와 마찬가지로 대폭으로 그래픽과 규칙을 어레인지하여 아케이드와 메가 드라이브로 거의 동시기에 출시했다.

그리고 가을에는 닌텐도의 게임보이에 대항한 휴대용 게임기「게임 기어」와 함께『컬럼스』를 동시 발매.『컬럼스』의 인기는『테트리스』에게는 미치지 못했지만 아케이드, 메가 드라이브, 게임 기어 모두에서 히트하고, 그 뒤에도 오랜 기간 각 기종에서 속편이 만들어지는 베스트 셀러 타이틀이 되었다. 또한『컬럼스』는 액션 퍼즐에서 처음으로 '연쇄 지우기' 개념을 만들어낸 공헌도 큰데, 이것이 이후『뿌요뿌요』로 이어진다.

서서히 유저를 늘려가던 메가 드라이브에 세가는 가능성을 느꼈고 1991년 여름 예정인 슈퍼 패미컴「SNES」[20]의 해외 진출 타이밍을

※19. 『플래시 포인트』는『테트리스』의 라이센스 없이 발매할 수 있지 않을까 검토했던 적이 있으며 메가 드라이브 판까지 개발, 완성하였으나 이 쪽도 창고행이 되었다. 이 환상의 메가 드라이브 판은 플레이스테이션2 용『테트리스 콜렉션』에서 처음으로 플레이할 수 있게 되었다.

※20. 'Super Nintendo Entertainment System'의 약자. 일반적으로는「슈퍼 닌텐도」라고 불렸었다.

타깃으로 포스트 마리오가 될 신작 게임 『소닉 더 헤지혹』의 개발을 착착 진행하고 있었다.

이 시기의 나는 1990년에 타마 미술 대학에 입학하여 영화 제작을 배우고 있었다. 단편 작품의 BGM으로 게임보이 판 『테트리스』의 음악[21]을 써보기는 했으나 이전처럼 학교에서 게임의 포교 활동을 하지는 않았다. 집에서는 조용히 『컬럼스』에 매진하고 있었으나 가끔 게임 센터에서 『컬럼스』를 플레이하는 같은 학과의 여성이 훨씬 잘했기에 놀랐다. 또한, 그런 것을 보면 TV게임이 세간에 침투해 있구나 하고 느껴져서 기뻤다.

샤이닝 시리즈의 탄생과 RPG

일본에서 메가 드라이브는 1990년 말까지의 2년 반 동안 150만 대를 판매했다. 한편의 닌텐도 슈퍼 패미컴은 발매 4개월 만에 그 수에 도달했다. 실제로 슈퍼 패미컴 본체는 발매 이래 계속 품절이 이어지고 있었기에 이대로 메가 드라이브를 추월할 것은 명백했다.

일본의 게임 시장은 패미컴, 게임보이를 더해 닌텐도의 게임기 3종이 상위 3기종을 차지하고, 그 뒤를 잇는 것이 PC엔진이었다. 메가 드라이브가 이후 어떤 존재감을 보일지는 1991년의 활약이 운명을 쥐고 있었다. 그 선봉이 된 것이 3월에 발매된 RPG 『샤이닝&더 다

※21. 크게 상관없는 이야기지만, 게임 음악 CD앨범 [게임보이 뮤직 - G.S.M.Nintendo 2]에 수록된 타카니시 케이가 어레인지한 Type-B의 테마.

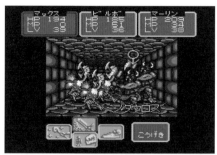
▲『샤이닝 & 더 다크니스』

크니스』이다.

1990년의 No.1 소프트는 두말할 것 없이 『드래곤 퀘스트Ⅳ』(에닉스)였으나, 이 게임의 치프 프로그래머 중 1명이었던 나이토 칸内藤寛이 어시스턴트 프로듀서인 타카하시 히로유키高橋宏之를 설득하여 독립. 라이벌 기종인 메가 드라이브용으로 RPG를 제작한다는 발표회를 세가가 한 것은 『드래곤 퀘스트Ⅳ』 발매부터 반년 후, 슈퍼 패미컴 발매 2개월 전인 1990년 9월이었다.

이 『샤이닝&더 다크니스』 발표회는 '닌텐도 vs 세가'라는 도전적인 보도 기사도 있었기에 화제가 되어 발매일 아침에는 소프트를 찾는 사람들로 행렬이 생겼다고 한다. 이는 메가 드라이브 소프트로서는 처음 있는 일이었다.

▲『샤이닝&더 다크니스』 제작발표회(1990년 9월)

『샤이닝&더 다크니스』는 모든 화면을 주관 시점으로 그린, 지금으로는 당연하지만 2D시대에는 매우 신선한 연출 기법으로 지지를 얻어 업계에서도 좋은 평가를 받고, 그 후 해외에서도 히트했다.

나이토와 동료들이 만든 개발 회사 클라이맥스는 1년 후인 1992년 3월에는 이어서 『샤이닝 포스 신들의 유산』을 발표. 닌텐도의 『파이어 엠블렘 암흑룡과 빛의 검』(1990년)의 영향 아래 있었다고 생각되는 시뮬레이션 색이 강한 이 RPG[22]는 전 세계에서 큰 성공을 거두어 샤이닝 시리즈를 단번에 톱 브랜드로 만들었다.

다른 한편, 간판 RPG였던 『판타지 스타』 시리즈는 1990년 작 『시간의 계승자 판타지 스타III』[23] 이후, 신작 이야기가 나오지 않게 되었다.

하지만 드래곤 퀘스트, FF의 연속 히트로 가장 인기 장르가 된 RPG는 타 기종에서는 계속 신작이 발매되어 샤이닝 시리즈만으로는 불안한 상황이었다.

그런 점 때문인지 세가는 이 해에 소프트 개발을 강화하기 위해 자회사를 차례로 만든다. 세가와 관계가 깊었던 회사 산리츠 전기의 스태프에 의한 신규 회사 심즈, 『샤이닝&더 다크니스』를 개발한 클라이맥스에서 분가한 소닉, 그리고 유명 PC게임 제작사인 일본 팔콤과

※22. 소위 '시뮬레이션 RPG'라고 불리는 장르. 『대전략』 등 시뮬레이션 게임의 유닛을 무기질인 병기가 아닌 이름을 가진 사람으로 하는 등 개성을 갖게 하고, 육성한 유닛을 캠페인에 데려갈 수 있는 것이 특징. 『파이어 엠블렘』이 시조가 아니고 1988년에 PC용으로 판타지 세계를 무대로 한 시뮬레이션 게임이 동시다발적으로 나왔기에 그 시기에 원류가 있을 것으로 여겨지고 있다.

※23. 외전적인 작품이긴 하지만 『판타지 스타II』까지의 스텝이 전혀 관여하지 않은 것은 아니다. 시나리오는 이전 2작품의 아오키 치에코의 동생인 인물이 담당하고 있다. 그는 세가 퇴직 후 '카와자키 소시(川崎草志)'라는 이름으로 소설가로 데뷔. 당시 세가의 개발 풍경이 리얼하게 묘사되어 있는 처녀작 [긴 팔](카도카와 서점)은 제21회 요코미조 세이지 미스터리 대상을 수상했다.

공동으로 만든 세가 팔콤 등이 있다. 세가는 이들 회사에 주로 RPG를 만들게 하여 인기 장르를 강화한 라인업 확충을 꾀했다.

또한 5월에는 일본 IBM과의 공동 개발에 의한 퍼스컴과 메가 드라이브의 융합 머신 「테라 드라이브」를 발매하여 오랜만에 하비 퍼스컴 시장에 참전했다. 하지만 IBM과의 공동 체제가 부드럽게 진행되지 않아 개발이 장기화되었다. 발매됐을 때에는 1세대 전의 CPU가 탑재되어 있던 「테라 드라이브」는 진화가 빠른 PC 시장에서는 통하지 않았고 발표와 거의 동시에 세상에서 잊혀 갔다.

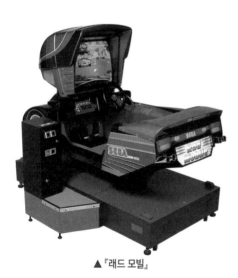

▲『래드 모빌』

여담이지만 세가는 이 1991년 1월에 아케이드용 시스템 기판 「시스템32」를 릴리즈한다. 세가의 첫 32비트 기판은 그동안 『애프터 버너』에 사용된 전용 기판인, X보드의 2배 이상의 성능을 가지고 있었다. 시스템32의 제1탄 『래드 모빌』도 체감 게임으로 발매. '최고봉의 게임을 낮은 가격의 시스템 기판으로 만든다'는 모토로 극한의 스프라이트 성능을 어필했다. 그리고, 이 시스템32는 약 4년 후에 등장하는 가정용 게임기 「세가 새턴」의 기초가 된다.

세가의 간판 타이틀 『소닉 더 헤지혹』

다시 세계 시장으로 눈을 돌리면, 북미에서도 계속 닌텐도가 압승 상태였다. 「제네시스(GENESIS)」는 발매에서 2년이 지난 6월 시점에 140만 대. 1991년의 남은 반년 동안 200만 대를 목표로 하고 있었으나, 3,000만 대 도달도 시간 문제였던 왕자 NES의 1강 상태는 결코 흔들림이 없었다. 하지만, 여기까지는 어느 정도 예상대로이다.

이제 드디어 북미에도 SNES(슈퍼 패미컴)이 온다. SNES는 7월 발매 예정으로 연내 250만 대를 판매 목표로 하고 있었다. 여기가 제네시스의 진정한 승부처였다.

제네시스가 유리한 점은 SNES보다 2년 먼저 발매되었다는 것이다. 100종류가 넘는 소프트웨어는 물론, 가격도 경쟁력이 있다. 닌텐도가 발매 시에 SNES와 『슈퍼 마리오 월드』를 세트로 200달러에 판매한다고 발표하자마자 세가는 190달러였던 본체를 150달러로 낮췄다. 그리고, 이때 본체에 동봉하는 소프트도 기존의 『수왕기』에서 갑자기 신작으로 바꿨다. 그것이 『소닉 더 헤지혹』이다.

지금도 세가의 선두에서 달리고 있는 『소닉 더 헤지혹』은 이 1991년에 탄생했다. 메가 드라이브의 초기 1년 동안 3개의 게임을 연이어 완성한, 세가 최고의 프로그래

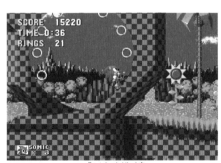

▲『소닉 더 헤지혹』

머인 나카 유지와 『판타지 스타』 등에 참여한 디자이너 오시마 나오토★島直人, 그리고 신인 플래너인 야스하라 카즈히코安原広和의 3인이 중심이 되어 개발한 액션 게임이다.

'포스트 마리오'라는, 무모해 보이는 높은 목표를 세우고 만들어진 이 게임은 나카 유지가 『대마계촌』의 이식 경험으로 갈고닦은 가로 스크롤 액션에 스피드감과 유사 회전 연출을 플러스. 거기에 오시마의 유니크한 캐릭터, 야스하라의 스테이지 기믹의 재미가 잘 매치되어 세가 액션 게임의 완성형이라고 할 수 있는 것이 만들어졌다. 게다가 1989년의 데뷔 앨범이 갑자기 대히트한 인기 그룹, DREAMS COME TRUE의 나카무라 마사토의 경쾌한 멜로디의 음악이 더 해져 이제까지의 세가 게임에는 없던 대중적이고 세련된 게임이 되었다.

세가는 일본에서도 이 소닉을 선전하기 위해 게임 센터에서 붐의 조짐을 보이고 있던 「UFO캐쳐」의 신형기 「NEW UFO캐쳐」의 기체에 소닉의 일러스트를 프린트하고, 작동 중의 BGM을 『소닉』의 게임 음악으로 하거나, 앞서 이야기한 『래드 모빌』의 게임 내에 마스코트로 소닉을 숨겨놓는 등 사운을 걸고 어필을 했다.

하지만 일본 이상으로 『소닉』의 가능성을 본 것은 북미였다.

북미의 세가 오브 아메리카(SOA)는 '포스트 마리오'로 『소닉』이 가진 '스피드 감각'을 강조. SNES의 발매에 맞춰 도발적인 비교 광고를 했다. 그때까지 제네시스의 프로모션은 게임 제목에 쓰인 유명 스포츠 선수나 탤런트 등을 사용한 것이 중심이었다. 게임 캐릭터도

『수왕기』나 『골든 액스』처럼 육체파 캐릭터가 많고 그렇지 않으면 『토잼&얼(한국 제목:『홀이와 뚱이』)』처럼 특이한 모습의 캐릭터였다. 세가는 마리오처럼 누구라도 친숙하게 느끼면서도 쿨한 캐릭터를 원하고 있었다.

소닉을 마리오에 도전시키는 북미 CM은 조금 버릇없어 보이는 소닉 캐릭터와도 맞아서 일본 이외의 해외에서 인기를 끌고 붐이 되었다. 시장에서는 압도적인 차이를 보이고 있던 닌텐도와 세가였기에 닌텐도 입장에서 보면 코끼리에 모기가 달라붙은 정도의 대미지였을지도 모른다. 하지만 결과적으로 제네시스는 계획을 훨씬 뛰어넘는 160만 대가 판매되어 세가는 2년 동안 판 것 이상의 대수를 반년 만에 팔아치운다. 보급 대수는 누계 300만 대가 되었다.

물론 크리스마스 시즌에는 SNES도 대히트. 연내만으로 북미에서 210만 대가 판매되었다고 하나, 목표로 하고 있던 250만 대에는 미치지 못하고 이듬해 초에 바로 가격을 180달러로 낮춰 라이벌에 대항했다(SNES는 컨트롤러가 2개, 제네시스는 1개였기에 30달러의 차이는 거의 없는 것이었다). 이 1991년 연말 시점에 북미의 차세대기 기종별 시장 점유율은 제네시스가 61%, SNES가 30%, 「TurboGrafx-16(북미판 PC엔진)」은 9%였다고 한다.

TV아사히의 버라이어티 예능 방송 「시쿠지리 선생 나처럼은 되지 마!!(しくじり先生 俺みたいになるな!!)」에서 메가 드라이브를 소개할 때 유명해진, "크리스마스 시즌에 비행기를 전세 내서 본체를 공수한 결과, 케네디 공항의 창고가 메가 드라이브로 가득 찼다"는 에피소드는 이 1991년 연말에 벌어졌던 일이다. 배로 옮기는 것보다 빠른

만큼 당연히 수송비는 상당히 비싸지니 세가에 이익이 전혀 남지 않는 일이었지만, 어쨌든 그때에는 상대보다 한 대라도 많은 본체를 보급시켜 점유율을 획득할 필요가 있었던 것이다.

또한 영국에 세가 유럽을 설립, 유럽 판매를 한층 강화했다. 『소닉 더 헤지혹』은 영국을 중심으로 한 유럽에서도 히트. 이 해에 가장 많이 팔린 게임 소프트이기도 했다.[24]

여담이지만, 8비트 시대의 세가 마스코트 캐릭터 '알렉스 키드'를 만들어 낸 통칭 '원숭이 코타' 하야시다 코타로林田浩太郎에게 소닉이 알렉스 키드 대신에 세가의 간판 캐릭터가 된 것을 어떻게 생각하는지를 이전에 물어본 적이 있다. 그는 "당시 나는 그들의 상사였어. 그러니까 어떤 의미로는 나도 소닉의 부모 중 한 명이지. 그러니까 아무렇지도 않아."라고 웃으며 답했다.

CD-ROM을 둘러싼 「메가CD」와 「PC엔진 Duo」의 싸움

다시 이야기를 일본으로 돌리자. 1991년에는 다른 하나의 싸움도 시작되고 있었다. CD-ROM이다. 세계 최초의 CD-ROM 게임 시스템 「CD-ROM²」를 「PC엔진」이 발매한 것이 1988년 말이었으나, 그에 2년 반 정도 늦은 이해 6월 드디어 닌텐도와 세가는 각각 CD-

---

※24. 마스터 시스템이 호조였던 유럽에서는 이 때 『소닉』의 메가 드라이브 판 판매량이 30만 개였던 것에 비해 마스터 시스템 판은 50 만 개였다고 한다.

ROM 드라이브를 발표했다.

그 사이 PC시장에도 CD-ROM 드라이브를 탑재한 하비 퍼스컴이 발매되었다. 후지쯔의 「FM-TOWNS」와 NEC의 「PC-8801MC」다. 하지만 둘 다 역시 가격이 구매에 걸림돌이 되었다. 세가도 메가 드라이브의 발표 시에는 당시 일반적이었던 저장 수단인 플로피 디스크 드라이브를 예정하고 있었을 정도로(결국 미발매로 끝났다)[25], CD-ROM은 발표 시의 확장 계획 중에는 없었다. 하지만 PC엔진이 어느 정도 성공했고 540MB의 대용량이 매력적이었기에 그 후 연구를 진행하고 있었다.

먼저 발표를 한 것은 닌텐도였다. 6월에, 네덜란드의 필립스 일렉트로닉스[26]와 공동 개발로 슈퍼 패미컴의 CD-ROM 시스템을 발매한다고 갑자기 고지한 것이다. 아직 발매한 지 반년 밖에 지나지 않은 슈퍼 패미컴의 추가 유닛 등장은 CD-ROM이라는 기술이 일과성이 아니고, 장래가 밝은 것이라는 것을 나타내고 있었다.

하지만 이야기는 아직 끝나지 않는다. 닌텐도의 발표 직후, 이번에는 소니에서 슈퍼 패미컴 용으로 다른 CD-ROM 드라이브 기기를 발매한다는 발표가 난 것이다. 며칠 뒤 소니에서 만드는 드라이브는 '플레이스테이션'이라고 불리는 것이 밝혀졌다. 하나의 하드에서 호

※25. 메가 드라이브의 플로피 디스크는 추가 데이터의 제공 등을 염두에 두어 『슈퍼 대전략』의 추가 맵이나 『소서리안』의 추가 시나리오 등이 계획되어 있었다. 하지만, 플로피 디스크라는 매체 자체가 급속히 과거의 물건이 되어갔기 때문에 개발이 중지되었다. 또한, 디스크 매체로는 1MB의 용량을 가진 소니 제품 2인치 플로피가 예정되어 있었다.

※26. CD(Compact Disc)의 기술 규격은 필립스와 소니가 공동 개발한 것이다. 필립스 자체도 'CD-i' 규격이라는 CD를 사용한 양방향 미디어 규격을 제창하고 전용 게임도 발매했었으나 이들은 보급되지 못하고 끝났다. 단, 이 때 닌텐도와 계약이 되었는지 CD-i 용으로 닌텐도의 마리오나 링크가 등장하는 게임 소프트가 발매되었다.

환성이 없는 2종류의 CD-ROM 드라이브가 나온다는 것이라 이 발표는 혼란을 부르게 된다. 결국 슈퍼 패미컴용 CD-ROM 시스템은 상세한 것이 불명인 채로 발매를 계속 연기하다가 결국 발매하지 않고 끝난다(그리고 3년 후, 소니는 자사 독자의 게임 하드로 진화시켜, 세가, 닌텐도와 싸우게 되지만 그것은 다음 장에서 다룬다).

그건 그렇고, 이 슈퍼 패미컴의 혼란한 발표 직후에 세가가 공개한 것이 메가 드라이브용 주변 기기 「메가CD」였다. 발매일은 가을에서 12월로 연기되었으나 어쨌든 연내 발매를 실현했다.

▲ 메가 CD

메가CD의 특징은 단순히 CD-ROM 드라이브를 추가한 것만이 아니라, 기능 확장을 다수 포함했다는 점이다. 우선 메가 드라이브 본체보다도 더욱 고성능인 68000 CPU를 추가 탑재. 게다가 회전, 확대 축소 기능과 PCM 8음의 사운드를 탑재하여 슈퍼 패미컴과 기능 면의 차이를 거의 없앴다.

메가CD는 발표 직후의 도쿄 장난감 쇼에서 처음 실기가 전시되었다. 이 상품의 최대 문제는 역시 가격으로, 본체의 2배 이상 되는 4만

9,800엔이었다. 메가 드라
이브 본체와 합치면 7만엔
을 넘는다.

▲ 메가CD의 세일즈 포인트

그래도 PC엔진의 CD-
ROM^{2}를 구성하는 합계금
액인, 약 8만 5,000엔보다
는 좀 싸다. 그렇다면 후발
이라도 유리한 승부가 되

지 않을까 하고 생각한 그때, PC엔진은 「슈퍼 CD-ROM^2」 시스템이
라는 상위 규격이자 게임기와 CD드라이브 일체형의 신형기 「PC엔
진 Duo」를 발표했다.

「슈퍼 CD-ROM^2」 시스템은 9,800엔의 새로운 시스템 카드를 추가
구입할 필요가 있었지만, RAM용량을 원래의 4배인 2Mbit까지 늘
려 최대 약점을 보완했다. 그리고 신형기 Duo는 이 신 시스템 카드를
미리 내장. Duo의 가격은 5만 9,800엔으로 결코 싼 것은 아니었으나
새로운 카드의 가격도 포함하면 3만 5천 엔의 인하인 셈으로, 메가
드라이브 본체와 메가CD를 합친 가격보다 1만 엔 이상 싸다. 발매
도 9월로 메가CD보다 빨랐다. 이 발표는 높은 평가를 받아 PC엔진
CD-ROM^{2}의 보급에 탄력을 더했다.

12월에 발매된 슈퍼 CD-ROM^2 대응 게임 중 핵심은 『드래곤 슬
레이어 영웅전설』이었다. 일본 팔콤의 RPG를 허드슨이 이식한 히트
작 『이스I·II』의 조합을 재현하여 이번에도 성공했다. 또한 일본 텔
레넷의 신작 RPG 『천사의 시』도 발매했다. 이쪽도 정통 RPG였지만

유저의 평가가 높아 이후 속편도 만들어졌다.

 게다가 그동안 가정용 게임기에서는 닌텐도 하드로만 소프트 공급을 해왔던 코나미가 드디어 PC엔진에 전격 참여. 인기 게임 『그라디우스』와 『사라만다』를 발매하여 큰 화제가 되었다.

 한편 메가CD는 메가 드라이브의 본체 발매 때와 달리 많은 서드 파티가 참여했으나 동시 발매인 소프트는 불과 6개뿐.[27] 게임아츠의 역사 SLG 『천하포무』만큼은 실사 영상과 풍부한 무장 데이터 등 CD만의 장점을 가진 게임으로 좋은 평가를 받았으나 그 외의 게임은 이전과 큰 차이가 없는 액션 게임이 중심으로, CD의 장점이었던 RPG는 『혹성 우드스톡 펑키 호러 밴드』 단 1개. 그것도 발매를 맞추기 위해 서둘렀다고밖에 생각되지 않는 볼륨과 품질이었다. 발표회에서 말하던 꿈의 스펙을 살린 소프트는 보이지 않는다. 게다가 본체 물량도 충분히 갖춰지지 않았는지 점포에서 점점 모습이 사라져, 3년 전 본체 발매 시 이상으로 조용한 출발을 했다.

 그래도 메가 드라이브는 카트리지 소프트로 한정하면 앞서 말한 『소닉』, 『샤이닝』 시리즈 이외에도 충실하여 일 년 내내 화제작이 이어졌다. 『슈퍼 대전략』을 세가가 독자 진화시켜 역사 SLG로 만든 『어드밴스드 대전략 도이치 전격작전』, 『더 슈퍼 시노비』 팀에 의한 벨트 스크롤 액션 『베어 너클 분노의 철권』, 『버밀리온』 스태프에 의

※27. 그나마 6개 중 『헤비 노바』(마이크로넷), 『솔 피스』(울프 팀), 『어니스트 에반스』(울프 팀)의 3개 타이틀은 이후 해외에서는 롬팩 카트리지 소프트로 발매되었다. 결국 무비나 BGM을 빼면 메가CD의 기능을 전혀 사용하지 않았음이 드러났기에 일본 팬은 충격을 받았다.

한 컬트 RPG 『렌트 어 히어로』 등
의 화제작이 이 해에 발매되었다.

서드 파티 타이틀도 남코의 『레
슬 볼』이나 『이상한 바다의 나디아
』, 메사이야의 첫 『랑그릿사』 등등
이식이 아닌 메가 드라이브 오리지

▲『렌트 어 히어로』

널 화제작이 이어졌다. 또한 대형 메이커에서는 코에이가 새롭게 참
여하여, 기존 인기 시리즈 중의 2개 타이틀 『노부나가의 야망 무장
풍운록』과 『삼국지II』를 이식하는 등, 장르의 폭도 넓어진다. 덕분
에 1991년 말을 기다리지 않고 일본의 메가 드라이브도 드디어 200
만 대를 돌파. 시장에서도 일정 존재감을 남겼다고는 하나, 슈퍼 패
미컴의 보급 스피드는 경이적이었다. 소프트도 가정용으로 멋지게
어레인지되어 화제가 된 SLG 『심시티』(닌텐도)를 봄에, 스퀘어의 인
기 RPG 『파이널 판타지IV』가 여름에, 캡콤의 가정용 오리지널 신작
이 된 시리즈 3편 『초마계촌』이 가을에, 시리즈의 인기를 결정짓는 『
젤다의 전설 신들의 트라이포스』(닌텐도)가 겨울로, 끝없이 화제작이
쏟아졌다. 슈퍼 패미컴은 1991년 말까지 약 400만 대를 출하, 단 1년
만에 메가 드라이브의 거의 두 배의 시장이 생긴다.

일본의 경기가 대폭으로 후퇴하여 그 후 30년 하강을 계속하게 되
는 계기인 '버블 붕괴'는 1991년부터 시작했지만, 일반인에게는 호경
기의 여운이 있어서인지 조만간 다시 호전되지 않을까 하는 근거없는
낙천적인 분위기 속에 TV게임 업계도 계속 성장할 것처럼 보였다.

1992년, 메가 드라이브의 주전장은 미국으로

『소닉 더 헤지혹』은 1991년에만, 미국에서 160만 개, 일본에서 40만 개, 유럽에서 30만 개, 합계 230만 개가 판매되어 「메가 드라이브」에서는 단독 역대 No.1 히트 타이틀이 되었다.

이러한 선전의 결과, 1992년에 들어서 새로운 게임 제작사가 속속 메가 드라이브에 참여, 더욱 많은 타이틀이 「제네시스」로 공급되게 되었다.

발매되는 소프트 수도 1992년 이후 미국이 일본을 역전하여 북미에서는 매년 100종 이상의 제네시스용 게임이 출시되었다. 당연히 북미에만 발매되는 소프트가 늘어난다. 이렇게 메가 드라이브의 주전장은 미국으로 바뀌어 간다.

그러던 중, 일본 도쿄의 아키하바라나 오사카의 니혼바시 같은 소위 '전자 상가'라고 불린 지역의 TV게임 샵 중에서는 특수한 매장이 탄생한다. 바로 '수입 게임 매장'이다. 1990년, 슈퍼 패미컴의 런칭 소프트 중 하나인 『포퓰러스』는 신의 시점에서 플레이하는 기존에 없던 참신한 게임으로 화제였으나, 북미에서는 슈퍼 패미컴보다 먼저 제네시스로 발매되었다는 사실이 잡지 등을 통해 알려져 있었다.

당시 제네시스의 소프트는 거의 그대로 일본 메가 드라이브에서도 동작이 된다는 것이 알려져 있었다. 그래서 일부 게임 샵이 이 제네시스 판 『포퓰러스』를 가져와서 팔았는데 이것이 스매시 히트. 매장을 확대하여 다양한 수입 게임을 취급하게 되어 전성기에는 수십 종

의 제네시스 게임이 매대에 놓여 있었다.[28]

당시, 시부야나 신주쿠에서는 타워 레코드나 HMV, WAVE 등의 CD 매장이 수입 CD를 취급하여 전 세계의 히트곡을 한발 빠르게 들으려는 팬들이 구매했다. 마찬가지로 아키하바라에서는 정체불명의 해외 게임을 간단한 소개문과 패키지 일러스트만으로 "겉만 보고 구매"하여 미지의 게임을 즐기고 있었다.

그러면서 구매한 게임의 감상을 미니 소식지나 동인 전단지로 공유하게 되어, 메가 드라이브 팬이 점점 깊은 곳으로 나아가게 된 것이 이 시기였을지도 모른다.

그리고, 발매 2년째를 맞이한 1위 슈퍼 패미컴은 절정기. 이름난 RPG만 해도 1월에 『로맨싱 사가』(스퀘어), 9월에 『드래곤 퀘스트V』(에닉스), 10월에 『진 여신전생』(아틀러스), 12월에 『파이널 판타지V』(스퀘어)였을 정도다. 거기에 더해서 8월에 『슈퍼 마리오 카트』(닌텐도)가 있고 6월에는 바로 그 『스트리트 파이터II』(캡콤)가 발매되었다.

1991년 3월, 게임 센터에 등장한 『스트리트 파이터II』는 대전 격투붐을 일으키는 중요한 타이틀이다. 대인전의 즐거움을 모두가 알게 되면서 더욱 인기가 늘어, 모르는 플레이어 사이에 대전이 벌어지게 되었다. 이에 따라 '인베이더 붐' 이래로 1인 플레이, 2인 협력 플레이가 기본이었던 게임 센터의 플레이 풍경이 새롭게 바뀐다.

※28. 이렇게 수입된 화제작 중 하나가 『소드 오브 소단』이었다. 나중에 세가는 『포풀러스』를 일본 용으로 라이센스를 취득하여 정식 발매하는데, 권리원인 EA에서 함께 라이센스를 취득한 것이 『소단』으로, 이것도 일본에서 정식 발매되게 된다. 그 결과, 『소단』은 일본에서 '기묘한 게임', '킹 오브 똥겜'으로 불명예스러운 이름을 남기게 된다.

슈퍼 패미컴 판의 발매는 아케이드 등장에서 1년 이상 지난 뒤였지만, 게임 센터에서의 인기는 떨어지기는커녕 오르고만 있었다. 더욱 대전 밸런스를 조절하고 보스 캐릭터 4인도 쓸 수 있게 된 『스트리트 파이터Ⅱ 대시』가 1992년 4월에 등장하여 한층 인기가 올랐다.

슈퍼 패미컴 판 『스트리트 파이터Ⅱ』는 대전 격투 붐을 더욱 확대하여 최종적으로 일본 만으로 300만 개, 해외에서도 300만 개, 합계 600만 개의 대히트를 한다. 그리고 이 게임을 가정에서 즐길 수 있는 것은 슈퍼 패미컴뿐이라는 점 때문에 팬은 본체와 전용 조이스틱을 세트로 샀다.

인기 장르의 지위를 확고히 한 RPG, 그리고 새로운 대전 격투 게임의 대두. 두 붐의 중심에 있던 것이 슈퍼 패미컴이었다.

▲『썬더 포스Ⅳ』

한편으로 붐이 꺼져가던 장르도 있다. 인기였던 슈팅 게임이 그랬다. 메가 드라이브는 7월에 유명한 '썬더 포스' 시리즈의 최신작 『썬더 포스Ⅳ』(테크노 소프트)를 발매했다. 같은 시기에 PC엔진에서도 '캐러밴 슈팅'[29]의 집대성 『솔져 블레이드』(허드슨)를 발매하나, 둘 다 그 높은 완성도에도 불구하고 판매에서는 고전. 시리즈를 일시 중단하게 된다.

※29. 허드슨이 매년 여름에 진행한 전국 게임 캐러밴의 이벤트 공인 소프트를 말한다. 1985년 패미컴 판 『스타 포스』 이래, 대부분의 해에 슈팅 게임이 경기 소프트였으나, 슈팅 게임의 인기가 없어졌기에 『솔져 블레이드』가 최후의 캐러밴 슈팅이 되었다.

또 액션 게임도 인기에 그늘이 지기 시작했다. 메가 드라이브는 『소닉』에 이어 저연령층 팬 획득을 목표로 4월에 『매지컬☆타루루토 군』, 7월에 『불꽃의 투구아 돗지 탄평(한국명: 『피구왕 통키』)』을 각각 3,880엔이라는 전에 없던 낮은 가격으로 발매했다. 하지만 본체 가격 2만 1,000엔의 장벽을 넘지 못했는지 아이들의 주목을 받지는 못했다.[※30]

이 해의 메가 드라이브 게임 중 히트 작품은 앞서 소개한 『샤이닝 포스 신들의 유산』(3월), 『아일톤 세나 슈퍼 모나코GPⅡ』(7월), 『랜드 스토커 황제의 보물』(10월) 등이 있다. 역시 메가 드라이브에서도 RPG가 선호되었고 레이스 게임도 인기였다. 일본 전체 게임 팬의 취향은 완전히 RPG, 그것도 액션 RPG나 시뮬레이션 RPG가 아닌 커맨드 배틀의 정통 RPG를 원하는 것 같았다.

메가 드라이브 RPG에서는 『루나 더 실버스타』(게임 아츠)가 6월에 발매되나, 이것은 메가CD용으로 그때까지의 메가CD 판매 대수는 불과 20만 대. 메가CD의 보급에는 공헌했을지 모르나 메가 드라이브를 가지지 않은 사람에게는 거의 주목받지 못했다.

메가CD는 고난이 이어졌다. 1992년, 이 해에 일본에서 발매된 메가CD 소프트는 불과 22개. 그에 비해 라이벌인 PC엔진의 CD-ROM² 소프트는 이 해만 92개나 되었다. 이 92개라는 수는 1988년

※30. 단, 이 때의 게임 매장에서 메가 드라이브를 정가로 판매하는 곳은 드물었기에 2만엔을 크게 밑도는 가격으로 팔렸던 것 같다.

처음으로 CD-ROM²가 등장하고 나서 1991년까지 발매된 CD소프트의 총수와 같았다. 반대로 Hu카드의 소프트는 1992년에 불과 28개로 줄었다. PC엔진 팬은 완전히 CD-ROM²로 이행했다.

대응 소프트도 『천외마경Ⅱ 卍MARU』(허드슨)가 3월, 『스내쳐』(코나미)나 『은하 아가씨 전설 유나』(허드슨)이 10월, 『드래곤 슬레이어 영웅전설Ⅱ』(허드슨)이 12월로, 비주얼 씬이 가득한 대작이 연이어 발매되어 CD-ROM의 은혜를 충분히 받고 있었다. 소프트 면에서도 선행 PC엔진에게 메가CD는 압도되어 있었다.

1992년 봄에는 메가CD의 일체형 머신 「원더 메가」가 일본 빅터와 세가에서 등장했다. 하지만 CD가라오케 기능을 새롭게 추가하며 전용 소프트를 동봉한 일본 빅터 판이 8만 2,800엔, 세가 판이 7만 9,800엔이라는 가격이 되어, 저렴해지기는커녕 메가 드라이브와 메가CD를 합친 것보다도 더 높은 가격으로 발매되었다. 그 때문에 라이벌 기기인 PC엔진 Duo같은 큰 반전은 만들지 못하고 조용히 팔린다.[31]

또한, 메가CD는 이해에 북미 시장에도 「SEGA CD」라는 이름으로 10월에 발매되었다. 첫해에 30만 대로 일본 이상의 수량을 판매하지만 그 뒤에는 역시 일본과 마찬가지로 가격이 걸림돌 요인이 되고 소프트 부족이 이어지며 고전했다.

※31. 일본 빅터 발매의 「원더 메가」는 메가CD2 발매 후인 1993년 7월에 리뉴얼되어 「원더 메가2」로 발매되었다. 하지만 가격은 5만 9,800엔으로 역시 메가 드라이브2와 메가CD2를 더한 가격보다 높았기에 보급은 늘지 않았다. 하지만 일체형이 가진 스마트한 디자인과 무선 패드를 표준 탑재하고 있는 등 평가할 점이 많아 애호가도 있었다.

고난도 많았던 1992년이었지만 연말에 유명한 두 타이틀이 등장
한다. 『소닉 더 헤지혹2』와 『뿌요뿌요』다. 이 두 타이틀은 이후에 메
가 드라이브에 대해 이야기할 때 하드웨어를 대표하는 작품으로 중
요하게 언급된다.

▲『소닉 더 헤지혹 2』

▲『뿌요뿌요2』

『소닉 더 헤지혹2』는 12월 발매면서도 첫해 전 세계 500만 개 판
매라는 높은 목표를 가지고 전 세계에 동시 발매되었다. 전작 이상의
홍보 프로모션도 도움이 되어 예상
을 100만 개 웃도는 600만 개의 대
히트를 쳤다. 본작은 전작의 개발 종
료 후에 일본의 세가에서 SOA로 이
적한 나카 유지가 미국으로 일본 스
태프를 불러 미국과 일본 스태프가
합동으로 개발한 타이틀이다.

제네시스는 이해에만 추가로 400
만 대를 팔아 700만 대까지 보급. 일
본의 메가 드라이브 또한 300만 대
를 목표로 하는 수준까지 왔다.

▲『소닉 더 헤지혹 2』 발매 시의 풍경

1992년 라스트를 장식한 것은 12월에 료고쿠 국기관(両国国技館)에서 치러진 「유성 세가 월드」라는 이벤트다. 1만 2,000명의 팬을 초대해 행해진 이 행사는 일본 세가의 역사에서 첫 대규모 이벤트였다.

내용은 『소닉 2』의 발매를 기념한 신작 전시회로, 메가 드라이브의 최신 게임을 체험할 수 있을 뿐 아니라 최신 아케이드 타이틀 체험과 타카하시 유미코 등 아이돌의 무대를 즐길 수 있었으며 24개 사나 되는 서드 파티 타이틀도 전시되었다. 그중에는 새로운 참가 제작사로 바로 그 코나미도 있었다.

다음 해인 1993년은 일본에서 인기가 절정이었던 때로, 명작 타이틀이 다수 발매되는데 이를 한발 앞서 빨리 체험할 수 있었던 행사가 바로 이 「유성 세가 월드」였다.

▲ 「유성 세가 월드」(1992 12월)

이 시기에 나는 토쿠마 서점 인터미디어(TIM)라는 출판사에서 아르바이트를 시작했다. 이 TIM은 과거 [패미매가]의 출판사이다. 당시 TIM은 [패미매가] 외에 [테크노폴리스], [게임보이 매거진], [슈퍼 패미컴 매거진], [PC엔진 FAN] 등 다수의 게임 잡지를 발행하고 있었다. 물론 나는 [메가 드라이브 FAN] 편집부를 희망했으나 배속된 것은 왜인지 [MSX-FAN] 편집부였다. TIM에서는 학생 아르바이트에게도 기사를 맡겼다. 나에게는 신작 게임의 소개 기사나 기획 기사가 맡겨졌다. 그렇다고는 해도 당시 [MSX-FAN]은 독자가 투고한 프로그램이 잡지의 메인이었다. 이를 담당하지 않았던 나는 마음대로 기획 기사를 만들고 있었다. 독자를 기쁘게 하고 싶다, 즐겁게 하고 싶다는 기분은 여기서 처음 배웠다. 30년 후에 이렇게 책을 집필할 수 있게 된 것도 이때의 경험이 있었기 때문일지 모른다. 다시 한번 키타네 노리코北根紀子 편집장에게 감사드리고 싶다.

3D 붐의 시작 『버추어 레이싱』

메가 드라이브에서 화제가 멀어지지만, 1992년에는 그 후의 게임 업계를 뒤바꾸는 계기가 되는 역사적인 타이틀이 세가에서 등장한다. 아케이드 게임 『버추어 레이싱』이다. 같은 해 3월, 세가는 「MODEL 1」 기판을 발표하고 8월에 『버추어 레이싱』(VR)을 정식 등장시킨다. 세가 최초의 본격 3D 폴리곤 레이스 시뮬레이션 게임이었다.

▲ 1992년 8월 어뮤즈먼트 머신 쇼에서 전시된 『버추어 레이싱』

▲『버추어 레이싱』

물론 업계 전체로 보자면 3D 폴리곤 게임은 이것이 처음이 아니다. 남코는 80년대 초기부터 일찌감치 폴리곤 연구를 계속했으며 레이스 게임 『위닝 런』을 아케이드에서 출시한 것은 1989년이었다. 같은 시기에 아타리에서도 『하드 드라이빙』이 나왔고 메가 드라이브에도 이식되었다. 『스타 크루저』(아르시스 소프트웨어/메사이야, 1988년)라는 PC, 메가 드라이브로 발매된 걸작 어드벤처&슈팅도 있다.

『버추어 레이싱』이 기존의 3D 게임과 크게 달랐던 점은 가상 세계의 실재감, 묘사의 부드러움이었다. 이 게임이 3월에 처음 공개되었을 때의 타이틀은 「BV」였는데, 이는 'Beautiful Visual'의 약자이다. 『버추어 레이싱』의 세계에는 코스 속에 아름다운 숲이 펼쳐지고, 관람차가 돌아가는 유원지가 있고, 바다와 산이 있었다. 과거, 이러한 현실적인 일상 풍경을 리얼 타임 CG로 재현하면서도 부드럽게 30fps로 묘사되는 영상은 세계 최초였다.

세가의 기술력을 집약한 MODEL 1의 게임 타이틀 『버추어 레이싱』은 대히트. 이듬해 『버추어 파이터』가 탄생하는 계기가 된다. 나아가 그 뒤의 「MODEL 2」를 만들어내는 GE(제너럴 일렉트로닉)과 세가의 기술 제휴도 1992년 10월 경의 일로, 차세대 게임의 씨앗은 서서히 뿌려지다 순식간에 싹을 틔웠다.

이 유행에 닌텐도도 민감하게 반응했는지 1993년 2월에는 슈퍼 패미컴으로『스타 폭스』가 시기적절하게 등장했다. 영국의 아르고너트 Argonaut사와 공동 개발한 「슈퍼 FX칩」이라는 강화 칩을 탑재하여 유사 3D 폴리곤 화면을 만들어낼 수 있었다. 이 게임은『버추어 레이싱』이후의 3D 폴리곤 재평가의 흐름을 타고 높은 평가를 받아 가정용 3D 게임에서는 처음이라고 할 수 있는 대히트작이 되었다.

한편 슈퍼 패미컴 CD-ROM 드라이브에 대해서는 "아무래도 이것은 발매되지 않을 것 같다"는 공기가 감돌고 있었다. 그런 추가 주변 기기를 내지 않아도 충분히 잘나가고 있던 데다가 세가의 고전을 보고 있었기 때문일 것이다. 이 CD-ROM을 멀리하는 자세가 후에 카트리지 방식을 채용한 닌텐도의 차세대기 「닌텐도 64」를 낳는다.

CD-ROM 대신에 닌텐도가 힘을 준 것이 게임 전송 서비스에의 도전이었다. 1993년 3월 위성 방송을 통한 라디오국 「센트 기가St.GIGA」에 출자를 발표하고 슈퍼 패미컴용 디코더를 1994년 4월에 9,800엔으로 발매하기로 한다. 위성 방송을 통한 게임 전송은 미지의 도전이었다.

실제로 이 「사테라뷰Satellaview」시스템은 1995년에 1만 8,000엔으로 발매되나 시대는 새턴과 플레이스테이션이 싸우는 차세대기 붐이 한창이었기에 큰 화제는 되지 못했다(2000년까지 서비스는 지속되었다). 우주에서 게임이 내려온다는 미래 감각은 당시에도 지금에도 상상하기 어려운 것이었으나 되돌아보면 상당히 흥미로운 시도였다.

그리고, 닌텐도와 같은 시기에 세가도 북미 시장에서 좀 더 현실적인 게임 전송 계획을 진행하고 있었다. 1993년 4월 북미에서는 메이저한 케이블TV 방송국이었던 타임 워너나 텔레커뮤니케이션즈와 제휴하여 케이블TV를 통한 제네시스 게임 전송을 발표한다. 6월에는 세가 채널 사를 설립하여 100만 세대의 가입을 목표로 했다. 분명히 세계 최초의 브로드밴드 전송 게임 서비스다.

연말에는 서비스를 개시하여 다음 해 6월에는 일본 각지의 케이블TV국에서도 거의 같은 서비스를 시작한다. 북미에서는 1998년 여름까지 이 서비스가 지속된다.

하지만 아쉽게도 세가 채널은 성공했다고 하기 어려웠다. 서비스의 개시 시기가 제네시스의 말기였고 요금이 1개월에 10달러 이상의 고가였기 때문에 가입자는 예상을 대폭으로 밑도는 결과가 되었다고 한다.

제네시스의 게임 전송 계획은 이것만이 아니다. 같은 1993년 6월에는 미국 최대 전화 회사 AT&T가 제네시스용 모뎀 「EDGE16」을 1994년 여름에 100~150 달러로 발매한다고 발표했다.

이전에 일본에서 1990년 말에 아날로그 모뎀을 통한 메가 드라이브 게임 전송 서비스 「게임 도서관」[32]을 시작했지만, 당시의 전화 회선을 사용한 통신은 전송할 수 있는 데이터가 적어 간단한 미니 게임밖에 전송할 수 없었고, 다운로드 시간도 길었기에[33] 2년 정도 만에 서비스를 종료하게 된다.

이 EDGE16은 게임 도서관에 이은 전화 회선을 통한 서비스로 그

※32. 개발은 당시 세가에 재적하던 마크 서니였다. 그는 그 외에 마스터 시스템용 3-D 시스템도 개발한다. 마크 서니의 화려한 프로필은 여기서 다 다룰 수 없기에 잘 모르시는 분은 꼭 찾아봐주시기 바란다.

※33. 1M비트 정도의 게임을 다운로드하는데 약 10분 전화를 연결해야 했고, 게다가 저장할 메모리도 없었기 때문에 게임기 전원을 끄면 다시 다운로드를 해야 했다.

실력에 관심이 모였으나 아쉽게도 다음 해에 AT&T의 방침 변경으로 서비스가 개시되지 않은 채 끝나고 만다.[34]

1993년, 치열한 쉐어 경쟁

1993년 최초의 빅 뉴스는 미국에서 발표된 제네시스의 주변 기기인 「버추어 세가」(여름에 SEGA VR로 개명)다. 전용 헤드 마운트 디스플레이와 소프트를 세트로 해 연말 시즌까지 발매한다고 했다. 「Oculus VR」의 19년 전, 「플레이스테이션 VR」의 26년 전의 일이다.

▲ SEGA VR

"어라? 그런 게 있었나?"라고 생각한 사람은 정답. 본 상품은 실체도 밝혀지지 않은 채 최종적으로 미발매로 끝났다. 세가에서도 "10년은 이르다!"라며 직전에 멈춘 프로젝트가 있었다는 것이다.

4월에는 메가 드라이브를 염가, 소형화한 「메가 드라이브2」와 「메가CD2」를 갑자기 발표한다. 가격은 메가 드라이브2가 1만 2,800엔, 메가CD2가 2만 9,800엔으로 둘을 합쳐서 3만엔에 육박할 정도의 가격 인하였다. 합계로 구매해도 4만 2,600엔으로, 첫 메가CD 단품 가격인 4만 9,800엔보다도 싸다. 하지만 PC엔진은 3월에 Duo의 염

※34. 세가는 그 뒤 드림캐스트의 인터넷 프로바이더로 다시 AT&T와 제휴한다.

가기 「Duo-R」을 3만 9,800엔으로 발매했기에 역시 메가 드라이브 쪽이 조금 더 비쌌다.

세가는 그 뒤에 메가 드라이브2 + 『뿌요뿌요』의 세트 판매를 시작하는 등으로 메가 드라이브2의 보급에 힘썼다.

▲ 메가 드라이브2 + 메가CD2

대전 격투 붐에도 변화가 있었다. 3월에 캡콤이 메가 드라이브에 참여를 발표한 것이다. 그때까지의 캡콤 게임은 모두 세가가 이식, 발매한 것이었으나, 드디어 캡콤이 직접 참가한 것이다. 6월에 인기 시리즈의 제2작 『스트리트 파이터II대시』를 발매하여 전 세계의 메가 드라이브로 200만 개를 목표로 한다고 발표한다. 이 역시 북미에서 제네시스의 선전 덕분이다. 유명 타이틀의 등장으로 격투 게임에 굶주려 있던 메가 드라이브 팬은 열광했다.

하지만 실제 6월에 『스트리트 파이터II대시』가 발매된 것은 PC엔진 용뿐이었다(발매는 NEC-HE). 게다가 그다음 달에 슈퍼 패미컴 용으로 시리즈 제3작 『스트리트 파이터II터보』가 발매되었다. 기술이 추가되고 게임 스피드도 변경할 수 있게 된 『터보』 발매 직전에 어

중간한 제2작인 『대시』를 찾는 팬은 적었고, PC엔진 판은 이식도의
높음에도 불구하고 버림패같은 취급을 받아 전혀 팔리지 않았다.

메가 드라이브 판이 발매된 것은 9월이 되어서였으나 『스트리트
파이터Ⅱ대시 플러스』로 타이틀이 바뀌었다. '플러스'가 붙은 만큼
슈퍼 패미컴 판 『터보』에 더해진 요소는 모두 포함되어 있었기에 환
영받고 성공을 거두었다.

1993년의 메가 드라이브는 그 외에 1월에 『베어 너클Ⅱ 사투의 진
혼가』, 9월에 『건스타 히어로즈』, 10월에 『샤이닝 포스Ⅱ 고대의 봉
인』, 12월에는 대망의 시리즈 제4편 『판타지 스타 천년기의 끝에』가
발매. 모두 전 세계에서 호평을 받는다.

『건스타 히어로즈』는 코나미에서 『콘트라(魂斗羅)』 시리즈 등을 제

작했던 스텝이 개발회사 트래져로
독립하여 메가 드라이브로 돌연 데
뷔를 장식한 타이틀이다. 발매 당
시에는 노마크였던 이 액션 슈팅은
누구도 본 적이 없던 고도의 프로
그램을 구사한 기발한 연출과 플레
이의 상쾌함으로 히트. 트래져는
그 후의 타이틀에서도 메가 드라
이브의 성능 한계에 도전하여 신작
발매 때마다 큰 반응을 불러일으
켰다.

또한 소프트 부족으로 힘들어하

▲ 『베어 너클Ⅱ 사투의 진혼가』

▲ 『판타지 스타 천년기의 끝에』

던 메가CD에도 1월에는 『유미미 믹스』(게임아츠), 4월에 『파이널 파이트CD』, 7월에 『실피드』(게임아츠)와 『3x3 EYES』, 9월에 『소닉CD』, 11월에 『나이트 트랩』, 12월에 『몽견관 이야기』[35] 까지, 게임아츠 타이틀을 중심으로 화제작이 좋은 템포로 발매되어, 메가 드라이브에 밝은 미래를 느끼게 하는 해가 되었다.

게다가 유럽과 미국에서는 그 기세가 최고조에 달했다. 인기 코믹이나 영화의 게임화 작품으로 봄에 『X-MEN』(일본 미발매), 여름에 『쥐라기 공원』, 11월에는 디즈니의 『알라딘』[36] 이 대히트했다. 또한, 연말에 릴리즈된 『이터널 챔피언즈』는 『스트리트 파이터Ⅱ』와 북미에서 히트한 『모탈 컴뱃』(어클레임)[37] 의 영향 아래 태어난 세가 오리지널 대전 격투 게임으로 제네시스의 간판 타이틀을 목표로 제작된 것이었다. 이 게임은 그 후에도 외전을 포함하여 몇 작품이 제네시스나 게임 기어로 전개되었다.

덧붙여 명물 홍보 담당자로 지금도 많은 세가 팬의 기억에 남아있는 타케자키 타다시竹崎忠가 세가에 입사한 것도 이해 4월이다. 메가 드라이브를 좋아하여 세가의 모회사인 CSK에서 온 타케자키와 함께 가정용 전담의 홍보팀이 (그제서야) 탄생하며, 세가 전문지가 라이벌 하드의 것보다 내용이 깊고 알차게 된 것은 필연이었을 것이다.

※35. 개발은 시스템 사콤. 당초 슈퍼 패미컴의 CD-ROM인 플레이스테이션 용으로 준비되고 있었으나 하드웨어가 개발 중지가 되어 세가 쪽으로 오게 된다.

※36. 〈알라딘〉의 영화 공개는 1992년이었으나 게임 버전은 비디오 소프트의 발매에 맞춰 출시되었다. 애니메이터에게 캐릭터의 동화를 그려 넣게 하여 만든 전례없는 부드러운 움직임은 그 뒤의 2D 액션 게임에 큰 영향을 주었다.

※37. 『스트리트 파이터Ⅱ』의 히트에 대항하여 미국의 미드웨이 사가 릴리즈한 대전 격투 게임. 실사 캡쳐 영상이 특징. 1992년에 아케이드로 등장해, 1993년 9월에 북미에서 SNES, 제네시스(GENESIS), 게임보이, 게임 기어의 총 4 버전이 동시 발매되었다. 잔혹한 묘사가 화제가 되었으나 그 점에서 제네시스 판은 SNES 판보다 아케이드 판을 충실히 재현하여 크게 성공했다. 지금도 속편이 계속 릴리즈되고 있고 헐리우드에서도 몇 차례나 영화화 되었다.

타케자키 타다시는 세가 하드를 마지막까지 응원하였으며 현재는 그룹 회사인 톰즈 엔터테인먼트[38]의 사장으로 애니메이션 업계에서 활약하고 있다.

일본의 슈퍼 패미컴은 이 해(1993년) 말에 『드래곤 퀘스트 I·II』를 필두로 『록맨X』(캡콤)과 『슈퍼 뿌요뿌요』[39] (반프레스토)를 발매하여 1,100만 대를 돌파. 상대하는 메가 드라이브는 300만 대를 넘은 정도. PC엔진 CD-ROM^2 시리즈는 180만 대 정도인 상황이었다. 현행기의 일본 내의 자웅은 완전히 결정되어 있었으나, 이렇게 메가 드라이브로밖에 즐길 수 없는 재미있는 게임이 계속 나오는 좋은 상황이었기에 일본 팬도 메가 드라이브에 비관적인 이미지는 없었다.

이 역시 북미에서 제네시스가 더욱 약진하여 닌텐도의 SNES와 함께 이듬해까지 각각 1,300~1,400만 대로 거의 접전이었던 덕분일지도 모른다. 유럽에서도 서서히 8비트에서 16비트 기기로 이행이 진행되고 있었으나 역시 북미와 비슷한 싸움을 벌이고 있었다.

하지만 시대는 확실히 흘러, 싸움은 새로운 스테이지를 맞이한다. 대형 가전사인 소니와 그 자회사 소니 뮤직 엔터테인먼트는 10월 말에 새로운 회사 소니 컴퓨터 엔터테인먼트를 다음 해 1월에 설립한다고 발표. 이어서 11월에는 그 신 회사가 개발 중이라는 신형 하드

....
※38. 세가가 전통있는 애니메이션 제작 회사 '도쿄 무비 신사'의 매수를 발표한 것은 1992년 9월 이었다. 현재의 톰즈 엔터테인먼트다.
※39. 당시 『뿌요뿌요』의 판권은 개발사인 컴파일에 있었고 컴파일은 세가의 가정용 게임기로 1년 선행 발매라는 의리를 지키며 1년 뒤에는 라이벌 각사의 하드들로 이식했다.

「PS-X」에 남코, 코나미가 참가한다는 뉴스가 날아든다. 소니와 「PS」라는 이니셜에 게임 팬은 놀란다. 슈퍼 패미컴 용 CD-ROM 드라이브로 발표된 환상의 하드 「플레이스테이션」이 새롭게 전용 게임기로 되살아났기 때문이었다.

또한 북미에서는 왕년의 왕자 아타리가 새로운 게임기 「재규어」, 그리고 마츠시타 전기와 산요 등 대형 가전 메이커가 참여하는 공통 규격 32비트 차세대기 「3DO」가 각각 발표를 개시한다.

여기에 추가로 "히타치 제의 신형 칩을 사용한 세가의 신형기가 1년 후에 제품화"라는 뉴스까지 보도된다. 메가 드라이브의 다음 하드가 나온다!? 슈퍼 패미컴과의 싸움이 끝나기도 전에 다음 싸움은 눈앞에 닥쳐오고 있었다.

실은 이 두 가지의 하드웨어 발표보다도 조금 전에 역사를 크게 바꿨을지도 모르는 전환점이 있었다. 그것은 세가와 소니가 파트너십을 맺고, 1대의 차세대기로 닌텐도에 대항한다는 계획이었다.

이것은 세가의 모회사인 CSK의 오가와 회장과 소니의 오가 노리오大賀典雄사장이 친한 관계였기 때문에 시작된 탑 레벨의 제안이었으나, 결국 구체적인 이야기로 진전되지 못하고 결렬로 끝났다.

이유는 몇 가지 생각해 볼 수 있다. 우선, 이미 세가는 닌텐도와 호각으로 싸우고 있었기에 이 기세가 이후에도 이어져 혼자서도 닌텐도를 제칠 수 있다고 믿었기 때문이다. 한편, 소니는 자신들이 만드는 하드 만이 차세대기 경쟁에서 승리한다고 믿었기에 세가는 하드 개발을 포기하고 소프트에만 특화하라고 제안했다.

SC-3000 때에는 니시 카즈히코가 제안한, 마크 Ⅲ 탄생 직전에 검토된 소프트 메이커로의 길. 하지만 그때에도 세가는 그 선택을 하지 않았다. 그 후 미래를 아는 현재의 우리들이 보면 너무나도 자극적인 역사의 분기점이다.

해외에서는 확대가 이어지는 한편, 일본에서는 자웅이 가려지다

1994년은 슈퍼 패미컴 1강이 된 상황이라고 하나, 패미컴 등장 이래 커져가던 시장 자체는 확대가 계속된다고 할 수 없는 상황이 되었다. 패미컴 등장에서 10년, 버블 붕괴를 신경 쓰지 않고 성장을 계속해 왔던 일본 TV 게임 업계였으나 이 시기에 드디어 멈춘다.

16비트 시장이 되면서 개발비의 증가와 그에 따른 소프트의 고가 격화, 그 결과로 생긴 팔리는 소프트와 팔리지 않는 소프트의 격차, 중고 게임 시장의 약진 등으로 1994년 3월 결산 시기가 되자 모든 게임 제작사가 매출과 이익이 줄어 큰 위기를 맞이한다. 그중에는 인기 제작사였던 토아플랜의 임의 정리나 아이렘의 개발 부분 대폭 축소 등이 있었다. 특히 아케이드 중심으로 활약했던 제작사 중에서 차세대기의 등장을 기다리지 못하고 무너지는 곳이 나타나기 시작했다.

한편으로 북미 시장을 보자면 이쪽은 1994년에도 확대가 지속되어 제네시스와 SNES의 맞대결도 3년째가 되고 있었다. 세가는 1993년을 돌아보며, "북미 판매 소프트 베스트10 중, 상위 3개를 포함 7개가 세가 용", "작년 연말 시즌에도 6:4로 세가의 승리"라며 미디어에 알렸으나, 닌텐도는 완전히 반대인 숫자로 SNES가 이겼다고 전했다.

이 시기의 확대는 1대라도 지분을 늘리고 싶은 양 진영에 의한 하드 가격 인하 전쟁의 결과에 따른 것이기도 했다. 하드에서 이익은 한층 적어졌고 나아가 엔고와 유럽 경기의 대폭 후퇴가 요인이 되어 세가는 12년 만에 이익이 감소하였다. 마찬가지로 닌텐도도 가격 인하와 지분 저하로 매출과 이익이 감소하고 만다.

이러한 세가와 닌텐도 양 하드의 확대 노선의 영향으로 일본의 소프트 메이커는 북미 시장에 대한 관심이 강해져, SNES 뿐 아니라 제네시스 용에도 힘을 기울이게 되었다.

허드슨도 북미에서 PC엔진(TG-16)을 사실상 철수하고 드디어 제네시스 시장에 참가. PC엔진 전용 소프트였던 『봄버맨'94』나 『코브라Ⅱ 전설의 남자』, 『윈즈 오브 썬더』 등을 이식했다. 게다가 인기 시리즈 『던전 익스플로러』에 대해서는 PC엔진 판과 다른 완전 신작을 SEGA CD 용으로 발매했다.[40]

같은 시기에 코나미도 『T.M.N.T』, 『뱀파이어 킬러』, 『콘트라 더 하드 코어』 등 인기 시리즈의 오리지널 신작을 투입.

나아가 PC엔진의 대 히트 타이틀 『스내쳐』를 SEGA CD로도 이식하지만[41], 일본에서 메가 드라이브의 시장 정체 때문에 이들 PC엔진에서의 이식 게임이 일본판 메가 드라이브로 발매되는 일은 아쉽

※40. 메가 드라이브 판의 발매는 PC엔진 판의 아틀러스가 아니라 「원더 보이」 시리즈로 친숙한 웨스턴이 한다.

※41. 『스내쳐』의 라스트 씬에 등장하는 '그것'의 디자인은, 물론 제네시스(GENESIS)와 SEGA CD2로 바뀌어 있다.

게도 없었다.

　물론 당사자인 세가 자신도 북미에 편중된 시장의 영향을 받지 않을 수 없었다. 소프트의 대부분은 일본에서 제작되고 있었지만, 북미 시장의 의견을 더욱 받아들이게 되어 인기 장르였던 액션 게임을 다수 개발했다.

　또한 로컬라이즈도 더욱 정성을 들이게 되었다. 예를 들면 코미컬한 분위기의 게임이라도 표정이 일본에서는 친근한 웃는 얼굴에서 싸움에 임하는 무서운 얼굴로 변경하라는 등의 지시가 북미에서 오게 되었다. 그때까지 글자 이외에는 거의 그대로였던 로컬라이즈 판의 개발은 시장 규모에 맞추어 더욱 고도화되었다.

　이 시기에 발매된 『다이너마이트 헤디』나 『리스타 더 슈팅스타』 등이 그 예로, 일본판과 북미판에서는 적군 아군 모두 등장 캐릭터의 표정이 크게 다르기 때문에 기회가 된다면 비교해 보시길 권하고 싶다.[42]

　또한 『베어 너클Ⅲ』에 이르러서는 게임 밸런스도 크게 변화하여, 난이도가 크게 올랐다. 이것은 북미 독자의 게임 랜탈 샵 대책과 판매 후 일정 기간 동안은 반품이 가능한 판매 시스템 때문에 쉽게 게

▲『다이너마이트 헤디』

※42. 북미판의 적 캐릭터는 분노를 드러내고 있을 필요가 있어서 대부분의 경우 캐릭터의 눈이 치켜올려져 있다.

임을 클리어하지 못하게 할 필요가 있었기 때문이라지만, 원래 가지고 있던 게임 밸런스가 무너져 평가를 낮추게 되었다.

이렇게 북미용으로 개발을 진행해도 게임 타이틀 수 자체가 포화 상태가 되자 아예 판매하지 않는 것도 생겼다. 예를 들면,『펄스맨』은 유럽, 북미 시장용으로 원어민의 영어 음성을 넣는 등 대응을 진행했지만 최종적으로는 해외 발매를 하지 않게 되었다.

물론『유☆유☆백서~마강통일전』등 일본 시장용 타이틀도 계속 제작되었으나 차세대기가 화제의 중심이 되는 것과 반비례로 일본 시장은 축소되어 갔으며 날이 갈수록 일본에서 메가 드라이브 소프트는 팔리지 않게 되었다.

그리고, 1994년『소닉 더 헤지혹3』이 약 1년 만인 2월(일본에는 5월)에 발매되지만 외적 요인으로 개발이 부드럽게 진행되지 않았기에 기일까지 제작을 완료하지 못하고 액션 게임이면서도 전후 편으로 나뉘어 발매되었다.[※43] 그 결과 스토리는 중반에서 끝나고 만다.

후편이 되는『소닉&너클즈』는 반년 후인 10월에 카트리지 2개를

▲『소닉 더 헤지혹3』

합체시키는「록온 시스템」이라는 아크로바틱한 오리지널 카트리지로 발매되었다. 단품으로도 플레이할 수 있을 뿐 아니라 2개의 소프트를 연결하면 스토리를 이어서 플레이할 수 있다는 놀이법을 넣었으

※43. 당초『버추어 레이싱』에도 채용된 확장 칩 'SVP'를 사용할 예정이었으나 칩의 양산이『소닉3』의 발매 시기를 맞추지 못한다는 것이 판명되어 도중에 처음부터 다시 만들게 되었기 때문.

나 두 게임을 합쳐서도 1992년 말에 발매한 2편의 판매수를 넘지 못했다.

또한, 일본에서 라이벌이었던 PC엔진 CD-ROM^{2}도 메가 드라이브와 마찬가지로 발매에서 5년이 지난 원숙기였고, 매력적인 타이틀이 발매되었다. 연초의 『에메랄드 드래곤』(NEC-HE), 『바람의 전설 자나두』(일본 팔콤) 등이 있다. 추가로 5월에 등장한 『두근두근 메모리얼』(코나미)은 연애 시뮬레이션이라는 기존에 없던 장르였기에 입소문을 타고 크게 히트. 이후로도 오랫동안 화제를 불러 모았다.

차세대기의 선두를 끊은 3DO

그리고, 1994년이라고 하면 차세대기다. 1993년 말 이후에 차세대기 레이스에 참가한 게임기의 수는 16비트 시대를 크게 뛰어넘는 것이었다. 우선 신규 참가한 마츠시타 전기가 3DO를 선행 발매, 소니는 PS-X(정식명: 플레이스테이션)으로 참가. 아타리의 「재규어」도 이어진다.

거기에 1994년이 되면서부터는 NEC에서 PC엔진의 후계기인 「FX」(나중의 「PC-FX」)의 정보를 공개, 닌텐도는 슈퍼 패미컴이나 게임보이와는 다른 VR머신(나중의 「버철 보이」)를 발매한다고 발표한다. 그리고 SNK가 「네오지오CD」로 본격적으로 가정용 시장에 참가하는 등 게임 잡지 이외에도 일반지나 신문도 관심을 가져, 1994년 이후의 TV 게임 정보는 '차세대기' 일색이 되어 붐을 가열시켰다.

차세대기 레이스에서 가장 먼저 움직인 것은 3DO였다. 북미에서의 발매는 1993년 10월, 일본이 1994년 3월로, 당시로서는 드물게 북미에서 먼저 발매된 경우였으나 양쪽 다 반응을 얻지 못한다. 하드웨어의 가격이 700달러의 고가에 아직 매력적인 타이틀이 없었던 것이 북미에서의 실패 원인으로 언급된다. 3월까지의 실제 판매 수는 3만 대 정도에 머물렀다.

당황한 마츠시타 전기는 일본에서의 발매 가격을 당초 발표의 7만 9,800엔에서 5만 4,800엔으로 발매 전에 30% 이상 낮추는 이례적인 대응을 했다. 차세대기 붐을 타고 일본에서는 20만 대 정도를 판매했으나, 북미는 스타트 실패의 영향으로 가격 인하(500 달러) 효과도 크지 않아 10만 대 정도였다. 또한 동 시기에 발매된 아타리의 재규어도 북미 10만 대로 끝났다고 한다.

3DO의 문제는 가격 이외에도 있었다. 차세대기에 대한 팬의 기대가 변한 점이 있다. 분명 1993년까지, 이후 발전 방향은 메가CD에서 실현한 인터랙티브한 영상 재생이라고 생각되었다. 선행한 3DO의 장점은 거기에 특화되어 있었고 TV와 동등한 고화질의 영상을 볼 수 있는 점을 크게 홍보했다.

이렇게 영상을 주축으로 한 기술 전개를 당시에 '멀티미디어'라고 불렀고 게임기는 이후 VHS 비디오데크나 하비 퍼스컴을 대신하는 영상 미디어가 될 것이라는 미래를 세상에 어필한 것이다. NEC도 마찬가지로 PC엔진에서의 비주얼 게임의 성공 체험을 기반으로 PC-FX에 뛰어난 동영상 재생 기능을 가진 칩을 탑재했다.

하지만 1994년이 되자 최신 게임 트렌드가 영상 재생이 아닌 3D

폴리곤이 되었다. 당시, 최첨단 TV게임을 체험할 수 있는 장소였던 게임 센터에서는 3D 폴리곤을 사용한 타이틀이 환영받았고, 이는 차세대 게임기에서는 이러한 게임을 가정에서도 즐길 수 있을 것이라는 기대로 이어졌다.

3DO에서도 일단 3D 게임을 만들 수는 있었으나 성능적으로 경쟁 하드들에는 미치지 못했기에 화제작이 나오기도 전에 승부가 나고 있었다. 마찬가지로 PC-FX, 나아가 1994년 말에 발표된 애플과 반다이의 공동 개발 머신 「피핀 앳마크Pippin atmark」도 이 흐름을 읽지 못했기에, 출마는 했으나 존재감을 나타낼 만큼 팔리지 못하여 레이스에 끼지 못하고 끝났다.[※44]

시대는 3D 폴리곤 게임으로

이 트렌드의 변화는 언제 일어났는가? 이는 1993년 말에 시작된 아케이드 2대 타이틀의 등장이 계기였다. 하나는 『릿지 레이서』다. 세가의 『버추어 레이싱』이 히트한 것을 보고 남코가 1993년 10월에 출시한 레이스 게임이다. 아름다운 텍스처 매핑 기술에 의한 선명한 화면을 통해 『버추어 레이싱』을 뛰어넘는 히트를 한다.

이어서 이번에는 12월에 세가에서 『버추어 파이터』가 등장한다. 『스트리트 파이터Ⅱ』 이후 대유행이었던 대전 격투라는 장르를 처음으로 3D로 만든 획기적인 게임이었다. 본작에서 처음으로 표현된 인

....
※44. 세가의 차세대기인 「세가 새턴」에도 멀티미디어 머신으로의 흔적이 남아, 전자책이나 비디오CD 등에 대응할 수 있는 확장기능을 별매 기기로 갖추고 있었다.

▲ 어뮤즈먼트 머신 쇼에서 공개된
『버추어 파이터』(1993년 8월)

물의 존재감에서 오는 임팩트는 미지의 체험이었다. 본작은 거기에 거의 변화가 없었던 격투 게임의 기본 규칙도 업데이트했다. 파동권 등 장풍 부류의 쏘는 기술을 사용한 필살기 공방을 배제하고, 펀치와 킥을 중심으로 한 싸움을 지향한 것을 포함하여, 링 아웃의 긴장감, 가드 버튼의 도입 등.『버추어 파이터』는 장르로서 후발이면서도 스트리트 파이터II를 이어 공전의 히트를 기록한다.

그다음 해인 4월에는, 세가의 MODEL2 기판의 첫 타이틀이 되는 레이스 게임『데이토나 USA』도 등장. 드디어 세가 게임에도『릿지 레이서』와 같은 텍스처 매핑이 도입되어 이것도 대히트. 격투 게임 일색이었던 게임 센터는 3D 폴리곤 게임의 연이은 릴리즈로 더욱 분위기가 고조되었다.

▲ AOU쇼에서 전시된 『데이토나 USA』 (1994년 2월)

이러한 3D 게임 붐에 대해 선견지명이 있었던 것이 PS-X를 준비하고 있던 소니였다. PS-X는 완전한 3D 머신이었기 때문이다. 그리고 PS-X는 성능도 대단했다. 당시 3D 폴리곤은 아직 최첨단 기술이었기에 기술력이 뛰어난 세가와 남코가 앞서며 다른 업체가 따라갈 수 없는 상황이었다. 다른 회사들은 3D 게임을 만들 노하우도, 하드웨어의 개발 기술도 가지고 있지 않았던 것이다.

이 상황에서 소니는 "PS-X가 있다면 어떤 개발사라도 3D 게임을 만들 수 있다"고 홍보했다. PS-X의 성능은 세가나 남코의 아케이드 최신 하드웨어와 거의 동등했고, PS-X에 참가하는 것만으로 그 하드를 손에 넣을 수 있었다. 세가, 남코가 3D 게임을 독점하는 것을 경계했던 회사는 물론이고, 남코 자체도 강한 흥미를 표시했다. 『릿지 레이서』 같은 대형 기체가 아닌 업라이트 등 일반적인 범용 기체의 아케이드 게임에도 3D 게임을 전개하기에 PS-X는 최적이었던 것이다. 소니에게는 시대가 아군이 되어주었다.

한편, 세가는 아케이드에서는 3D의 선구자였으나 가정용으로는 아직 2D의 시대가 이어질 것으로 전망했기에 3D 게임의 히트는 스스로 자신의 목을 조르는 일이기도 했다. PS-X에 대항하기 위해서는 3D을 만들 수 있는 하드여야 했으나, 개발 도중의 차세대기 「세가 새턴」의 성능으로는 『버추어 파이터』의 이식은 불가능했다. 그래서 세가는 급히 3D에도 대응하기 위해, 탑재 예정인 히타치 제작 RISC 칩 'SH-2'를 1개가 아닌 2개를 넣어 스펙을 대폭 향상시켰다.

이리하여 PS-X가 착착 다음 싸움을 준비하고 세가가 그 대책에 쫓기던 중, 이러한 차세대기 게임 정보는 제네시스와 SNES가 격전을 벌이고 있던 유럽, 미국에도 조금씩 흘러 들어갔다.

특히 1993년 말에 일본에서 신문 보도된 '세가의 차세대 게임기'

정보는 팬에게는 물론이고 세가에게도 전혀 환영받지 못한 것이었다. 새로운 영상 체험을 제공하는 게임기에 있어서 다음 하드가 발표된다는 것은, 조만간 교체가 이뤄져 제네시스는 곧 사라지게 된다는 것을 뜻하기 때문이다. 세가는 미국에서 강한 반발을 받지만 애초에 그 신문 보도는 세가가 의도적으로 흘린 것이 아니었다. 또한, 차세대기 이행의 흐름도 업계 전체의 라이벌 간의 수 싸움 속에 이루어지는 것이며 누군가가 정해서 그렇게 되는 것이 아니다.

여기서 세가는 차세대기 개발과 병행으로, 현재 순조로운 유럽, 미국 시장의 지분을 유지하기 위해 제네시스도 수명을 연장해야 한다고 생각했다. 그래서 차세대 게임기 레이스에 또 다른 기종 하나가 추가된다. 그것이 바로 「슈퍼 32X」(북미 이름은 「GENESIS 32X」)다. 슈퍼 32X는 세가 새턴과 같은 SH-2 RISC 칩이 2개 탑재된 파워 업 유닛으로, 메가 드라이브에서도 3D 게임을 즐길 수 있게 해준다.

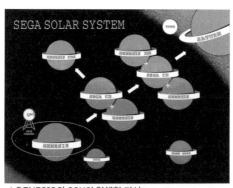

▲GENESIS와 32X의 일체형 머신(코드 네임 NEPTUNE으로 알려진)도 1996년 겨울에 발매 예정으로 고지되었으나 취소되었다.

1994년 3월, 세가는 전년도에 신문 보도가 있었던 차세대기 세가 새턴을 정식으로 발표. 가격은 4만 9,800엔 이하, 첫 해에 200만 대를 목표로 한다고 선언했다. 그리고, 동시에 슈퍼 32X도 발표. 전 세계에서 250만 대를 판매, 60 타이틀의 게임을 준비한다고 발표한다. 5월에는 32X의 본체 가격을 1만 4,800엔이라고 정식 발표한다.

▲ 슈퍼 32X

　결과적으로 3종류의 차세대기를 발매한다는 판단은 큰 실패가 되었다. 슈퍼 32X는 예상을 밑도는 결과가 되어 250만 대는커녕 100만 대도 팔리지 못했다.[※45]

　그 이유는 무엇일까. 세가가 소닉으로 SNES에 대항하여 승리한 1991년과 1994년의 3년 사이에 가장 크게 바뀐 점은 세계에서의 정보 전달 속도였다. 일본에서 가열되고 있던 PS-X나 세가 새턴의 소식은 인터넷이나 다양한 방법을 통해 해외 게임 팬들에게도 바다를 건너 전해졌던 것이다.

　차세대 게임기로 발표되고 있던 다양한 소프트와 비교해서 슈퍼 32X의 로우 폴리곤, 논 텍스처 그래픽은 분명 낡은 느낌이었을 것이다. 아무리 가격이 싸다 해도 슈퍼 32X를 살 정도라면 다음 해에 발

....
※45. 「세가 새턴」과 같은 칩을 사용했기 때문에 실제로 제조 수량도 충분히 준비되지 않았다. 또한 라인업도 계획한 수를 밑돌았다. 이러한 초기 실패는 후일 일본에서의 「드림캐스트」도 같은 전철을 밟았다고 할 수 있다.

매될 세가 새턴이나 플레이스테이션을 위해 저금하는 편이 나을 것이라고 생각했을지도 모른다. 1994년의 북미 연말 시즌은 프리 렌더링 그래픽으로 차세대 게임 '풍'의 화면이 신선했던 『동키 콩』을 밀었던 닌텐도의 승리로 끝났다. 해당 게임은 전 세계에서 744만 장이 팔렸다고 한다. SOA는 32X의 실패가 분명해지자 빠르게 종료시키고 세가 새턴의 북미 발매 준비를 서둘렀다.[※46]

　이런 1994년 연말 시즌에 세가가 핵심이 되어야 할 세가 새턴과 지켜야만 하는 제네시스에 집중하지 못하고, 개발 라인(그리고 같은 칩을 사용하고 있는 부품)의 많은 부분을 슈퍼 32X에 할당한 결과,『버추어 파이터』의 힘으로 유리하게 끌고 갔을지도 모를 일본의 첫 1년에 본체가 동이 나고 만다. 또한 유력 타이틀이 부족하여 플레이스테이션과 차이를 크게 벌리지 못했다. 또한 SNES와도 기존처럼 대등한 승부를 겨루지 못했다. 이 실패의 부채는 커서, 세가는 그 뒤에 해외에서 라이벌에게 한 번도 이기지 못하게 된다.
　제네시스는 이듬해 이후, 소프트 개발은 북미에서만 하게 된다. 1995년, 1996년에도 『코믹스 존』이나 『벡터맨』 등 새로운 비주얼의 신작을 발매하여 시장 축소를 막으려 했으나, 세가 새턴의 등장으로 최신 하드의 자리에서 내려온 점이나, 세가 전체가 플레이스테이션과의 대결에서 고전한 점도 있어, 제네시스의 시장은 SNES에 비해 급속하게 사그라졌다.

．．．．．．．．．．．．．．．．
※46. 제네시스(GENESIS)와 32X의 일체형 머신(코드 네임 NEPTUNE으로 알려진)도 1996년 겨울에 발매 예정으로 고지되었으나 취소되었다.

또한 차세대기로의 이행이 진행
된 일본에서는 메가 드라이브의 소
프트를 발매해도 전혀 팔리지 않
아, 사실상 1995년까지 개발을 끝
내고, 일본의 게임 개발 라인은 대
부분 세가 새턴으로 돌려졌다. 말
기에 제작된 소프트의 일본 내 판
매 수량은 공장 최저 생산량인
2,000개였다.

▲『코믹스 존』

세가에서 끝에서 두 번째로 발매
한 『더 우즈』에 이르러서는 북미판
과 함께 제조하여 수량을 더욱 줄
여서 발매를 실현했으나 그 수는
겨우 800개이다.

▲『벡터맨』

1988년 말에 발매되어 90년대
중기까지 소프트가 계속 만들어진
메가 드라이브의 생산 실적은 일본

▲『더 우즈』

이 약 350만 대, 북미가 약 1,690만 대, 유럽이 약 930만 대, 그 이외
에서 약 100만 대로 전 세계에서 3,000만 대 이상이었다. 이는 그 후
에 분전하지만 1,000만 대까지 도달하지 못한 후계기, 세가 새턴이
나 드림캐스트가 목표로 했지만 도달하지 못했던 큰 성공이었다.

더욱이 메가 드라이브의 아키텍처는 지능 개발 완구「키즈 컴퓨

▲ 키즈 컴퓨터 「PICO」

터 PICO(피코)」 개발에도 활용되었다. 1993년에 발매된 PICO는 그 후 그룹 회사로 독립한 세가 토이즈에서 10년 이상에 걸쳐 판매되어, 시리즈 누계 판매 대수는 340만 대에 이르는 대히트 상품이 되었다. 메가 드라이브가 형태를 바꾸어 그 뒤에도 오랫동안 사랑받았다고 할 수 있다. 세가 가정용 하드에서 예가 드문 성공의 역사이다.

그리고, 북미/유럽에서는 SNES를 한 때 뛰어넘고 최종적으로도 거의 호각의 싸움을 했던 메가 드라이브/GENESIS의 성공은 세가를 지금도 이어지는 세계적인 브랜드로 만들었다.

최근 공개된 영화 『소닉 더 무비』 2편의 전 세계 히트도 물론 이 메가 드라이브/GENESIS의 싸움 덕분이다. 메가 드라이브의 시대는 지금도 많은 팬들의 입에 오르내리고 있으며, 그 성공의 상징인 소닉의 활약은 앞으로도 전 세계에서 보일 것이다.

제5장 | 1990년~
게임 기어

「게임보이」가 공전의 대히트를 기록

　이번 장에서는 세가 새턴으로 이야기를 진행하기 전에 조금 시간을 되돌려, 또 다른 세가 가정용 하드 「게임 기어」의 이야기를 하겠다.

　1983년, 패미컴 발매와 함께 폭발적인 성장을 보인 가정용 게임기 붐과 반대로 전자 게임의 인기는 급속도로 식어갔다.

　서장에서 다룬 것처럼 전자 게임은 가정용 게임기가 등장할 때까지는 완구의 왕자였다. 닌텐도의 「게임&워치」는 전 세계에서 4,000만 개라는 놀라운 수가 발매되었다. 닌텐도 내부층도 처음에는 패미컴이 「게임&워치」를 뛰어넘는 히트 상품이 될 것이라고는 생각하지 않았을 것이다.

　「게임&워치」는 1980년 4월에 제1탄인 『볼』이 발매되고, 그해에는 『파이어』, 1981년은 봄에 『맨홀』이나 『헬맷』, 여름에는 와이드 스크린의 『옥토퍼스』가 히트. 1982년에는 위아래로 2 화면의 액정 멀티 스크린 게임 『동키 콩』으로 인기의 절정을 맞이한다.

　그리고, 그로부터 1년 후에 패미컴이 등장한다. 게임&워치는 1대당 약 5,800~6,000엔으로 전자 게임기로는 평균적인 가격이었으나, 패미컴의 소프트는 1개 3,800~5,500엔으로 한 번 본체를 사면 그 뒤는 싸게 느껴진다. 게임&워치는 패미컴 등장 후에도 1984년 정도까지 신작이 계속 발매되지만 화제의 중심은 완전히 가정용 게임기로 바뀐다.

　게임&워치도, 그 외 많은 제작사의 전자 게임들도 나름대로 개량을 하며 발매되었으나 그 뒤 화제가 되는 일은 없었다.

　패미컴의 발매에서 6년이 지난 1989년 4월, 돌연 등장한 것이 「게임보이」다. 게임보이는 휴대 게임기이며 게임&워치의 진화한 모습이었다. 1989년으로 말하자면, 이전 연도 말에 「PC엔진 CD-ROM^2」나 「메가 드라이브」 같은 게임기가 등장하고 닌텐도 자신도 차세대기 「슈퍼 패미컴」을 발표한 시기이다. TV 게임이 성능을 겨루던 시기였지만 게임보이의 '저성능'은 놀랍게 받아들여졌다.

　무엇보다도, 작은 화면은 컬러조차 표시할 수 없는 4단계 흑백. 하드웨어의 성능도 패미컴과 비슷한 정도고 다른 게임기와 비교해도 아무래도 느낌이 오지 않는다. 태어났을 때부터 컬러 TV를 보고 산 사람들, 물론 아이들에게도 [패미매가] 등의 게임 잡지에 게재된 흑백 화면 사진은 패미컴과 비교해도 뒤떨어진 것이었다. 미디어도 게임팬도 혼란스러워하는 중, 게임보이는 우선 일본에서 1만 2,500엔이라는 패미컴보다 약간 낮은 가격으로 발매되었다.

　본체와 동시에 발매된 소프트 중에서는 초대 『슈퍼 마리오 브라더스』를 더욱 간단하게 한 신작 『슈퍼 마리오 랜드』가 핵심이었다. 하지만, 아무리 인기 시리즈의 신작일지라도 이전 연도 말에 패미컴의 한계를 초월한 연출과 볼륨이 화제인 『슈퍼 마리오 브라더스3』이 발매된 직후라는 타이밍이었기에, 좋은 작품이었다고는 해도 큰 화제는 되지 않았다.

하지만 게임보이의 진가는 바로 뒤인 6월에 발매한 퍼즐 게임 『테트리스』에서 발휘되었다. 언제 어디서나 누구라도 바로 즐길 수 있는, 가지고 다닐 수 있는 게임기라는 휴대 게임기의 매력은 『테트리스』라는 획기적인 퍼즐 게임을 즐길 수 있다는 점 하나만으로 모든 것이 증명되었다.

이전 장에서 말한 것처럼 1989년 봄에는 게임 센터에서 세가 판 『테트리스』가 대히트 중이었다. 최신 기술을 겨루는 게임 센터에서도 『테트리스』의 단순함은 화려함을 추구하는 시대의 요구와 정반대의 게임이었으나, 그 인기는 과거 어떤 비디오 게임도 견줄 수 없는 것이었다. 당연히 게임 센터에서 『테트리스』에 열중한 사람도 이 게임 하나를 즐기기 위해 게임보이를 샀다.

또한, 게임보이의 특징 중 하나인 통신 케이블을 사용한 플레이어 간 대전도 호평이었다.[1] 이 대전 요소는 후에 '낙하형 퍼즐'로 통칭하는 액션 퍼즐 게임의 대부분에 채용되는 대전 시스템의 기본이 되는 발명이었다.

그 외에도 소프트의 가격이 2,600엔~으로 당시 패미컴 소프트의 반값 정도인 점도 환영받아 게임보이는 단 반년 만에 순식간에 전 세계 100만 대 판대를 돌파했다. 다음 해 이후에도 『테트리스』는 하드를 견인했다.

························

※1. 통신 케이블을 이용한 대전은 게임보이가 최초의 시도는 아니며, 닌텐도는 1983년에 발매했던 액정 화면의 휴대 게임기 '컴퓨터 마작 역만'에서 이미 대전용 통신 케이블을 별도로 판매하였다.

일단 닌텐도와 친분만 다져두자고 생각하고 있었을지 모르는 소프트 제작사도 앞다퉈 참여. 예전 패미컴에서 발매한 인기 타이틀을 게임보이용으로 어레인지해서 적극적으로 출시하게 된다. 슈퍼 패미컴의 등장 직전에 닌텐도의 손에 의해 패미컴을 이은 새로운 대형 시장이 생겨났다.

화면의 컬러화로 차별화를 노린 「게임 기어」

『테트리스』부터 시작하는 게임보이 붐을(마치 눈뜨고 코를 베인 것처럼 생각했을 것이다) 세가가 가만히 보고만 있을 리가 없고, 곧바로 휴대 게임기 개발에 착수했다. 그리고 게임보이에서 1년 반 정도 후인 1990년 10월에 발매된 것이 「게임 기어」다. 게임보이는 이미 300만 대를 돌파할 시점이었다.

게임 기어와 게임보이의 최대 차이는 화면이 흑백이 아닌 컬러라는 점이다. 후발 하드는 무언가 확실한 차이를 보이지 못하면 승부가 되지 않는다. 화면의 컬러화야말로 최대의

▲ 게임 기어

차별화라는 생각으로, 컬러를 전제로 개발을 진행한 것이다.

하지만, 실은 컬러 화면의 휴대 게임기는 게임 기어가 최초가 아니다. 게임보이 발매 직후에 미국 아타리사에서 발매된 「링스LYNX」가

있었다.

세가는 미국으로 가서 아타리와 공동 개발도 시야에 넣은 협상을 했다고 하나, 이것은 성과 없이 끝났다. 최종적으로 「링스」는 본체가 너무 큰 점, 무게, 타이틀의 편중 등 다양한 문제로 미국, 일본 모두에서 전혀 보급되지 않고 끝난다.

세가는 독자 개발에 나서면서 게임보이의 성공, 링스의 실패를 분석하여 하드 스펙은 「마스터 시스템」을 기본으로 하여 소형 경량화 했다.[2] 또한, 컬러 표시를 최대한 살리기 위해 별매로 'TV 튜너 팩'이라는 주변 기기를 발매했다. TV 튜너 팩을 장착하면 게임 기어의 화면에서 일반 TV 방송을 시청할 수 있고, AV 입력을 사용하여 포터블 모니터로도 사용할 수 있었다.[3]

당시에는 아직 휴대형 TV가 매우 비싸서 거의 보급되지 않았던 시대였기에, 어디에도 들고 다닐 수 있고 자신의 방이나 밤의 이불 속에서도 TV를 볼 수 있다는 점은 큰 메리트였다. 적절한 가격의 휴대용 TV로, 게임 기어는 AC 어댑터와 세트로 활용되었다.

왜 AC 어댑터 이야기를 하냐면, 게임 기어는 컬러를 아름답게 보이게 하기 위해 본체 화면에 백라이트가 필요했으나 그 결과 건전지 소모가 심하여 표준으로 사용되는 AA사이즈 건전지 6개를 사용하면 2시간도 지나지 않아 쓸 수 없었기 때문이다. 당시 게임보이는 AA

※2. 게임 기어의 스펙은 마스터 시스템과 거의 같았다. 마스터 시스템은 유럽/북미에서 발매가 계속되었기 때문에 세가는 하나의 게임을 개발할 때 게임 기어용과 마스터 시스템용의 2가지 버전을 동시에 개발할 수 있었다. 또한, 그때까지의 개발 자산과 노하우를 활용할 수 있었기에 하드 발매 초기부터 질 높은 게임을 갖출 수 있었다. 하드 개발은 세가 마크 Ⅲ/마스터 시스템의 베이스가 된 아케이드 기판인 시스템2를 설계한 야기 히로시에 의해 설계되었다.

※3. TV 영상을 표시하기 위해, 게임 기어는 마스터 시스템보다 많은 색을 사용할 수 있게 되어 있다.

건전지 4개로 반나절 이상 갔다는 것을 생각하면 꽤 차이가 있으며, 닌텐도로서는 컬러를 채용하지 않은 것을 게임보이의 승리 요인으로 보고 있다.

하지만 게임 기어는 컬러 표시라는 차이점을 가졌기 때문에 게임 보이에 대항할 수 있었던 것이다.

게임 기어의 본체 가격은 게임보이보다 조금 높은 1만 9,800엔. 본체 동시 발매 타이틀로, 왕년의 인기 퍼즐 액션을 처음으로 이식한 『펭고』, F1을 모티브로 한 레이스 게임 『슈퍼 모나코 GP』, 그리고 포스트 『테트리스』로 게임 센터나 메가 드라이브에서 히트 중이었던 『컬럼스』까지 3종류가 발매되어 1개월 만에 무려 60만 대를 팔았다. 『컬럼스』는 게임 기어를 위해 만든 게임은 아니었으나 컬러 표시가 아니면 즐길 수 없는(같은 색을 합쳐서 없애는 방식) 게임이었기에 게임 기어의 세일즈 포인트로 최적이었다.

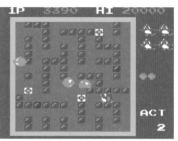
▲『펭고』

▲『슈퍼 모나코 GP』

▲『컬럼스』

게임 기어는 기존의 세가 하드와 달리, 발매 초기부터 순조로운 출발을 보인다. 『컬럼스』도 『슈퍼 모나코 GP』도 수십만

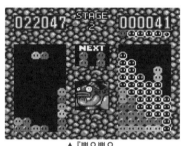
▲ 『뿌요뿌요』

장이 팔리는 히트작이 되었다.

『컬럼스』는 『테트리스』 정도의 히트는 못 했지만, 1992년에는 새로운 액션 퍼즐로 『뿌요뿌요』가 등장. 아케이드나 메가 드라이브에서 히트한다. 다음 해에 게임 기어로 이식되며 『뿌요뿌요』는 게임 기어의 인기를 부활시켰다. 『컬럼스』와 마찬가지로 같은 색을 잇는다는 룰이 컬러 기기인 게임 기어에 잘 어울렸기 때문이다.

▲ 게임 기어 플러스 원 『나조뿌요』 팩

세가는 『뿌요뿌요』의 룰을 사용하여 소위 '박보장기' 같은 놀이를 즐길 수 있는 전용 소프트 『나조뿌요』를 게임 기어 본체에 부속하여 판매하는 등 『뿌요뿌요』를 킬러 소프트로 시리즈화를 진행한다. 『뿌요뿌요』는 게임 기어 후기의 인기를 지탱했다.

최종적으로 1,000만 대를 팔다

발매 개시부터 지지를 받은 게임 기어는 게임보이의 라이벌 기종으로 포지션을 확립. 메가 드라이브에서 참가했던 서드 파티의 대부분이 게임 기어로 참가하여 왕성한 전개를 보인다.

1991년에는 본체의 색상을 블랙이 아닌 화이트로 변경하여 휴대

케이스 포함 TV 튜너 세트를 1만 대 한정으로 판매했다.

이것은 가정용 게임기에서 본체 베리에이션 판매 방식의 선구자적인 행보 중 하나이다.

나아가 1994년에는 게임보이(브로스)보다 먼저 본체의 컬러 베리에이션을 스타트.[4] 말기인 1996년에는 「키즈 기어」라는 이름으로 본체 디자인을 리뉴얼했다.

게임 기어의 주요한 타깃은 메가 드라이브의 대상 연령보다 낮은 초등학생이었다. 이에 따라 마스터 시스템이나 메가 드라이브와 같은 타이틀을 출시하는 것뿐 아니라 디즈니나 『마법기사 레이어스』, 『도라에몽』 등 인기 애니메이션 원작의 캐릭터 게임을 적극적으로 개발하게 되었다.

또한 '소닉' 시리즈도 메가 드라이브와 다른 시리즈 전개를 하여, 차를 타고 레이스를 하는 『소닉 드리프트』처럼 마리오 시리즈를 참고한 타 장르 전개나 동료 테일즈를 주인공으로 한 『테일즈의 스카이 패트롤』, 『테일즈 어드벤처』 등 외전 작품도 만들어졌다.

그 외에도 『The GG 시노비』, 『샤이닝 포스 외전』 등 메가 드라이브 인기작의 오리지널 속편이나 『여신전생 외전 라스트 바이블』 같은 타 기종에서의 어레인지 이식도 등장했다. 『뿌요뿌요』의 세계관이나 등장인물이 원작이 되는 RPG인

▲『소닉 드리프트』

※4. 새롭게 스모크, 레드, 블루, 옐로우가 판매되었다. 그 외에 로고나 그림이 본체에 인쇄된 레드 컬러의 [마법기사 레이어스] 모델이나 [코카콜라 키드] 모델, 유럽 한정의 블루 모델 등이 존재한다.

▲ 『샤이닝 포스 외전』

'마도물어' 시리즈도 4편이 발매되었다.

서드 파티에서는 남코의 『팩맨』이나 『갤러그'91』, 『기어 스타디움』, 타카라의 『아랑전설 SPECIAL』이나 『사무라이 스피리츠』, 반다이의 『미소녀 전사 세일러문S』나 『SD 건담』, 허드슨의 『슈퍼 모모타로 전철Ⅲ』 등등 메가 드라이브와는 다른 매력이 있는 이식 타이틀이 화제가 되었으나, 게임 아츠의 『LUNAR 산보하는 학원』처럼 게임 기어 독자의 신작, 속편은 드물었다.

게임 기어는 메가 드라이브의 시대가 끝나고 「세가 새턴」이 등장한 1995년 이후도 소프트 출시가 이어졌다. 하지만 세가가 「플레이스테이션」에 대항하기 위해 개발 라인을 세가 새턴에 주력하게 되고 나서는 서서히 게임 기어의 개발 라인은 축소. 1996년 12월의 『G소닉』을 마지막으로 일본에서의 소프트 판매를 종료한다.

그렇다고는 해도 6년이라는 긴 기간 동안 소프트가 계속 출시된 것은 일본 내의 세가 하드 중에서는 「메가 드라이브」 다음 가는 것이었다.

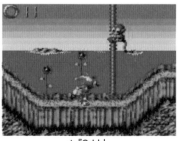

▲ 『G소닉』

해외의 게임 기어에 대해서도 간단히 다루자면, 일본 발매 반년 후가 되는 1991년 4월에 발매를 스타트. 유럽을 중심으로 선전했으나 1997년에는 타이틀 출시가 멈췄다.

전 세계에서의 게임 기어 판매 누계는 1,000만 대[5]를 넘었으며, 이는 포켓몬 이전에 일본 만으로 1,000만 대를 넘었던 게임보이나 메가 드라이브의 3,000만 대보다는 적지만,「세가 마크 Ⅲ/마스터 시스템」과도 비슷한 수치로「세가 새턴」이나「드림캐스트」를 웃도는 것이었다.

만년의 게임 기어는 세가의 토이 사업부를 별도 회사화한 세가 토이즈가「키즈 컴퓨터 PICO」등과 함께 이어갔으며, 세가 토이즈 내에서는 게임 기어의 차세대 하드 구상도 있었으나 결국 실현되지는 않았다.

게임 기어와 같은 시기에 게임보이의 소프트 출시도 1995년경에는 손에 꼽을 정도가 되어 당시는 휴대 게임기 시장 자체가 사라지는 것이 시간 문제처럼 보였다. 그런데 이 시점에 게임보이에 기적이 일어난다. 1996년 2월에 발매한『포켓몬스터 레드・그린』이다.

이 소프트로 인해 게임보이의 수요는 기적적으로 부활.

같은 해 7월에 소형화한「게임보이 포켓」의 등장도 영향을 주어, 게임 제작사들은 소생한 게임보이용 소프트 공급을 다시 시작하게 된다.

1998년에는 하드 발매에서 9년이 넘어서야 드디어 컬러화를 이룬「게임보이 컬러」, 그리고 새로운 라이벌로 반다이의「원더 스완」,

---

※5 세가가 제조하지 않은 브라질이나 북미에서 세가가 판매를 종료한 후에 게임 기어를 이어서 계속 판매했던 마제스코 사에 의한 생산 수량은 제외한다.

SNK의 「네오지오 포켓」이 등장하여 짧은 기간이긴 했지만 3파전이 벌어졌다.

하지만, 당시 세가는 게임 기어를 다시 살릴 이유도, 나눠줄 힘도 남아있지 않았다.

이 결과로 세가는 세 종류의 휴대 게임기 각각에게 소프트의 라이선스 제공을 했기 때문에, 예전의 패미컴이나 「PC엔진」 때처럼 『컬럼스』나 『골든 액스』 등 몇 가지의 세가 인기 게임을 타사 하드에서도 즐길 수 있게 되었다.

그 뒤, 2001년에 등장하는 「게임보이 어드밴스」 이후에는 세가가 직접 휴대 게임기에 참가. 런칭 때 『츄츄 로켓!』을 출시했다.

또한 2006년에 「닌텐도DS」 용으로 발매한 『멋쟁이 마녀 러브 and 베리 ~DS 컬렉션~』은 일본 출하 수량이 100만 장을 돌파하는 등 소프트 제작사로서도 성공을 거뒀다.

제6장 | 1994년~
세가 새턴

차세대 게임기 전쟁, 개전 전야

내가 세가에 입사한 것은 1994년이다. 이 해는 '차세대 게임기 전쟁'이 시작된 해로, 나와 같은 비디오 게임 네이티브에게는 특히 잊을 수 없는 해이다. 이 해 연말에 소니가 처음으로 가정용 게임기 시장에 참가한 초대 「플레이스테이션」이 발매되고, 그보다 10일 정도 전에 세가의 6대째 가정용 게임기인 「세가 새턴」이 발매된다.

▲ 세가 새턴

마츠시타 전기의 「3DO」(일본용)이나 NEC-HE의 「PC-FX」도 이해에 발매했다. 현세대의 패자였던 「슈퍼 패미컴」을 지닌 닌텐도에 대한 도전권을 과연 어떤 제작사(의 하드)가 얻을 것인가!?~라는 것이 당시 게임 팬에게 화제의 중심이었다. 그리고, 이제 와서 보면 믿기 힘들지 모르겠지만, 봄 시점에서 레이스의 예상은 「메가 드라이브」 또는 「제네시스(GENESIS)」로 해외에서 실적이 좋았던 '세가가 우승 후보'라고 여겨지고 있었다.

이 봄은 때마침 메가 드라이브에서 『소닉 더 헤지혹3』가 발매된 직후이기도 해서, 역대 최고의 분위기를 보이고 있었다. 유럽/미국에서는 이 메가 드라이브 및 북미 제네시스의 기세를 지속시키기 위해 SNES와 대결하면서, 일본에서는 먼저 차세대기 세가 새턴을 발매하여 다음 시장을 확보하고 일본 내에서도 승리를 거머쥐고 세계 1위를 노린다, 라는 것이 당시 세가의 계획이었다.

나는 기획(플래너)으로서 제1 컨슈머 연구개발부(CS 1연[1])라는 부서에 배속되었다. 당시 세가에는 가정용만으로도 개발 부서가 6개 있었고, 제1부와 제2부가 차세대기 세가 새턴, 제3부와 제4부가 「메가 드라이브&메가CD」와 「슈퍼 32X」, 그리고 제5부가 「게임 기어」의 소프트 개발을 담당하고 있었다. 여기에 추가로 RPG 제작부라는, 인기 장르에 특화한 전문 부서도 있었다.

게다가 아케이드 게임 개발을 주로 하는 부서가 7개 있었는데, 그중에도 1993년에 『버추어 파이터』를 릴리즈한 제2어뮤즈먼트 연구개발부는 'AM2연'이라는 이름으로 특별한 존재가 되어 갔다. 여기에 해외 자회사에 있는 개발 부서도 합치면, 가뿐히 1,000명 이상의 개발 스태프가 있었다. 당시에는 일본은 물론이고 세계에서 가장 개발 스태프가 많은 회사였을지도 모른다.

그중에도 CSI 1·2연(부서로서는 거의 융합되어 있었다)은 특히 대규모

※1. 컨슈머는 가정용을 말한다. 'CS'는 '컨슈머 소프트'의 약자. 가정용 게임기용 소프트 개발 부서는 모두 '컨슈머 소프트 연구 개발 본부'에 있었다.

▲『팬저 드라군』

였다. 가장 큰 프로젝트는 세가 새턴의 신작 슈팅 게임 『팬저 드라군』으로, 메인에 최대 15명, 무비나 사운드 스태프 등도 포함하면 30명 정도가 참가했던 것으로 생각된다. 당시 메가 드라이브는 10인 이하, 게임 기어라면 5명 정도로 만들고 있었지만, 세가 새턴이 되면서 게임 제작의 규모가 점점 커졌다.

세가를 말할 때 "CS와 AM은 별도 회사처럼 교류가 없다"라고 하는 사람도 있지만, 당시 세가 새턴의 개발 스태프를 살펴보면 AM 부문 출신이 다수 있었다. 세가 새턴의 고수준 게임 개발을 위해 1년 이상 전에 한꺼번에 이동해왔던 것이다. 그 중심에 있던 것이 『플리키』나 『판타지 존』, 『아웃 런』 등 수많은 유명 타이틀을 제작한 이시이 요지 부장이었다. 그들은 원래부터 CS에 소속되어 있던 멤버와 섞이며 수십 명 규모로 세가 새턴 타이틀 라인업을 개발하고 있었다.

봄 시점에 세가 새턴은 100% 성능을 낼 수 있는 개발기가 없었고 30% 정도밖에 낼 수 없는 시작기[2]와 70% 정도의 개발기밖에 없었으나, 6월 '도쿄 장난감 쇼[3]'의 전시를 위해 준비를 하고 있었다.

....

※2. 기억에는 각 모서리 길이가 80cm 가량 하는 직방체의 거대한 상자로, 방열을 위해 커버는 언제나 열려있었다. 사이즈가 터무니없이 커서인지 '빅 박스'라고 불렸고, 남는 것은 신입 연수용으로도 사용되었다.
※3. 이 때 당시에는 아직 '도쿄 게임쇼'가 없었기에 가정용 TV 게임 이벤트라면 장난감 쇼였다.

막 입사한 나에게는 그게 순조로운 것인지 아닌지 알 수 없었으나, 눈앞에서 만들어지고 있는 게임들이 발매될 때, 세가 새턴은 일본에서 천하를 거머쥘 것이라 확신하고 있었다. 라이벌을 보자면, 타사에서 이미 발매한 마츠시타 전기의 3DO는 가격이 높고 킬러 소프트도 없었기에 고전을 면치 못하고 있었다. 가정용 비디오 규격인 VHS를 세계 표준으로 만들었던 마츠시타조차 고전하고 있다. VHS에 패배한 β를 가졌던 소니도 분명 같은 길을 걸을 것임이 틀림없다.

애초에 소니가 이 시기에 메가CD 등으로 발매했던 게임, 예를 들면 『폭전 언밸런스 존』 등은 잡지의 인기 랭킹에서도 하위 중의 하위였다.[4] 마지막인 NEC-HE의 경우, 「PC엔진」은 일본에서는 세가 이상으로 인기가 있었지만, 그 때문인지 중심이 아직 그쪽에 있어서, 적어도 나는 PC-FX에서는 그다지 진심을 느낄 수 없었다. 이렇다면 이번에는 이길 것 같았다.

플레이스테이션이 준 충격

그런 세상의 분위기를 한 번에 바꾼 것은 1994년 5월에 소니 컴퓨터 엔터테인먼트(SCE)가 한 발표회였다. 「플레이스테이션」이라는 정식 명칭이나 본체 디자인의 공표와 함께 공개된 실기 영상은 업계뿐아니라 모든 게임 팬에게 충격을 주었다.

발표회에서는 개발 중인 신작 게임의 영상은 하나도 없었지만, 그

※4. 소니는 자사 소프트의 개발력을 강화하기 위해 1993년에 『레밍즈』 등을 개발한 영국 대형 게임 제작사인 시그노시스 사를 매수했으나 당시에는 그다지 화제가 되지 않았다. 시그노시스는 『와이프아웃』을 개발하여 각광을 받았다.

대신 3D로 묘사된 T-REX(티라노사우르스)가 리얼 타임으로 움직이는 데몬스트레이션이 공개되었는데, 그 영상의 리얼함에 모두 매료된 것이었다. 그리고, 이어서 다수의 참가 제작사를 발표. 이렇게 많은 제작사가 T-REX 같은 대단한 영상의 게임을 잔뜩 개발한다는 것인가, 단 한 마리의 공룡으로 소니는 게임 팬의 마음을 휘어잡았다.

이 시대 직전까지는 3D CG라고 하면 단순한 판이나 선의 조합에 의한, 종이 공작으로 만든 것 같은 화면이라, 아무래도 일반적이라고 할 수 없었다. 그런 인식이 1993년이 되며 크게 진화한다. 여름에 공개된 헐리우드 영화 〈쥬라기 공원〉이다. 극 중에 등장하는 공룡의 대부분이 실제 같은 3D CG로 그려져 있었고, 현실에서는 있을 수 없는 영상을 만들 수 있다는 것을 모두 알게 된다.

그리고, 같은 해인 1993년 가을에는 남코가 아름다운 그래픽으로 시선을 사로잡은 레이스 게임 『릿지 레이서』를, 세가가 대전 격투 게임 『버추어 파이터』를 각각 아케이드용으로 발매. 3D CG는 이제 영상에서 리얼타임 연산으로 표현할 수 있는 시대가 되어, 둘 다 크게 히트했다.

그런 상황에서의 1994년 5월, 플레이스테이션의 데몬스트레이션이었다. 『릿지 레이서』 이상의 아름다운 그래픽으로 그려진 〈쥬라기 공원〉스러운 T-REX[5]가 걷고 있었다. 당시의 게임 팬은 '작년에 영화로 본 최고의 CG 영상을 연말에 발매되는 플레이스테이션을 산다면 집에서 직접 움직일 수 있다는 것인가!'하고 충격을 받고 구입 의

....

※5. 영화 〈쥬라기 공원〉에 등장한 T-REX는 당시 최신 가설을 채용하여 그전까지 멍청하고 둔하게 움직였을 것으로 생각했던 육식 공룡의 역동적인 모습이 화제가 되었는데, 이 플레이스테이션 데모에 등장하는 T-REX도 영화와 같은 디자인과 움직임이었다.

욕으로 이어졌다.

    사실, 플레이스테이션의 공개는 이보다 반년 전에 관계자 대상으로 비공개로 이뤄졌었던 것 같다. 물론 그 이전부터 각 게임 제작사에 타진은 하고 있었으나,[※6] 처음에는 대부분의 회사가 3D CG로 하는 게임 개발에 대한 감을 잡지 못해 그다지 할 생각이 없었다고 한다. 하지만 『릿지 레이서』나 『버추어 파이터』의 개발 직후에 행해진 이 모임은 성황이었고, 플레이스테이션은 이때 참여 제작사를 많이 늘릴 수 있었다고 한다.

    당시 3D CG라는 것은 하드웨어도 소프트웨어도 매우 고도의 기술이며, 게임 업계에서도 대형인 남코나 세가를 제외한 대부분의 제작사는 바로 시도할 수 없는 일반적이지 않은 기술이었다. 하지만 플레이스테이션이라면 가능하다. 지금 3D 기술을 배우지 않으면 미래의 게임 업계에서는 살아남을 수 없다는 것을 눈치챈 많은 게임 제작사는 소니의 신형 하드로 모여들었다. 기묘하게도 『버추어 파이터』의 대 히트가 세가의 새로운 라이벌을 낳는 결과가 된 것이었다. 그리고, 5월의 발표회에서 발표된 타이틀 중에는 『릿지 레이서』의 이름도 있었다.

    이러한 라이벌의 거대한 진화를 세가도 물론 인식하고 있었지만, 지금 가장 인기가 있는 게임 『버추어 파이터』를 지닌 세가 새턴의 우위는 흔들림이 없을 것으로 생각하고 있었다. 개발 스태프는 우선 세가 새턴의 발매 시기에 게임 개발을 맞추는 것만 생각하며 일을 진

※6. 어떤 의미로 보자면 최초로 설득을 시도했던 플랫폼 메이커는 세가였다고 할 수 있지 않을까.

행하고 있었다.

여담이지만, 나와 입사 동기인 디자이너 사카이 사토시酒井智史는 소니의 발표회 후, 프로그래머와 공모하여 몰래 새턴 개발기로 '공룡데모' 샘플을 똑같이 만들어 버렸다. "저 정도는 세가 새턴으로도할 수 있어! 게다가 이쪽은 불도 뿜는다구!" 하며 그가 버튼을 누르자 T-REX가 입에서 불을 뿜었다. 그는 상당한 괴수 팬이기도 했기때문이다. 이 T-REX는 후에 『월드 어드밴스드 대전략』의 숨겨진 캐릭터로 실제 게임 속에도 등장했다.

▲ '도쿄 장난감 쇼' (1994년 6월)

원래 이야기로 돌아가면, 이번에는 6월에 개최된 '도쿄 장난감 쇼'에서 세가 새턴이 공개되었다. 이쪽은 개발 중인 게임을 직접 해볼 수 있는 실기전시이다. 핵심은 물론 바로 그 『버추어 파이터』다.

방문한 팬은 바로 세가 새턴으로 향했으나, 아직은 첫 전시. 언뜻보면 완성된 것처럼 보이는 『버추어 파이터』의 두 캐릭터는 다채로운 기술을 펼칠 수 있었으나, 2명의 축이 맞지 않았기에 공격은 닿지않았고 대전도 할 수 없었다. 『데이토나 USA』의 차는 아무것도 없는 지평선을 달릴 뿐. 유일하게 게임으로 즐길 수 있었던 것이 『클락워크 나이트』였으나, 3D 가로 스크롤 액션이었기에 차세대기 다운분위기는 부족했다. 그래도 세가는 실기로 전시한 것에 의미가 있다고 생각하고 있었다.

▲ 『버추어 파이터』 전시 모습

　참여 제작사도 다수 발표되었으나 플레이스테이션보다는 적었고 타이틀도 정해지지 않은 제작사가 많았다.

　장난감 쇼에서 2개월 후, 미국에서 드디어 닌텐도가 차세대기 '프로젝트 리얼리티'(후의 「닌텐도64」)를 발표했다. 단, 발매는 다음 해라고 했기에 세간의 평판은 플레이스테이션과 세가 새턴으로 양분되었다.

　세가 새턴의 두 번째 공개는 그 3개월 뒤, 9월의 어뮤즈먼트 머신 쇼에서 이뤄졌다. 본래 아케이드용 전시 이벤트이나 당시는 가정용 게임도 부스 일부를 사용해서 소개되고 있었다. 이때에는 드디어 『버추어 파이터』가 거의 완성 상태였기에 대전도 가능했고, 발매를 기다리면 되는 상태였다. 게다가 신작으로 『팬저 드라군』도 플레이어 가능한 상태로 출전되어 막 완성된 2스테이지와 5스테이지를 플레이할 수 있었다.

▲ 어뮤즈먼트 머신 쇼(1994년 9월)

하지만, 이 쇼의 중심은 아케이드 최신작 『버추어 파이터2』였다. 크게 진화한 『버파2』의 존재는 라이벌은 물론이고 세가 새턴조차 날려버릴 정도의 임팩트와 기세를 가지고 있었다. 세가는 같은 날, 세가 새턴으로도 『버추어 파이터2』를 이식한다고 발표한다.

▲『클락워크 나이트』

발매일이 다가옴에 따라 세가 새턴 소프트 개발 지연은 조금씩 현실적인 문제가 되었다. 『팬저 드라군』은 일찌감치 봄으로 연기했지만 본체와 동시 예정이었던 『클락워크 나이트』는 완성도가 오르지 못했다. 결국 과장(『더 슈퍼 시노비』 등을 개발한 오바 노리요시)이 직접 나서서 모든 스테이지 디자인을 거의 처음부터 다시 만들고 스테이지 수는 반으로 줄여 상하권 2부 구성으로 고친 후에 상권으로 완성하는 결단을 내린다.

결국 발매일에 맞춘 사내 개발 게임은 AM2연이 직접 이식한 『버

추어 파이터』, CS는 외주인 마이크로넷^{※7}이 개발한 어드벤처 게임
『완차이 커넥션』뿐. 그 외 서드 파티도 포함해 1994년 내에는 8 타
이틀을 출시했다.

한 편 10일 후에 발매된 플레이스테이션은 발매일에만 8 타이틀,
연내에 합계 17 타이틀로, 숫자만으론 세가 새턴의 2배의 소프트가
발매되었다.

1994년의 연말 시즌,
'차세대 게임기 전쟁' 제1라운드

1994년 일본의 연말 시즌은 어떤 결과가 되었을까? 사실, 숫자만
말하자면 왕자 「슈퍼 패미컴」의 승리다. 「메가 드라이브」 부분에서
다룬 대로 닌텐도의 신작 『슈퍼 동키콩』은 전 세계에서 744만 장을
판매, 하드도 더욱 많이 팔렸다.

하지만 분위기라는 의미에서 차세대기는 다르게 봐야 했다. 닌텐
도에 대한 도전권을 얻기 위한 대결이, 어느새 '차세대기 No. 1 경쟁'
이 되었고, 세가 대 소니의 대결 느낌이 강해진다.

그리고 이 '차세대 게임기 전쟁' 제1라운드는 「세가 새턴」과 「플레
이스테이션」이 다른 것을 압도했다. 플레이스테이션은 30만 대, 세
가 새턴은 빅터 제의 호환기 「V새턴」과 2종류를 합하여 50만 대를
팔아치웠다. 1994년 말에는 아직 출하된 하드의 수가 적었기에 '있

※7. 메가 드라이브 초기부터 서드 파티로 활약하던 마이크로넷은 세가 새턴에서는 세가의 초기 발매 타
이틀을 다수 담당. 『완차이 커넥션』 외에 1월 발매의 『GOTHA~이스마이리아 전역~』, 3월 발매의 『다
이달로스』 등을 개발했다.

▲『버추어 파이터』

는 만큼 팔렸다'고 한다.

사내의 소문이지만, 이 해의『버추어 파이터』소프트의 판매 수는 세가 새턴 본체 수를 넘었던 것 같다. 본체를 살 수 없었던 팬들이 일단 소프트만이라도 가지고 있고 싶어서 참지 못하고 사버렸던 것이다. 이 에피소드 하나하나만 봐도 당시 차세대 게임기 전쟁의 뜨거움을 엿볼 수 있다.

그건 그렇고, 나는 급료를 모아 만든 군자금으로 V새턴과「슈퍼 32X」를 구입했다. 메가 드라이브의 파워 업 유닛인「슈퍼 32X」는 일본에서는 플레이스테이션과 같은 날 발매되어 연내에『버추어 레이싱 DX』외 4 종의 게임이 발매되었다.

32X와 동시 발매된『스페이스 해리어』도『스타워즈 아케이드』도 멋진 아케이드 이식 타이틀이었다. 나에게는 어떤 게임기냐 보다 인기 아케이드 게임을 즐길 수 있다는 것이 무엇보다 기뻤기에, 신구 인기 타이틀의 이식판을 즐길 수 있는 32X는 최적인 하드였다. 그 때

▲『버추어 레이싱 DX』

문에 새턴 소프트로 산 것은『버추어 파이터』뿐이었다.

고향의 친한 친구는 플레이스테이션을 사서『릿지 레이서』를 줄곧 즐기고 있었다.

최신 기술의 아케이드 게임 이식

타이틀이 세가 새턴과 플레이스테이션이라는 두 개의 하드를 이끌고 있었다. 그 친구는 그 외에도 『A.Ⅳ. EVOLUTION』(아트딩크)이나 『마작 스테이션 MAZIN』(선소프트)을 구입하여 이전 게임에서는 본 적이 없는 3D 연출을 즐기고 있었다. 최신 아케이드 게임에서도 맛볼 수 없는 3D 비주얼을 플레이스테이션이라면 체험할 수 있었던 것이다.

게임의 시대 흐름이 바뀌려 하고 있었다.

소니와 세가, 각자가 업계에 일으킨 변혁

플레이스테이션의 등장으로 소니는 게임 업계에 몇 가지 변혁을 일으켰다고 할 수 있다. 우선은 게임의 주류를 2D에서 3D로 만든 것. 다음으로 유통 개혁을 통한 리피트(재판, 증산)의 빨라짐. 그리고, 오르고 있던 소프트의 가격대를 반 가까이 낮춘 것[8]과 정가 판매의 의무화(후에 폐지). 가장 핵심은 무엇보다도 광고, 선전 규모의 확대다.

TV 게임의 광고는 기존에도 골든 타임이나 아이들용 방송에서 볼 수 있었으나, 플레이스테이션의 광고는 그 정도가 아니었다. TV를 켜면 끊임없이 보일 정도의 투하량이었다. 나아가 시부야나 신주쿠 거리나 주요 역 구내 등의 간판 광고를 대량으로 확보, TV도 거리도 플레이스테이션으로 물들였다.

....

※8. 1994년 시점에 슈퍼 패미컴 소프트의 정가는 닌텐도의 경우 9,800엔, 그 외 제작사라면 1만 1,400엔 정도. 이에 비해 플레이스테이션의 소프트는 5,800엔이었다.

또한 광고의 내용도 상품의 매력을 직접적으로 전하는 것이 아니라 어디까지나 이미지 전략의 일환으로, 정작 게임 화면은 마지막에 잠깐뿐, 이라는 형태의 선전도 이때 시작됐다. 해외는 그렇다 쳐도 일본에서 이 정도의 선전량은 전례가 없어, 거의 융단폭격이라고 할 정도의 물량이었다. 게다가 이 광고 공세는 다음 해인 1995년 이후에도 계속 이어졌다.

이런 변혁들은 플레이스테이션을 발매하는 소니 컴퓨터 엔터테인먼트가 원래 소니 뮤직 엔터테인먼트에서 태어난 회사라 음악 업계의 방법론으로 홍보했기 때문으로 알려져 있다. 거기에 더해서 자릿수가 다른 수준의 인원과 예산으로 전개하는 것도 닌텐도나 세가와는 전혀 달랐다. 이를 통해 신참 하드였던 플레이스테이션은 압도적인 지명도를 얻었다. 마케팅의 승리였다.

이런 발매 초기 플레이스테이션의 히트작은 『릿지 레이서』가 필두였으나, 1995년 새해 첫날에 발매한(실제로는 연말부터 살 수 있었지만) 타카라의 『투신전』도 초대형 히트를 한다.

『버추어 파이터』 이후, 세가 이외의 회사에서 처음으로 등장한 3D 대전 격투가 남코의 『철권』과 이 『투신전』이다. 『철권』은 아케이드 게임으로 1994년 말에 먼저 등장했으나, 이것도 플레이스테이션의 기술로 만들어진 업무용 보드를 사용했기에 '플레이스테이션이 있다면 어떤 3D 게임도 만들 수 있다'라는 참여 제작사의 기대는 현실로 이루어졌다.

그리고 플레이스테이션을 선택한 유저는 기다렸다는 듯이 『투신전』을 즐겼다. 격투 게임으로의 깊이는 심플한 것이었지만, 필살기나 무기 공격 등 『버추어 파이터』가 일부러 피한 2D 격투 게임에서 친숙한 만화적인 연출을 3D로 그린 것이 오히려 신선하게 보인다. 이 게임과 동시에 각 출판사에서 일제히 발매된 플레이스테이션 전문 잡지는 하나같이 『투신전』을 매우 칭찬했다. 그리고 이 『투신전』의 성공은 플레이스테이션이라면 무명 타이틀이라도 히트작이 될 수 있다는 이미지를 만드는 데 공헌하여 플레이스테이션은 점점 '승리가 보이는 하드'가 되어갔다.

한편으로 세가는 소니의 몇 분의 1쯤의 인원과 예산이긴 했지만, 메가 드라이브를 훨씬 뛰어넘는 규모로 착실히 세가 새턴을 전진시켰다. 이때 세가가 한 개혁은 그다지 이야기되는 경우가 없으므로 여기서 다루고자 한다.

우선 첫째는 '사내 크리에이터의 실명 노출'이다. 이전까지 TV 게임 업계에서는 소프트 개발자인 사원의 실명을 게재하는 경우가 드물었다. 엔딩에 영화 같은 스태프 롤이 있었어도 거기에는 핸들 네임 같은 가명이 표시되고 있었다.

지금은 누구나 아는 나카 유지나 오시마 나오토의 이름은 당시 스태프 롤에서는 볼 수가 없었고, 'YU2' 'BIGISLAND' 등으로 표시되어 있었다.[9] 본명을 밝히지 않는 이유는 단지 다른 회사가 빼가는 것을 막기 위해서였다고 한다. 그 뒤 『소닉』의 히트와 맞춰서 속편에서는 일부 스태프에 대해서만 미디어에 얼굴을 드러내게 되었으나,

----

※9. 예외적으로 [소닉]에 대해서는 미국에서 개발한 제2편 이후 본명을 표시할 수 있었다.

이는 어디까지나 회사의 대표작에 한정된 일이었다.

그러던 중 90년대가 되면서는 게임 크리에이터의 브랜드화도 진행되었다. 세가 자신도 클라이맥스나 트레져 등 대형 제작사에서 독립한 스태프가 세운 개발 회사와 제휴했는데, 이럴 경우에는 그들의 이름을 실명으로 게재하여 프로모션에 이용하는 모순도 있었다.

차세대기 세가 새턴의 표현력은 거의 영화에 버금가는 상황에서 세가는 이 방침을 전환하여 게임도 '작품'이라고 하며 만드는 사람의 존재를 확실히 드러내기로 한다. 1994년 연말 이후, 게임의 스태프 크레딧에는 아무리 작은 타이틀이라도 모든 사원이 실명으로 표기되게 된다.

이에 맞춰 홍보 방법도 변화한다. 1995년 3월에 발매된 『팬저 드라군』은 오리지널 타이틀로는 세가 새턴의 첫 히트작이 되었다. 독특한 이세계의 매력과 이를 표현한 리얼 타임 3D 영상이 좋은 평가를 받았는데, 개발 스태프는 발매 전부터 잡지에 등장했다.[10]

관리직이나 홍보 담당이 대신 답변하는 기존의 인터뷰 기사는 이후 줄어들고 프로듀서, 나아가 플래너, 디자이너, 프로그래머 등 현장의 각 리더가 매호 지면에서 생생한 목소리를 들려줬다. 물론 이것은 사원의 사기 고양에도 공헌했음에 틀림없다.

세가의 또 다른 변혁은 소프트에 추천 연령을 표시하는 등급 마크를 붙인 일이다. 일본에서 본격적으로 도입한 것은 세가가 처음이었

※10. 또한 『팬저 드라군』은 완성 후 곧바로 속편 개발이 결정. '안드로메다'라는 팀명에 맞춰, 정통 속편이 되는 '페르세우스' 코드 네임의 팀과 이 세계관을 살린 RPG쪽의 '리바이어던'이라는 코드 네임을 가진 2개의 팀으로 나뉘어 3부작으로 진행된다.

다.

실은 미국에서는 한발 앞서 1994년 가을에 게임 등급을 정하는 업계 단체 'ESRB'가 발족했다.[11] 여기서 중심이 되어 움직였던 세가가 일본에서도 기준을 만들게 된 것이다. 세가 새턴 발매와 동시에 세가 하드 용의 모든 소프트는 등급 심사가 의무화되었다.

등급 제도가 시작되고 반년 후, 사내에서 작은 소동이 있었다. 6~7월에 발매 예정이었던 세가 타이틀 『신 시노비전』과 『블루 시드 쿠시나다 비록전』 두 게임이 모두 '18세 이상 추천'으로 현재 CERO 레이팅 기준 'Z' 구분인, 매우 높은 심사 결과가 난 것이다.[12]

『신 시노비전』은 인기 닌자 액션 게임의 신작으로 프로 연기자의 실사를 딴 리얼한 영상의 게임을 목표로 했으나, 적 닌자를 물리치면 사선베기로 절단되는 연출이 잔혹하다는 지적을 받았다.

한편 『블루 시드』는 저녁 6시에 방송되고 있던 TV 애니메이션을 소재로 한 카드 배틀 어드벤처. 문제가 된 것은 전투 애니메이션 중에 히로인의 판치라(역주 : 팬티가 보이는 장면)가 때때로 등장하는 부분. 또한 어드벤처 이동 시의 보너스로 '여러 가지 프린트의 팬티를 모은다'는 컬렉션 요소가 있다

▲ 『신 시노비전』

※11. ESRB 탄생의 직접적인 원인이 된 것은, 제네시스(GENESIS)의 'SEGA CD'로 발매된 『나이트 트랩』과 대전 격투 게임의 이식 『모탈 컴뱃』의 잔혹 표현이 사회 문제가 된 것이 계기였다.

※12. 현재 CERO 등급 마크(연령 구분 마크)는 다음 5종류이다. A=전연령 대상, B=12세 이상, C=15세 이상, D=17세 이상, Z=18세 이상.

는 부분이었다. ‘판치라’는 애니메이션 작품에서는 친숙한, 소위 ‘서비스 신’이었으나 당시 TV 애니메이션에서도 조금씩 이를 문제 삼는 풍조가 생기고 있었다.

대상 연령이 올라가면 아이들이 사기 어려워지고, 소프트 매상에도 영향을 준다. 특히 『블루 시드』는 메인 타깃이 중고생이었기 때문에 디렉터는 골머리를 앓게 된다.

이 등급 심사를 하는 부서는 같은 세가 사내에 있긴 했지만, 조직상 독립되어 있어, 사내의 어떤 압력에도 굴하지 않는 강한 권한이 부여되어 있었다. 디렉터는 이의를 제기했으나 최초의 판정이 뒤집어지지 않았고, 소프트도 완성 직전이며 수정이 어려운 내용이기도 했기에 두 게임은 심사 결과대로 발매되었다. 게임의 표현력 향상과 함께, 그 영향을 의식한 개발이 요구되는 시대가 된 것이었다.

이 활동은 8년 후, ‘컴퓨터 엔터테인먼트 레이팅 기구(CERO)’가 되어 업계 전체에 확대되고 TV 게임의 발전에 기여했다. 세가 새턴과 플레이스테이션의 탄생과 함께 태어난 다양한 시도들은 현대에도 이어지고 있다.

1995년 제2 라운드는 세가 새턴이 승리

원래 이야기로 돌아가자. 1995년은 봄의 세가 새턴 판 『데이토나 USA』 vs 플레이스테이션 판 『철권』의 2라운드부터 시작된다. 둘 다 아케이드의 인기 타이틀의 이식이다. 제1 라운드의 『버추어 파이터』 vs 『릿지 레이서』 때와 같이 대전 격투 게임과 레이스 게임의 대결이었으나, 이번에는 세가 새턴이 레이스 게임, 플레이스테이션이 대전 격투인 대결이었다.

홍보도 더욱 뜨거워진다. 선수를 친 것은 플레이스테이션이었다. "가

▲『데이토나 USA』

자! 100만 대"라는 기세 좋은 홍보 문구의 광고와 함께 매장에는 소니의(당시는 아직 흔치 않았던) 16:9 와이드 TV 세트가 일제히 설치되어 『철권』과 『릿지 레이서』의 화면이 거리에 늘어섰다.

실은 이 시점의 실 판매 대수는 세가 새턴이 플레이스테이션을 약간 앞서고 있었지만 소니는 먼저 '100만 대'라는 구체적인 숫자를 사용해 선전하여, 마치 앞서고 있는 것 같은 이미지를 세간에 주는 데 성공했다.

이어지는 5월, 미국의 게임 쇼 'E3'에서 소니는 플레이스테이션을 9월에 '299달러'로 발매한다고 발표한다. 이는 직전에 발표된 미국 세가 새턴의 가격 '399달러'에 대항하기 위한 가격이었다.

유럽/미국 시장에서는 세가와 닌텐도에 의한 16비트 시장 경쟁이 계속되고 있었으나, 일본에서 시작한 차세대기 경쟁의 화제는 해외에도 전해져 이미 기존 정보로 분위기가 뜨거워지고 있었다. 그 영향인지 「제네시스」 시장을 이어가려던 32X는 팔리지 않아 실패.

오히려 새로운 하드를 시작한 세가에 혼란을 느낀 고객들은 닌텐도를 고르게 되어, 닌텐도는 1994년 연말 시장에서 승리. 32X는 오히려 제네시스의 수명을 줄이는 결과를 낳았다. 북미의 세가(SOA)는 당황하여 세가 새턴의 투입을 앞당기려 했으나, 그 상황에 299달러

라는 발표가 나며 차세대기에서 소니에게 선수를 빼앗기는 상황이
되었다.

또한 미국의 영향으로 일본에서도 7월부터 본체 가격을 1만 엔 낮
춘 2만 9,800엔으로 한다고 발표한다. 발매에서 불과 반년 만에 큰
가격 인하는 지금까지의 상식으로는 생각할 수 없는 것이었다.

하지만 이때 세가의 움직임은 빨랐다. 바로 다음 달 6월에 '감사합
니다, 100만 대'로 먼저 100만 대에 도달한 것을 어필한 캠페인을 전
개. 동시에 소니보다도 한 달 먼저 본체 가격을 1만 엔 낮췄다.

더해서 본체 장착률 100% 이상이라던 『버추어 파이터』에 철권처
럼 텍스처 매핑을 추가 처리한 어레인지 판 『버추어 파이터 리믹스
』를 동봉하는 대형 이벤트로 응전했다. 이어서 여름에는 '세가루와
안소니'라는 침팬지를 사용한 비교 광고풍 CM을 공개. 소니에 대한
대결 자세를 분명히 했다. 물론 이것은 1991년에 북미에서 제네시
스가 SNES의 콧대를 꺾을 당시의 프로모션에서 배운 것이었다.

▲ 100만 대를 기념하여 '버추어 파이터 리믹스'를 동봉

한편, 차세대기에 대해 침묵을 계속하던 닌텐도는 발매를 1996년 봄으로 연기한다고 발표. 1995년 말에도 세가 새턴과 플레이스테이션의 1대1 대결이 될 것이 확실해졌다.

여름에는 양측 모두 쉴 틈 없이 타이틀을 투입했고, 플레이스테이션의 『아크 더 래드』(SCE) vs 세가 새턴의 『리그로드 사가』에 의한 오리지널 시뮬레이션 RPG 대결이 중심이 되었다. 플레이스테이션에서는 그 외에도 『아쿠아노트의 휴일』(아트딩크), 『기동전사 건담』(반다이), 『에이스 컴뱃』(남코) 등 3D를 살린 화제작이 등장.

이에 대해 세가 새턴은 『샤이닝 위즈덤』, 『마법기사 레이어스』 등 기존에 세가의 약점이었던 RPG로 대결하는 프로모션을 전개했으나 소프트는 모두 세가 발매며 액션 요소가 메인인 내용이었다. 그리고, 이 여름에도 서드 파티의 유력 타이틀은 나타나지 않고 있었다.

이어지는 가을에는 세가 새턴의 『심시티 2000』과 『월드 어드밴스드 대전략』(라이선스 타이틀이나, 둘 다 세가 개발)에 대해 플레이스테이션은 『복서즈 로드』(뉴), 『두근두근 메모리얼』(코나미)로 SLG 대결. 두 기종 모두 착실하게 하드를 보급했다.

그리고 발매로부터 1년, 연말 시즌이 다시 찾아왔다. 플레이스테이션은 1년 전에 낸 히트작의 제2편 『릿지 레이서 레볼루션』(남코)와 『투신전2』(타카라), 아케이드 히트작의 이식 『스트리트 파이터 ZERO』(캡콤) 등이 라인업. 그중에도 세가 개발 자회사인 주식회사 소닉의 스태프가 "분가"하여 만든 RPG 『비욘드 더 비욘드』(SCE)는 세가에 충

▲『버추어 캅』

▲『버추어 파이터2』

격을 주었다.[13]

하지만 세가 새턴의 연말 시즌은 튼튼했다. 우선 1년간 나왔던 아케이드 히트작을 전부 연이어 출시하는 라인업.

광선총 '버추어 건'을 동봉한 『버추어 캅』, 레이스 게임 『세가 랠리 챔피언십』, 그리고 릴리즈에서 1년이 지나서도 인기가 전혀 식지 않은 괴물적 인기작 『버추어 파이터2』이다.

그리고 드디어 세가 새턴에도 서드 파티의 인기 타이틀이 등장. 아틀러스의 RPG 『진 여신전생 데빌 서머너』, 캡콤의 『X-MEN』, 타이토의 『다라이어스 외전』에 반다이의 『기동전사 건담』(여름에 나온 PS 판과는 다른 작품). 그리고 1년 전 플레이스테이션의 히트작 『투신전』까지 세가가 직접 이식. 강력한 타이틀이 갖춰졌다.

거기에 추가로 본체 5,000엔 캐시백 캠페인까지 개시. 세가로서는 1995년 연말 시즌이 플레이스테이션과의 승부처였다. 이 싸움에서 승리하고, 이듬해 닌텐도의 차세대기와의 싸움에 임할 터였다.

그리고, 그 결과는……세가 새턴의 대승리로 끝났다. 너무 많이 팔

※13. 소니는 이 타이틀의 광고를 공교롭게 케이큐 카마타역의 플랫폼에 걸었다. 당시, 공항선 오토리이역에 있던 세가 본사에 갈 때, 반드시 갈아타야 할 필요가 있던 플랫폼의 가장 눈에 잘 띄는 간판에 일부러 한 것이다. 지금도 잊을 수 없는 기억이다.

려서 대량으로 준비했던 본체 재고가 다 떨어질 정도였다. 본체의 판매 대수는 200만 대를 넘었고 『버추어 파이터2』는 차세대기 소프트로는 최초로 100만 장 판매의 大히트를 한다. 완전 승리였다.

사원 전원이 기쁨에 벅차올랐다. 일본에서 처음으로 세가가 승리한 연말 시즌이었다. 모두 웃는 얼굴로 1996년 새해 첫날을 맞이했고 마음 따뜻한 신년을 보냈다.

그랬었다. '그 TV CM'을 보기 전까지는.

"파이널 판타지Ⅶ, 시동"

1995년 연말 시즌에는 발매에서 1년 지난 차세대 게임기가 크게 시장을 확대했다. 앞 세대기인 슈퍼 패미컴이 『슈퍼 동키콩2』(닌텐도), 『드래곤 퀘스트Ⅵ』(에닉스) 등을 발매하여 전년도에 이어 호조인 한편, 특히 세가 새턴은 크게 관심을 모았다. 연말을 기다리지 못하고 본체는 매진, 플레이스테이션보다 먼저 국내 판매 200만 대를 달성. 이대로 1996년에도 세가 새턴의 쾌속 진격이 이어질 것만 같던 95년 연말이었다가, 96년 연초에 TV에서 60초의 장편 CM이 공개된다.

'파이널 판타지Ⅶ, 시동'
'1996년 12월 발매 예정'
'플레이스테이션'

게임 업계는 술렁였다. 『파이널 판타지』는 그동안 줄곧 닌텐도 하드로 발매된 인기 게임으로 『드래곤 퀘스트』와 쌍벽을 이루는 RPG 인기 시리즈다. 게다가 발매원인 스퀘어는 특히 닌텐도와 관계가 깊다고 알려진 제작사로, 이번 3월에는 닌텐도와 2년 동안 공동 개발한 슈퍼 패미컴 용 『슈퍼 마리오RPG』가 발매되는 타이밍이기도 했다.

그런 상황에서의 돌연 빅 타이틀 이적 & 스퀘어의 플레이스테이션 참가 발표이다. 발매는 12월. 앞으로 1년도 채 안 되어 'FF' 최신작을 플레이할 수 있는 것이다. 사람들은 이제 '차세대기'가 아닌 『파이널 판타지』 신작을 즐기기 위해 게임기를 샀다.

이 발표를 시작으로 플레이스테이션은 공세로 반전, "슈퍼 패미컴의 다음은 플레이스테이션"이라는 이미지를 정착시키기 위해 『파이널 판타지Ⅶ』을 주축으로 하여 1년에 걸친 프로모션을 전개한다. 이는 봄에 발매하는 「닌텐도64」에 대한 견제이기도 했다.

슈퍼 패미컴과 같은 2만 5,000엔이라는 저 가격으로 만전을 기해 4월에 발매(후에 6월로 연기)되는 닌텐도의 신형 하드에 대항하기 위해 세가 새턴, 플레이스테이션은 둘 다 가격을 더욱 내린다.

우선 세가는 흰색 본체 컬러의 신형 세가 새턴을 3월에 2만 엔이라는 저 가격으로 발매. 플레이스테이션은 봄에 2만 4,800엔, 5월에 1만 9,800엔으로, 단계적으로 가격을 낮췄다. 둘 다 발매에서 1년 반만에 반값 이하의 가격이다. E3에 맞춰 미국에서도 199달러로 낮춘 두 하드는 드디어 본격적으로 전 세계적인 시장 확대를 목표로 했다.

충실한 1996년의 세가 새턴 라인업

그럼, 이야기를 연초로 되돌려보자. 새해부터 바로 '『파이널 판타지Ⅶ』 쇼크'가 있었지만, 세가 사내의 사기는 매우 높았다. 'FF'의 발매는 아직 1년 뒤이고 보급 대수도 세가 새턴이 리드하고 있었다.

전 세대기인 메가 드라이브나 게임 기어의 개발도 축소되고, 아케이드 개발 부문도 호환 시스템 기판 「ST-V」용 타이틀을 개발하며, 일부 라인에서는 세가 새턴 소프트 개발에 임하게 되었다. 개발 환경에도 익숙해져 하드 스펙을 살린 타이틀이 속속 발매하게 된 1996년의 세가 새턴의 추억 이야기를 모아보도록 하겠다.

▲ AOU 쇼의 ST-V 전시의 모습(1995년 2월)

우선 스포츠 타이틀. 이전 해에 세가는 2개의 야구 게임을 발매했

▲『완전중계 프로야구 그레이티스트 나인』

▲『J리그 프로 사커 클럽을 만들자!』

다. 하나는 아름다운 그래픽에 친숙한 조작으로 즐길 수 있는 세가 새턴용『완전 중계 프로야구 그레이티스트 나인』. 또 하나는 독자적인 투타 시스템을 채용한 메가 드라이브용『초구계 미라클 나인』.

이 두 개의 게임을 본 당시의 나카야마 사장이 말했다. '이것은 거꾸로가 아닌가? 참신한 시스템은 새로운 하드로 내야 하지 않나?'라고. 그 의문에 대한 대답이 신 시스템과 완전 3D화 양쪽을 해낸, 봄 발매의『빅토리 골'96』이다. 다음 해 발매인『그레이티스트 나인'97』과 합쳐, 차세대 스포츠 게임 시장을 한 발 리드한 자신작이 태어났다.

그리고, 세계에서도 사례가 없던 축구 시뮬레이션이 2월에 처음으로 등장했다. 그것이『J리그 프로 사커 클럽을 만들자!』이다. "『더비 스탈리온』은 최고의 게임이니 그것을 먼저 발매한 차세대기가 이긴다!"고 항상 말하던『더비 스탈리온』팬인 프로듀서 타츠노 히데시辰野英志가『더비 스탈리온』을 기초로 직접 만들어낸 게임이다.

완성한 유일무이의 게임은 대히트까지는 아니었지만, 플레이해 본 유저들의 강한 지지를 받아 성장 가능성이 큰 타이틀이 되었다. 하지만 시행착오를 거듭한 개발의 영향 때문인지 버그 해결은 마지막의 마지막까지 난항으로 회사를 곤란하게 만들었기에, 스태프가 원했던 속편 개발은 보류되었다.

▲ 가을의 완구 견본 시장(1996년 8월)

3월에는 당시 방영 중이었던 TV 애니메이션을 게임화한 〈신세기 에반게리온〉도 발매되었다. 당시 세가는 장난감을 다루는 토이 사업부의 확대를 목표로 TV 애니메이션의 스폰서를 적극적으로 했고, 이전 해 가을부터 시작한 〈신세기 에반게리온〉에는 특히 힘을 쏟고 있었다.[14]

하지만 연말 시즌에 세가가 발매한 '에반게리온 초호기' 등의 액션 피규어는 팔리지 않았고 가게에 산처럼 쌓였다. 도매점에 실패작으로 낙인찍힌 〈에바〉는 같은 달 발매인 『팬저 드라군 쯔바이』나 『드래곤 포스』, 『빅토리 골'96』 등이 20만, 30만이나 되는 주문을 받는 동안, 단지 2만 장 밖에 주문을 받지 못했다.

물론 당시 팬이라면 아시는 대로, 〈에바〉의 인기는 새해 초부터 갑

※14. 메가CD 게임 『3x3 EYES』 이후, 세가는 킹레코드 관련 애니메이션을 적극적으로 후원하여, TV 애니메이션 〈기동전함 나데시코〉, 〈소녀혁명 우테나〉 등은 게임, 토이 둘 다 적극적으로 전개하였다.

자기 엄청난 기세로 올라갔지만 도매점 중에 이를 눈치챈 곳은 없었다. 당시 개발 리더는 "분명히 부족하게 됩니다. 제가 비용을 부담하더라도 10만 장을 제조해 주지 않겠습니까"하고 회사에 애원했으나, 일개 사원이 그런 책임을 질 수 있을 리도 없기에 소프트는 그대로 발매되고 예상대로 매진되었다.

당시 세가는 소니와 비교하면 리피트(재판, 증산) 제조 속도가 빠르지 않았기 때문에 다음 출하는 방송 종료 후. 개발팀 일동은 기회를 놓친 것에 낙담하지만, 〈에바〉는 지금까지의 작품과는 달랐다. 월말에 방송된 최종화 후에 인기가 더욱 대폭발. 그 다음 달에는 영화화가 발표되고 게임 소프트는 추가 생산 판매를 순조롭게 거듭하여 수십만 장의 히트가 된다. 개발팀에게는 속편 개발의 지시가 내려졌다.

세가 새턴의 추억으로, 아직도 자주 입에 오르내리는 시뮬레이션 RPG인 『드래곤 포스』도 매우 어렵게 탄생했다. 스타트한 지 얼마 되지 않아 개발을 의뢰한 외주 회사의 경영이 기울어지고 만 것이다.

개발을 지속시키기 위해 세가는 외주 회사 스태프 모두를 사내로 흡수하고, 추가 지원을 위해 내부 스태프를 대량으로 투입. 조잡한

▲ 『드래곤 포스』

수준의 사양(개발 설계도)을 재검토하며 개발, 맹렬한 스피드로 완성했다. 세일즈 포인트였던 100 대 100의 전투 후에 '1대 1 대결'도 처음 기획에는 존재하지 않았고 개발 막바지에 황급히 추가하는 등 용케 완성했다며 놀랄 만한 일화가 많다.

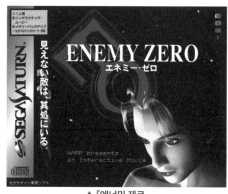

▲『에너미 제로』

유명한 그 사건도 이해 봄에 일어났다. 3DO 발매 후, 플레이스테이션과 세가 새턴에 이식되어 큰 화제를 불러일으킨 호러 어드벤처『D의 식탁』. 그 개발 회사 WARP(워프)가 만드는 오리지널 신작『에너미 제로』는 당초 플레이스테이션 독점 타이틀로 발표되어 주목을 받고 있었다. 하지만 어느 날, 어떤 조짐도 없이 플레이스테이션에서 세가 새턴으로 플랫폼을 변경한다는 발표가 난 것이다.

심지어 그 발표회장은 무려 소니 주최의 '플레이스테이션 엑스포'의 이벤트 부스 내. 게임의 내용 이상으로 상식을 깬 퍼포먼스가 눈길을 끌어, 이 WARP라는 야심 찬 개발사와 그 사장인 이이노 겐지飯野賢治는 연말『에너미 제로』발매 후에도 세가 하드를 중심으로 업계에 화제를 몰고 다닌다.

'X지정' 타이틀이 꽃 핀 것도 1996년 봄이었다. 'X지정'이란 세가 독자의 심의 등급에서 가장 연령이 높은 '18세 이상'용을 가리킨다. 앞서 소개한『블루 시드』보다 더욱 높은 등급이다. 이것은 완전히 성인을 위한 소프트의 등급이었다.

세가 새턴 이전에도 PC엔진 에서는 아케이드 탈의 마작 게임이나 PC용 성인 게임『동급생』등 성인용 게임이 이식, 발매되고 있었으나, 이들 모두 선정적 요소를 크게 삭제한 어레인지가 이뤄지고 있었다.

세가 새턴은 거기서 한발 더 나아가 그때까지 가정용 게임 소프트에서는 그대로의 내용으로는 불가능하다고 여겨졌던 어른을 위한, 소위 성인용 게임에 문호를 열고 나체나 성적 묘사를 그대로 이식이 가능하게 했다.

이를 받아들여서 참가한 것이 당시 PC 성인 게임에서 가장 인기가 있는 제작사였던 엘프다. 엘프는 제1탄으로 『노노무라 병원의 사람들』을 출시했다. 2년 전에 PC용으로 발매된 어드벤처 게임의 이식이지만 세가 새턴에서는 최저한의 수정으로 거의 오리지널 그대로의 시나리오, 그래픽이 재현되고 일류 성우의 음성까지 추가되었다. 이 게임은 그 화제성과 시나리오 자체의 재미로 좋은 평가를 받아, 세가 새턴만으로 40만 장이 넘는 히트를 기록했다.

그 후에도 엘프를 뒤따르듯이 『캔캔 바니 풀미엘』(KID)이나 『미소녀작사 스치파이Ⅱ』(쟈레코) 등 성인용 게임이 속속 세가 새턴으로 이식되고, 모두 히트한다.

단, 이것은 세가 새턴에 있어서 예상을 뛰어넘은 반향이었고 예상 못 한 문제를 일으켰다. 우선 업계 전체에서 등급 제도가 도입되지 않았기에 등급별로 판매 통제가 불충분하여 성인 게임을 아이라도 살 수 있는 상황이 발생했다. 공교롭게 이 시기는 하드 가격이 내려가 유저가 늘어나던 시기였기에, TV 게임 팬의 주축이 되는 라이트 층이나 저연령층이 구입을 검토하는 데 있어서 성인 게임은 차라리 없는 편이 사주는 부모에게는 안심이었다.

결과적으로 이 시책은 되려 세가 새턴의 인식을 나쁘게 만들었다. 결국, 이해 가을에 세가는 'X지정'을 폐지하는 괴로운 결단을 내리고 성인용 장르를 제한하기로 한다.

1996년 여름에는 닌텐도64와 동시 발매인 『슈퍼 마리오64』에 대항하여 소닉 팀의 2년 만의 신작 『NiGHTS into dreams...』를 발매했다. 소닉과 마찬가지로 시원하고 스피드감이 있는 게임 내용은 물론, 닌텐도64의 특징이 된 아날로그 입력 디바이스 '3D스틱'에 맞

▲ [NiGHTS into dreams...]의 벌룬
(도쿄 장난감 쇼/1996년 6월)

서, '세가 멀티 컨트롤러', 통칭 '마루콘'이라는 아날로그 컨트롤러를 새롭게 개발하여 소프트에 동봉. 부드러운 움직임을 가능하게 한 아날로그 조작은 『NiGHTS』의 하늘을 나는 움직임에도 딱 맞아서 그 뒤에도 마루콘은 레이스 게임 등에서 진가를 발휘했다.

그리고 같은 타이밍에 허드슨에서 세가 새턴용 타이틀 『새턴 봄버맨』이 발매되었다. 허드슨이라고 하면 「패미컴」, 「PC엔진」을 지지해온 인기 제작사이다. 그때까지 차세대기에서는 「PC-FX」용으로만 소프트를 제공하고 있었다. 북미의 패자 제네시스 용 소프트 발매가 있었다고 해도, 세가에는 오랜 기간 라이벌이었던 제작사이자 세가가 취약했던 저연령 층 팬을 많이 가진 것으로 알려져 있었다.

그 허드슨이 거의 독점적으로 소프트를 발매해 주기로 한 것이다. 첫 참여 타이틀인 『새턴 봄버맨』 발매 시에는 전용 멀티탭 컨트롤러를 허드슨이 직접 동시 발매할 정도로 힘을 주었다.

▲『사쿠라대전』

그리고, 가을에는 드디어 『사쿠라 대전』이 발매되었다. 호화 스태프에 의한 독특한 세계관, 캐릭터, 음악 등을 발표회를 열어서 세상에 알린 것은 발매 1년 전인 1995년 가을이었다. 그러나, 외부 개발로 시작했기에 『드래곤 포스』와 마찬가지로 시작한 지 얼마 되지 않아 좌초된다.

다시 사내 개발로 리스타트, 『블루 시드』 개발 스태프를 중심으로 『드래곤 포스』의 사내 스태프가 합류. 발표회의 내용에서 벗어나지 않는 범위에서 게임 내용, 시스템 등을 처음부터 다시 만들었다. 한때는 프로젝트 중지도 이야기되던 상황에서 기적의 부활을 이룬 본작은 관계자의 예상을 초월한 반응을 보여, 영예로운 제1회 CESA 대상(후의 '일본 게임 대상')을 받았다.

▲『가디언 히어로즈』

▲『파이팅 바이퍼즈』

대작만 있던 것이 아니다. 예로 대전 격투 게임을 열거하자면, 1월에 『스트리트 파이터 ZERO』(캡콤, 9월에 『ZERO 2』도 나옴.)와 『가디언 히어로즈』가. 2월에 『뱀파이어 헌터』(캡콤). 3월은 『더 킹 오브 파이터즈' 95』(SNK, 12월에는 『'96』도 나옴.). 6월에 『아랑전설3』(SNK), 9월에 『리얼 바웃 아랑전설』(SNK), 11월에 『사무라이 스피리츠 잔

쿠로무쌍검』(SNK)까지, 2D 격투 게임의 인기 타이틀이 속속 릴리즈
되었다.

3D 격투도 여름에 『파이팅 바이퍼즈』, 연말에는 『파이터즈 메가
믹스』가 연달아 출시. 같은 연말에는 아케이드에서 대히트 중인 대
전 로봇 슈팅 『전뇌전기 버추어 온』도 훌륭한 재현도로 2인 대전까
지 실현했고, 'X-BAND'라는 전용 회선을 사용한 온라인 대전판까
지 제공되었다.

▲『전뇌전기 버추어 온』(도쿄 게임쇼/1996년 8월)

그 외에 『건 그리폰』(게임 아츠), 『기동전사 건담 외전』(반다이) 같은
오리지널 로봇 FPS 타이틀, 플레이스테이션 판에서 추가 요소를 더
한 『두근두근 메모리얼』(코나미)도 이 해에 발매되었다. 마무리로 연
말에는 선물 전용 소프트 『크리스마스 나이츠 겨울 한정판』을 동봉
한 스페셜 세트 본체를 발매. 큰 화제가 되며 판매 수를 늘렸다.

1996년은 세가 새턴의 라인업에서는 사상 최고의 충실도라고 할

수 있었던 것이기에, 팬에게는 꿈같은 타이틀 러시였음이 틀림없다. 세가 새턴은 이 해만으로도 추가 200만 대를 판매하여 일본 내 합계 400만 대가 된다. 메가 드라이브가 6년 걸린 실적을 단 2년 만에 넘어, 세가의 일본 내 하드 최고 판매 대수를 갱신했다.

일본 내 500만 대를 판매한 플레이스테이션

그렇다고 해도 지금 돌아보면, 1996년은 많은 사람들에게 플레이스테이션이 약진한 해로 기억되고 있을 것이다.

우선 일본 게임 업계 전체에서 96년 봄의 최대 히트작은 캡콤의 무명 신작 『바이오 하자드』였다. 그전에도 『클락 타워』(휴먼)이나 『제절초』(춘 소프트) 등 공포를 다룬 게임은 슈퍼 패미컴 등에서도 있었지만, 『바이오 하자드』는 이들과 차원이 달랐다. PC에서의 히트작 『어둠 속에 나홀로[15]』(인포그램)를 캡콤만의 업계 최고봉급 비주얼과 연출로 새롭게 만들어낸 이 게임은, 영화에서조차 맛본 적이 없는 공포를 느낄 수 있다며 화제가 되어, 세계적으로도 『어둠 속에 나홀로』를 훨씬 뛰어넘는 인기를 얻고 역사에 남는 게임이 되었다.

그리고 여름의 게임 업계를 석권한 것은 반년 이른 『파이널 판타지 Ⅶ』 선풍이었다. 정확히는 스퀘어의 플레이스테이션 참가 제1탄 타이틀 『토발 No. 1』에 동봉된 "체험판" 선풍이다.

『토발 No. 1』은 『버추어 파이터』와 『철권』을 개발한 스태프가 스

※15. 1992년에 DOS/V 퍼스컴 용 등으로 발매되어 주로 해외에서 히트한 어드벤처 게임. 1994년에는 가정용 게임기용으로 3DO 판도 발매되었다.

212

퀘어의 자금을 얻어 독립해 개발, 토리야마 아키라가 디자인한 캐릭터로도 시선을 끈 신작 3D 격투 게임이다. 하지만 그런 화제성이 있는 이 게임의 매력조차 『FFVII 체험판』이라는 부록의 존재에 가려졌다. 초반을 조금밖에 플레이할 수 없었음에도 이것을 즐겼는지 아닌지가 그해 여름, 게임 팬 사이의 인사가 될 정도였다.

　가을에도 『여신이문록 페르소나』(아틀러스) 등 새로운 작품이 화제를 모으며 세 번째 연말 시즌. 대망의 『파이널 판타지VII』은 다음 해로 연기되었지만, 소니가 직접 제공하는 타이틀이 지속적으로 성공을 거두었다.

　음악게임 『파라파 더 래퍼』, RPG 『와일드 암즈』, 그리고 플레이스테이션을 대표하는 액션 게임이 되는 『크래시 밴디쿳』이 그것이다. 연령, 성별과 관계없이 모든 유저에게 어필한 이 3개 작품(여름의 RPG 『포포로크로이스 이야기』까지 합치면 4개 작품)의 히트와 함께 소니는 소프트 제작사로서도 일류로 인정받게 된다.

　플레이스테이션은 연말에 하드가 동날 정도의 기세로 『파이널 판타지VII』의 발매를 기다리지 않고 세가 새턴을 추월하여 500만 대 근처까지 판매 수를 늘렸다.

　이때까지 열성적인 게임 팬들의 지지를 받아온 세가 새턴에게 부족했던 것은 플레이스테이션의 히트작처럼 타깃을 따지지 않는 모든 사람을 위한 게임이나 세가의 약점이었던 RPG 타이틀이었다.

　해외로 시선을 돌려보면, 199달러가 된 플레이스테이션이 일본 이상으로 큰 인기를 끌어 전 세계 합계 1,000만 대를 돌파했다. 즉, 해외에서도 500만 대 정도가 팔린 것이다. 세가 새턴이 북미에서 100만 대를 돌파할 때 플레이스테이션은 2~3배의 실적을 올렸기에, 일본에서는 100만 대 정도의 차이였지만 전 세계적으로는 이 해 연말에 배에 가까운 차이가 생겨났다.

게임기 전체 점유율로 보면, 이때까지는 아직 닌텐도와 제네시스 (GENESIS)를 가진 세가가 높은 점유율을 가지고 있었는데, 이 상황에 소니가 크게 존재감을 나타낸 것이 1996년이었다.

또한 6월에 드디어 발매된 「닌텐도64」는 동시 발매인 『슈퍼 마리오 64』는 물론, 연말에 발매된 『마리오 카트64』도 대히트. 단 반년 만에 100만 대 이상을 팔았으나 연내에 릴리즈된 타이틀은 불과 10종이었다.[16] 이 해 연말에도 닌텐도는 슈퍼 패미컴이 주력이며 『슈퍼 동키 콩3』이나 『드래곤 퀘스트III』(에닉스)가 인기였다.

결국 판매량이 역전되어 플레이스테이션을 따라잡는 입장이 된 세가 새턴은 반전을 꾀하지만 1997년에는 더 큰 파란과 혼란이 기다리고 있었다.

『드래곤 퀘스트VII』과 '세가 반다이'

『파이널 판타지VII』이 마침내 1월 말에 발매되어 플레이스테이션

....

※16. 닌텐도64의 참여 제작사가 적고 라인업이 충실하지 않았던 것은 개발 난이도가 높았던 점, 플레이스테이션이나 세가 새턴과 달리 CD-ROM이 아니라 슈퍼 패미컴과 같은 카트리지 방식 소프트 제공이었기 때문에 제조 위험이 높은 점. 그리고 플레이스테이션이 이미 큰 시장을 확보하고 있어 후발 하드에 참가할 메리트가 낮은 점 등을 생각해 볼 수 있다.

은 과거 최대의 성황을 보이고 있었으나, 그 직전에 더 큰 뉴스가 날 아든다.

최초의 뉴스는 플레이스테이션용 『드래곤 퀘스트Ⅶ』 발매 결정의 발표다. 이 해 최초이자 최대의 사건이기도 했다. 당시 드래곤 퀘스트 의 인기는 파이널 판타지 이상으로, 일본 인기 RPG의 톱 1, 2가 슈 퍼 패미컴에서 플레이스테이션으로 장소를 옮긴 셈이 된다. 『원더 프 로젝트 J2』로 빠르게 「닌텐도64」에 참여하고 있던 에닉스가 드래곤 퀘스트의 공급처를 플레이스테이션으로 한 일에 대해서는 닌텐도 64의 부진으로 어느 정도 예상은 되고 있었지만, 실제 정식 발표가 되자 임팩트가 있었다.

물론 이 뉴스는 세가 새턴에게도 큰 충격을 주었다. 수년 전부터 에 닉스와 교섭을 진행하던 세가는 같은 날, '세가 새턴으로 에닉스 참 가'라는 중요한 발표를 할 수 있었지만, 거기에 드래곤 퀘스트의 이 름은 없었다. 결국 드래곤 퀘스트를 즐길 수 있는 하드는 세가 새턴 이 아니라는 점도 확정된 것이었다.

에닉스는 잡지 인터뷰에서도 반복해서 "드래곤 퀘스트는 가장 기 세가 좋은, 가장 많이 팔리는 하드로"라고 말해왔고, 1996년 판매전 에서 승자가 된 플레이스테이션을 선택한 것이다. "FF가 없어도 만 약 드래곤 퀘스트가 세가 새턴으로 온다면 역전도 가능하다"고 기 대를 하고 있던 세가 진영은 크게 낙담했다.

이 뉴스는 신문에도 크게 보도되어 '차세대 게임기 전쟁의 승패 가 정해졌다'는 식으로 다뤄졌다. 실제 플레이스테이션에서 『드래곤 퀘스트Ⅶ』이 발매된 것은 이 발표에서 3년 반이나 지난 뒤인 2000

년 8월이지만, 『파이널 판타지Ⅶ』 때처럼 어떤 하드를 가지고 있으면 다음 드래곤 퀘스트를 즐길 수 있는지가 중요한 것이었다.

이어서 그다음 주에 또 하나의 빅 뉴스가 찾아온다. 세가와 반다이, 2대 제작사가 합병을 발표한다. 8개월 후인 10월을 목표로 '세가 반다이'라는 하나의 회사가 된다고 한다.

반다이는 전년도에 발매한 디지털 휴대 펫 '다마고치'가 대히트했으나 같은 해에 발매한 멀티미디어 머신 「피핀 앳마크」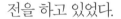가 불발로 끝나고 말았다. 한편, 세가는 전년도에 게임 센터에 등장한 스티커 사진기의 원조 「프린트 클럽」이 대 히트 중이었으나 세가 새턴이 고전을 하고 있었다.

▲ 『프린트 클럽』

두 회사 모두 사회 현상이라 불릴 정도의 히트작을 낳았지만 차세대 게임기 전쟁에서 다음 한 수가 필요했다. 그런 타이밍에서 나온 발표였다.

그 발표가 있던 날의 일은 자세히 기억하고 있다. 나는 우연히 새턴 사업부가 있던 본사 6층에 있었다. 시각은 오후 3시 정도였을 것이다. 물론, 대부분의 사원은 그 자리에서 처음으로 알았다. 웅성대는 공기가 플로어를, 회사 안을 뒤덮었다.

기대와 불안이 뒤섞이는 중, 게임 개발 스태프는 모두 긍정적이었다. 일본 최강의 캐릭터 비즈니

※17. 1996년 발매. 매킨토시로 세계적인 인기를 가진 PC 제작사 애플과 공동 개발이 화제가 된 반다이의 멀티미디어 머신. 차세대 게임기 전쟁에 밀려 270억 엔의 손실을 부른 전말은, 2021년 NHK에서 방송된 〈칸다 하쿠잔의 이것이 우리 회사의 흑역사〉의 제1회 방송분에서 「반다이—"세계에서 가장 안 팔린 게임기"」에서 당사자가 직접 밝혀, 현재는 많은 사람들에게 알려져 있다.

스 회사와 합병하면 우리들은 어떤 게임을 만들 것인가? 제2차 대전의 독일군을 지휘하는 정통파 시뮬레이션 게임 『어드밴스드 월드 워 천년 제국의 흥망』은 3월 발매를 목표로 막 개발을 끝낸 타이밍이었다.

개발팀인 '팀 파인애플'은 완성 직후의 하이 텐션인 상태에서 날아든 뉴스였기 때문인지 특히 기대에 부푼 것처럼 보였다. 며칠 뒤에는 『지온 공국의 흥망』이라는 이름의 게임이 세가 새턴 개발기에서 움직이고 있었기 때문이다. 전차였던 유닛은 모두 자크나 짐이 되어 있었고 몇 스테이지를 즐길 수 있었다. 아무리 그래도 시기상 빨랐다. "어쨌든 『드래곤 퀘스트』도 『FF』도 관계없다. 우리들이 세가 새턴을 이제부터 더욱 띄워보겠다!"라는 기분을 새롭게 들게 해준 뉴스였다.

성장하는 플레이스테이션, 기세를 잃는 세가 새턴

그 뒤 1997년 봄에는 세가 새턴에게 기쁜 화제가 이어진다. 2월에 춘 소프트가 세가 새턴에 참가. 슈퍼 패미컴으로 발매된 『제절초』, 『카마이타치의 밤』에 이은 신작 사운드 노벨 『거리』를 발표했다. 3월에는 반다이의 자회사 반프레스토가 시리즈 처음으로 세가 새턴용 신작 『슈퍼로봇대전F』를 발표했다. 풀 보이스가 된 전투 장면 연출과 〈신세기 에반게리온〉의 참전이 주목을 받았다. 이는 당시 에바의

▲『다이너마이트 형사』

게임화 권리를 세가가 가지고 있었기 때문에[18] 실현된 것이었다.

봄에 발매된 세가 새턴 타이틀은 아케이드에서 양질의 이식인 『다이너마이트 형사』와 『창궁홍련대』(EA빅터), 팬의 요청을 받아 만들어진 리메이크 판 『데이토나 USA CIRCUIT EDITION』과 『사이버보츠』(캡콤), 원작의 인기 절정기에 릴리즈가 된 『신세기 에반게리온 2nd Impression』과 『기동전함 나데시코 ~역시 최후에는 '사랑이 이긴다'?~』 같은 TV 애니메이션 라이선스 타이틀, 그리고 드디어 발매된 허드슨의 인기 RPG 신작 『천외마경 제4의 묵시록』, 추가로 『버추어 파이터』의 기술을 응용한 새로운 소프트 『디지털 댄스 믹스 Vol. 1 아무로 나미에』 등이 있다.

하지만 전문지에서 이들 이상으로 존재감을 나타낸 것은 『EVE burst error』(이메지니어)와 『하급생』(엘프) 같은 성인 지향 어드벤처 게임이었다. 전년도 가을의 'X지정' 등급 폐지에 따라 선정적인 비주얼은 조절되었으나, 성행위를 연상케 하는 묘사 등 장면 자체는 오리지널대로 남아 있었다. 둘 다 플레이스테이션에서는 발매할 수 없는 성인 지향 게임이었기에 이들 타이틀은 세가 새턴으로밖에 할 수 없다는 점이 주목을 받았다.

....

※18. 당시 세가는 〈신세기 에반게리온〉의 TV 방송 메인 스폰서였기 때문에, TV 게임화와 완구화의 독점적인 상품화 권리를 가지고 있었다. 이런 권리는 당시라면 대게 방송 개시에서 2년간. 세가는 2년 동안 3개의 게임을 릴리즈했다. 덧붙여 프라모델 등의 권리도 가지고 있었기 때문에, 이 시기에는 반다이의 에바 프라모델의 패키지 등에도 세가의 로고가 붙어있었다.

이들 모두 시나리오 자체의 재미는 당연했고, 특히 『EVE』는 전문지 [세가 새턴 매거진]의 명물 기획이었던 독자 인기 랭킹에서 최종 1위를 획득할 정도의 평가를 받았다.

또한, 선정적인 요소는 없으나 미소녀가 등장하는 연애물도 세가 새턴에서는 주목을 받았다. 특히 3만 장 한정으로 발매된 『센티맨탈 그래피티 퍼스트 윈도』(NEC 인터채널)는 원작이 있는 캐릭터 물도, 이식작도 아닌 캐릭터의 프리뷰 디스크[19]임에도 불구하고 큰 화제가 되었다. 매력적인 캐릭터 디자인으로 기대를 모은다면 게임 본편이 발매 전이라도 바로 상품력을 가질 수 있었던 것이다. 또한 여명기였던 게임 캐릭터의 미디어 믹스가 게임을 뛰어넘어 상업적 성공을 거둔 기념비적 타이틀이었을지도 모른다.

이전 해 가을에 발매된 뒤에도 인기 상승 중인 『사쿠라대전』도 봄 이후에 몇 개의 팬 디스크를 발매했다. 특히 『하나구미 대전 컬럼스』는 스토리 요소가 있는 호화로운 퍼즐 게임으로 시리즈에서 유일하게 세가 스태프가 본편 이외에 손을 댄 소프트이다. 사실 『사쿠라대전』은 너무나 급한 속도로 개발을 했기 때문에 스태프 일부는 피폐해져서 속편 참가를 주저했다. 그래서 새로운 멤버를 더하고 재편성한 것이 컬럼스 개발팀이었다. 그 뒤 『사쿠라대전2』 이후의 넘버링 타이틀을 만들어 내는 '사쿠라대전 팀'의 탄생은 어떤 의미에서 『하나구미 대

▲ 『하나구미 대전 컬럼스』

※19. 소위 말하는 체험판. 이 게임 소프트에는 본편에 등장하는 히로인의 일러스트나 설정 원화, 성우 오디션 풍경 등이 수록되었다.

전 컬럼스』에서 시작되었다고 할 수 있다.

이렇게 봄에도 화제성이 풍부한 세가 새턴의 라인업이었으나, 결과를 보자면 역시 플레이스테이션이 5월 시점에 일본 내 750만으로, 연말 이후 1.5배의 성장을 보였다. 『부시도 블레이드』(스퀘어), 『쿠론즈 게이트』(SME), 『에이스 컴뱃2』(남코), 『악마성 드라큘라X』(코나미) 등 화제작도 있었지만, 이 성장의 대부분은 『파이널 판타지』와 『드래곤 퀘스트』의 공헌 덕분일 것이다.

또한 해외에서는 본체 가격을 추가로 50달러 낮춰 149달러로 했다. 이는 예전에 북미에서 SNES가 발매되기 전에 한발 앞서 세가가 급히 제네시스의 가격을 낮췄을 때와 같은 것이었다. 이제 누구라도 '차세대 게임기'를 살 수 있는 가격이 되었다는 뜻이다.

「닌텐도64」도 본체 가격을 일본에서는 1만 6,800엔, 북미에서는 150달러를 낮추고, 신작 『스타 폭스64』도 뛰어난 완성도로 기염을 토했으나, 여름의 『골든 아이 007』 등 분기별로 나오는 닌텐도 발매 소프트만이 화제가 되는 경향에는 변화가 없어 일본 내에서 성장이 부진한다.

매년 히트작을 내놓았던 「슈퍼 패미컴」도 1997년에는 발매되는 소프트도 적어지고 현역 은퇴도 시간 문제가 되어 갔다.

단, 닌텐도에는 제3의 하드인 「게임보이」가 있었다. 슈퍼 패미컴 이전에 발매된 게임보이는 최근 몇 년간 인기가 가라앉아, 이즈음에는 잡지의 신작 발매 예정 캘린더에도 몇 개밖에 보이지 않는 상황이었다. 하지만 전년도에 발매한 『포켓몬스터 레드·그린』이 초등학생의 바이블인 월간지 [코로코로 코믹]의 도움을 받으며 서서히 분위기가 좋아져, 4월에 TV 애니메이션[20]이 시작되자 그 인기를 단숨에 가속해 갔다. 해가 갈수록 커져만 가는 포켓몬 붐은 원래는 끝나야 했을 게임보이 본체의 수명을 되살아나게 한다.

하드 판매 대수가 V자 회복을 한 게임보이와는 반대로 세가 새턴은 빠르게 속도를 잃어갔다. 해외에서 플레이스테이션과의 차가 명백해지고 사내에서도 '실패'라는 말이 떠다니자, 세가 새턴을 대신할 '또 다른 세가의 차세대 하드'의 소문이 바다 건너 북미에서 드문드문 들려오게 되었다. 그 뉴스를 일본 미디어가 다루자, 일본 내에서도 불안이 퍼져가는 악순환이 시작된다.

이제 5월 말. 반다이 측에서 합병 해소 통지가 왔다. 세기의 대합병이 될 터였던 '세가 반다이' 계획은 불과 4개월 만에 무너진다. 각각의 회사와 경영진의 신용에 준 타격은 예상 이상으로, 그때까지 세가와 반다이를 키워왔던 양사의 사장은 시기는 다르지만 그 뒤 얼마되지 않아 경영에서 물러나게 된다.

세가가 어수선하고 닌텐도가 고전하던 중에, 여름에도 플레이스테이션 타이틀 수는 순조롭게 늘어나기만 했다. 전 세대기의 승자 슈퍼 패미컴이 급속히 영향력을 잃는 대신에 플레이스테이션의 타이틀은 『파이널 판타지 택틱스』(스퀘어), 『더비 스탈리온』(아스키), 『아머드 코

※20. TV애니메이션 판의 주인공 사토시(역자 주: 국내명 지우)는 1997년 4월부터 모험에 나서, (같은 해 12월부터 4개월의 휴방을 제외) 쉼 없이 계속되다 2023년 3월에 여행을 일단 마무리했다. 26년간의 긴 여행이었다. 하지만 주인공이 바뀌었을 뿐이며 TV애니메이션 〈포켓몬스터〉는 그 뒤로도 계속되고 있다.

▲『라스트 브롱크스』

▲『샤이닝 포스Ⅲ 시나리오1 왕도의 거신』

어』(프롬 소프트웨어), 『몬스터 팜』(테크모) 등 남녀노소, 라이트부터 코어까지 어필하는 강력한 타이틀 군이 형성되어갔다. 이 여름 끝에는 하드가 전 세계 2,000만 대 돌파가 공식 발표되고, 여름 발매인 『모두의 GOLF』(SCE)는 소니의 첫 100만 장 출하라는 발표도 나왔다.

세가 새턴은 『라스트 브롱크스』, 『리얼 사운드』(WARP), 『썬더 포스V』(테크노 소프트) 등을 여름에 내지만, 이전 정도의 실적이 나오지 못하고 고전했으나, 가을에는 『슈퍼 로봇 대전F』(반프레스토), 『데드 오어 얼라이브』(테크모), 그리고 『컬드셉트』(오미야 소프트) 등 서드 파티의 유력 타이틀이 등장. 추가로 『사쿠라 대전2』, 『샤이닝 포스Ⅲ』 같은 세가의 인기작 속편 발표도 있어서 기대를 모았다.

하지만 이런 밝은 분위기를 부순 것은 역시 뉴스 미디어였다. 연말의 강력한 라인업을 어필하고 있던 9월 도쿄 게임쇼 중에 일본 경제 신문에서 '세가가 마이크로소프트와 128비트 기를 공동 개발'한다는 보도가 나온다. 기사에 의하면 발매는 1년 후라고 구체적으로 되어 있어, 봄부터 산발적으로 흘러 다니고 있던 새로운 차세대기 소문에 신빙성을 크게 더하는 내용이었다.

그렇다고는 해도 이 해 말의 세가 새턴 라인업은 아쉬웠던 전년
과 달리, 타기종에 결코 밀리지 않는
'마지막' 불꽃이 있었다. 선두를 끊
은 것은 『J리그 프로 사커 클럽을 만
들자! 2』였다. 가을 발매가 밀린 것은
단순히 개발 지연에 의한 것이었다.
한 번 회사에서 거부되어 단념했지만

▲ 『J리그 프로 사커 클럽을 만들자! 2』

2년 만에 겨우 인정받은 비원의 속편 제작이었으나, 프로그램을 처
음부터 다시 만든 점도 있었기에 개발은 다시 난항. 계획 지연에 사
내 공기는 싸늘했다. 연기한 발매일은 최종 11월 20일로 이미 J리그
공식 경기 일정이 끝난 타이밍이다.

하지만 그때 하늘이 돕는다. 이 시기에 1998년 월드컵 프랑스 대회
의 지역 예선이 개최된 것이다. 그리고, 소프트 발매 4일 전인 11월
16일에 벌어진 제3대표 결정전에서 일본이 이란을 연장 끝에 이기
고, 바라 마지않던 첫 출장을 확정 지었다. 이날, J리그 팬 뿐이 아니
라 일본 전체가 순식간에 축구 열기에 휩싸인다. 그런 상황에 발매된
이 게임은 경이적인 히트를 해서 50만 장 이상을 판매. 그 뒤에도 오
래 이어지는 새로운 세가 인기 시리
즈가 된다.

나아가 대망의 오리지널 대작 RPG
『그란디아』(게임 아츠), 인기 RPG의
속편 『데빌 서머너 소울 해커즈』(
아틀러스), 메가 드라이브 이후의 신

▲ 『소닉 R』

작『샤이닝 포스Ⅲ 시나리오1 왕도의 거신』이나『소닉R』, 인기 높은 어드벤처『이 세상 끝에서 사랑을 노래하는 소녀 YU-NO』(엘프)에 확장 4M RAM 카트리지를 동봉한 궁극의 2D 격투 게임 이식작『X-MEN vs. STREET FIGHTER』(캡콤) 등이 발매된다. 세가 하드의 오랜 약점이었던 RPG 타이틀이 겨우 갖춰진 것이 1997년 연말 시즌이었다.

그리고, TV 광고에서는 드디어 그 '세가타 산시로' 시리즈가 개시된다. 세가 새턴의 광고를 담당했던 하쿠호도에 의한 회심의 기획이었던 이 시리즈는, 이 해 버라이어티 방송 [다운타운의 곳츠에에칸지(ダウンタウンのごっつええ感じ)] 에 출연하여 주목을 받고 있던 배우 후지오카 히로시를 기용. "세가 새턴 시로!(세가 새턴 해라!)"라는 카피와 함께 대유행, 주제가의 CD화, 옷 갈아입히기 인형이나 가공의 자서전이 발매되는 등, 세가타 산시로는 당시 '게임 이상으로 주목받으면 어떡하냐'라고 할 정도로 강렬한 존재감을 나타냈다. 하지만 게임의 높은 만족도와 광고의 화제성과 달리 하드의 보급은 전혀 나아지지 않았다.

플레이스테이션은 본체 가격을 1만 8,000엔으로 낮추며, 2개의 아날로그 스틱과 진동 기능이라는 새로운 발명을 더한 컨트롤러 「듀얼 쇼크DUALSHOCK」를 동봉한 새로운 본체를 발매. 소프트 라인업도 궁극의 레이스 게임『그란투리스모』와『크래시 밴디쿳 2』를 시작으로 스퀘어의『쵸코보의 이상한 던전』, 남코의 아케이드 이식이 아닌 오리지널 RPG『테일즈 오브 데스티니』, 새롭게 플레이스테이션에 참여한 허드슨의 『모모타로 전철7』 등을 갖춰 드디어 일본 내에서 만으로도 1,000만 대를 달성한다.

이에 반해 세가 새턴은 일본 내에서는 1년에 100만 대조차 늘지 못하고 합계 500만 대로 단 1년 만에 배로 차가 벌어지고 말았다.

지속이 어려워진 세가 새턴

그래도 세가 새턴은 1998년에 들어와서도 계속해서 강력한 타이틀을 속속 발표했다. 춘 소프트의 완전 신작 사운드 노벨『거리』, 시리즈 3편째에 RPG가 된 『AZEL -팬저 드라군 RPG-』, 소닉 팀의 신작 3D 액션 『버닝 레인저』 등이다.

그리고, 『센티멘탈 그래피티』(NEC 인터채널), 『Pia캐릿에 어서 오세요!!』(KID)에 『EVE The Lost One』(이매지니어)처럼 인기 장르가 된 미소녀 어드벤처, 그 외에 슈퍼 패미컴의 컬트 게임 리메이크 『선굴활룡대전 카오스 시드』(네버랜드 컴퍼니)나 오랜만의 건 슈팅 『더 하우스 오브 더 데드』 등등.

▲『버닝 레인저』

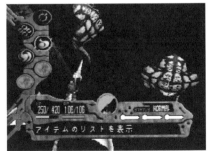

▲『AZEL -팬저 드라군 RPG-』

하지만 세가 새턴에 더블 스코어의

차를 벌린 플레이스테이션의 기세는 이를 한참 뛰어넘었다. 캡콤의 플레이스테이션 오리지널 히트작 대망의 속편『바이오 하자드2』, 스퀘어의 신작 RPG『제노기어스』에『패러사이트 이브』등 게임 팬의 화제는 거의 이들 타이틀이 차지하고 있었다.

『바이오 하자드2』의 경우, 전작인 초대『바이오 하자드』의 발매 타이밍이『팬저 드라군 쯔바이』와 같은 1996년 봄이라, 각자 하드를 대표하는 오리지널 타이틀이 2번에 걸쳐 직접 대결하게 된다.

전작에서 대폭 스케일을 키워 시리즈의 인기를 확고하게 하려고 한『바이오 하자드2』는 시행착오를 거듭하며 당시로서는 긴 약 2년의 개발 기간이 언급되는 경우가 많다. 한편『AZEL -팬저 드라군 RPG-』는 초대『팬저 드라군』의 완성 직후에 스타트해서 원래라면『팬저 드라군 쯔바이』에서 큰 차이를 두지 않고 발매할 예정이었으나, 슈팅에서 RPG로 노선 변경에 어려움을 겪으며 시행착오가 이어져『바이오 하자드2』이상의 기간인 3년이 소요되었다.

멸망해 가는 세계에서 사는 사람들과 구세기의 유산과의 이중 구조 등 독자의 세계관 구축 등은 물론, 3D로 표현된 마을 연출은 유명한『젤다의 전설 시간의 오카리나』보다 약 1년 먼저 실현한 것이다. 그 외에 오리지널리티가 있는 전투 시스템 등 만드는 이들의 높은 목표에 따라 개발에 고생도 많았으나, 그만큼 세가에도 이 정도의 개발 지연은 과거에 없는 수준이었다.

『바이오 하자드2』도『AZEL』도 둘 다 영화 같은 스토리나 연출을 도입한 대작으로 발매되었으나, 앞선 2년의 세월 동안 플레이스테이션과 세가 새턴 하드 자체의 활기가 달라졌기에 결과는 명암이 갈렸다.

『바이오 하자드2』는 최종적으로 전 세계에서 496만 장이 팔렸고 캡콤을 대표하는 게임으로 시리즈를 이어가게 된 반면, 『AZEL』은 전작의 절반 이하인 10만 장도 팔지 못했고『팬저 드라군』3편을 만들어낸 팀 안드로메다는 해산하게 된다.

이 『AZEL』과 병행하여 더욱 개발이 지연되고 있던 또 하나의 대형 RPG 프로젝트가 '프로젝트 버클리', 이후의『쉔무』다. 이 게임은 결국 세가 새턴으로의 개발을 단념하게 된다.

인기 장르인 RPG가 적은 것이 세가 새턴의 약점으로 이야기되는 경우가 있는데, 이렇게 개발은 했지만 스케줄 지연이 이어지며 결과적으로 판매 시기를 놓친 작품이 많다. 이런 이야기는 세가뿐 아니라 게임 아츠의『그란디아』등에도 적용된다. 또한, 시기적절하게 발매되었지만 팬의 기대와는 크게 다른 액션성 높은 게임이 된『샤이닝 위즈덤』이나, 일류 스태프가 모인 것까지는 좋았으나 게임의 표현 능력이 제작력을 따라가지 못했던『에어즈 어드벤처』(게임 스튜디오) 등도 생각하면 32비트 시대의 RPG를 만드는 데는 기대가 높아진 규모의 어려움, 세가 새턴 개발의 어려움 등도 있었을지 모른다.

덧붙여 「닌텐도64」는 일본 내에서 100만 대를 돌파했지만 기대 이하였던 반면, 해외에서는 900만 대 가까이 팔렸다. 또한 일본 내에서도 게임보이가『포켓 몬스터』붐으로 되살아난 덕분에 새로 400만 대 이상이 출하되었다. 이 기세를 본 닌텐도는 연말에 드디어 컬러 표시를 실현한 「게임보이 컬러」를 발표하게 된다.

단, 거치형 가정용 게임기 차세대기 전쟁은 완전히 결과가 정해졌다. 닌텐도의 게임기가 패미컴 이후 처음으로 일본 내에서도, 전 세계에서도 다른 회사에 우위를 확실히 내준 것이다.

이전 해 말에 이어 새해 초에도 다시 일어나지 못한 세가 새턴은 전문지에서 크게 다뤄지는 화제작일지라도 주문이 10만 장 정도밖에 되지 않는 상황에 빠지며 3년 동안 쌓아온 500만 대의 실가동률은 매우 떨어지게 되었다.

그래도 봄에는 조금 기운을 찾아 대망의 속편 『사쿠라대전2 ~그대여 죽지마오~』와 『슈퍼로봇대전F 완결편』(반프레스토), 『건그리폰 II』(게임 아츠)나 『뱀파이어 세이버』(캡콤), 이후에 타 기종에서 길게 시리즈화된 시뮬레이션 게임의 1편 『기동전사 건담 기렌의 야망』(반다이) 등 대형 타이틀 발매가 이어졌으나 이것이 세가 새턴의 마지막 절정이었다.

특히 『사쿠라대전2』는 50만 장의 히트를 한 전작을 뛰어넘는다는 높은 목표 아래, 모든 면에서 퀄리티 업을 한 타이틀이다.

▲ 『사쿠라대전2 ~그대여 죽지마오~』

새롭게 참여한 스태프에는 이전 NEC-HE에 소속되어 PC-FX의 마지막을 함께 한 스태프도 있었는데, 그들 덕분에 세가는 프로덕션 I. G를 만나게 된다. 히트작이 된 극장판 〈기동경찰 패트레이버〉나 〈공각기동대〉를 만든 최고 인기 애니메이션 제작 회사와의 만남으로 『사쿠라대전』의 무비 퀄리티가 올라가게 된다.

하지만, 이 게임의 판매 수량은 결국 전작과 거의 같은 실적이 되며 판매의 한계, 하드웨어의 한계를 드러내고 말았다.

또한, 세가의 세가 새턴 지속을 곤란하게 한 것에는 하드 제조 코스트 문제도 있었다. 세가 새턴의 판매 가격은 당초 4만 9,800엔이었다. 이는 1991년에 발매한 메가CD와 같은 가격이며, 1년 먼저 나온 3DO의 발매 가격 5만 4,800엔보다 5,000엔 싼 가격이기 때문에 그 당시로서는 타당한 가격으로 여겨졌다.

하지만 플레이스테이션이 3만 9,800엔으로 발매한다는 발표[21]가 있자, '기간 한정으로 5,000엔 낮춘 4만 4,800엔'이라고 공지하고 점포 실 판매 가격은 거의 같아지도록 4만 4,800엔으로 판매했다.

발매 후에 양사가 접전을 치르게 되자 세가 새턴은 당초 예고한 기간이 지나서도 가격을 원래대로 돌리지 못했고, 오히려 북미 플레이스테이션의 가격이 더욱 낮은 299달러라는 발표가 나면서, 전 세계 규모의 하드 가격 인하 경쟁이 벌어지고 만다.

세가 새턴의 최종 인하 가격은 1997년의 염가판 세가 새턴이 발매됐을 때의 2만 엔이었지만 하드 구조 자체는 거의 바뀌지 않았다고 한다. 원래 팔고 싶었던 가격의 5분의 2 가격이니 도대체 1대당 얼마나 적자가 나고 있었던 것일까.

※21. 플레이스테이션은 발매 이래, 오랫동안 정가 판매를 소매점에 의무화하고 있었으나, 이해 1월에 공정거래위원회에서 독점금지법 위반으로 배제 권고를 받아 2년 반 후인 2001년에 수락한다. 이때까지의 기간에는 정가로만 판매되고 있었다.

이전 미국에서 앞 세대 기종인 제네시스가 승부에 나선 1991년 연말에 킬러 소프트인 『소닉 더 헤지혹』이 예상을 한참 뛰어넘는 히트를 하며 100만 대를 추가 제조했었다. 이때에는 일반적인 해상 운송으로는 도저히 시기를 맞출 수 없어, 이익을 도외시하고 1개월간 항공으로 운송하여 시기를 맞췄다. 하드를 보급시킬 찬스에서는 필요한 일이었다. 결과적으로 제네시스는 그해 겨울에만 300만 대를 팔아 북미에서 슈퍼 패미컴과 대등한 승부를 겨룰 수 있었다.

하지만 이번에는 규모도 다르고, 상대도 타이밍도 나빴다. 잘 팔리고 있는데도 본체를 반년마다 크게 할인하는 빠른 전개는 세가에 전혀 상상하지 못한 일이었을 것이다.

세가는 하드를 완전 외주 공장 생산으로 만드는 팹리스 메이커이므로 원래 제조에 관한 리스크는 적어야 했다. 그럼에도 리스크가 높은 자체 생산, 자체 개발의 소니에게 진 것은, 우선 플레이스테이션의 가격 인하가 쉬운 설계에 비해 세가 새턴에는 처음부터 그런 설계 사상이 없었던 점과 새로운 하드 보급 시에 필요한 거액의 적자에도 견딜 수 있는 자본력의 차이가 있었기 때문이라고 생각된다.

게다가 세가 새턴이 가장 호조였던 1995년은 버블 붕괴 후의 엔고가 최고조에 달한 시기였다. 수년 전까지 160엔이었던 1달러가 80엔이 된 해이다. 해외 판매를 수익의 중심으로 삼고 있던 세가는 연말 시즌에서 수익 악화가 두려워 하드를 품절 내버린다. 만약 세가가 1991년과 마찬가지로 적자를 내서라도 새턴을 한계까지 출하했다면 1996년 이후의 풍경은 달랐을지도 모른다.

세가 새턴에서 드림캐스트로

　세가는 다시 한번 승부에 도전하기로 한다.

　새로운 차세대 하드 「드림캐스트」의 등장은 연초에 당시 세가의 모회사인 CSK의 신년 행사에서 오가와 회장의 입으로 직접 차세대기에 관해 언급되는 것부터 시작된다. 이전 해 가을에 있었던 일본 경제 신문의 특종을 확인시켜 주듯이 회장에서 마이크로소프트의 빌 게이츠의 비디오 메시지가 공개되었다. 이에 이어 2월에는 세가 사장으로 전 혼다 출신인 이리마지리 쇼이치로入交昭一郎가 취임한다. 신 체제 하에서 최초로 발표된 뉴스는 북미에서의 세가 새턴 철수 발표였다.

▲ 드림캐스트 발표회
(1998년 5월 21일)

　5월 21일, 아사히 신문 조간의 전면 광고에 실린 것은 '세가는 쓰러진 채로 있을 것인가?'라는 자극적인 카피와 무장한 무사들의 시체가 굴러다니는 전국 시대의 전장을 이미지화한 사진이었다. 그리고 같은 날, 세가의 새로운 하드「드림캐스트」의 미디어, 유통 대상 발표회가 도쿄의 호텔에서 이루어졌다. 팬은 TV 뉴스나 게임 정보에 힘을 쏟던 심야 방송 [투나잇 2]에서 회장의 분위기를 맛보았다.

타이틀은 전혀 발표되지 않았지만, 오리지널 기술 데모로 이리마지리 사장의 얼굴을 3D 폴리곤으로 표현한 소프트웨어를 회장에서 실기로 조작할 수 있었다. 『슈퍼 마리오64』의 타이틀 화면과 비교 데모로도 보이는 이 프레젠테이션은 세가 새턴은 물론 플레이스테이션이나 닌텐도64와 비교가 되지 않는 '차세대' 하드의 편린을 엿볼 수 있는 것이었다.

다음 날인 22일, 아사히 신문 조간에는 다시 전면 광고가 게재되었다. 이번에는 '11월 X일 역습. Dreamcast' 라는 카피였으며, 전날과 같은 전장에 칼을 하늘로 치켜든 무사들의 모습이 찍혀있었다. 하지만 같은 날 공개된 1998년 3월기 결산에서 세가는 결국 적자 전환이 되어 있었다. 새로운 차세대기는 이제 세가라는 회사 자체의 생명을 이어 나가기 위한 배수진이기도 했다.

플레이스테이션은 견제로, 드림캐스트 발표 직전에『파이널 판타지Ⅷ』의 발매를 발표. 신작으로 애니메이션을 보면서 스토리를 변화시켜 가는 '야루도라' 시리즈『더블 캐스트』나『XI(sai)』 등이 소니에서 직접 발매되어 게임 장르의 폭과 팬층을 더욱 넓혀갔다.

그 뒤에도 여름에『브레이브 팬서 무사시전』(스퀘어),『사립 저스티스 학원』(캡콤), 『스타 오션 세컨드 스토리』(에닉스), 『SD건담 G GENERATION』(반다이) 등 대형 제작사에 의한 히트작이 이어진다. 가을에도 『이타다키 스트리트 고져스 킹』(에닉스), 『비트매니아』(코나미), 『화성 이야기』(아스키) 등 다양한 방면의 타이틀이 등장하던 중, 드디어 바로 그 『메탈 기어 솔리드』(코나미)가 발매되어, 발매로부터 4년이 지난 플레이스테이션의 표현능력 한계를 더욱 끌어올렸다.

세가 새턴은 드림캐스트 발표 후, 기운 없는 반년을 보냈다. 『DEEP FEAR』나 『바켄로더』, 『샤이닝 포스Ⅲ 시나리오3 빙벽의 사신궁』 등 신작은 나왔지만 이들 모두 세가 발매일지라도 외주 개발 타이틀이다. 세가 내부 개발 타이틀 공급은 완전히 멈추었고 세가와 에닉스의 공동 개발 타이틀 『일본 대표팀의 감독이 되자!』같은 의욕 작도 발매는 되었으나 서드 파티도 전년보다 판매가 둔화된 세가 새턴용 타이틀 공급을 줄였기 때문에 시장은 급속히 쪼그라들었다.

세가는 전년 말부터 이어진 '세가타 산시로'의 광고에서 이들을 홍보하는 한편, 7월부터는 병행으로 그 '유카와 전무' 광고를 시작한다.[22] 실제 세가의 전무를 주인공으로 하여 "세가 따위 구려!" "플레이스테이션이 더 재미있어!" 같은 동네 아이들의 말에 놀라는 자학 광고는 팬에게도 사원에게도 충격적인 것이었다. 스토리 방식의 광

※22. '세가타 산시로' 시리즈의 광고를 제작한 것은 하쿠호도이나, '유카와 전무' 시리즈를 제작한 것은 덴츠(유명 광고 기획자 오카 야스키치에 의한 것)였다. 단, 2020년에 제작된 후지오카 마이토 주연의 '세가 시로'는 놀랍게도 덴츠 제작이다.

고는 최종적으로 11월에 발매되는 드림캐스트로의 기대를 이어가기 위한 연작으로 되어 있었고, '세가타 산시로'에 이은 히트 광고가 되었다.

드림캐스트의 프로모션이나 기획, 이벤트는 더 이어진다. 우선 액정 화면이 달린 메모리 카드 「비주얼 메모리」를 사용한 미니 게임기 『모여라 고질라 괴수대집합』이 본체보다 먼저 7월에 발매, 8월에는 대망의 소닉 신작 『소닉 어드벤처』의 일반인 대상 발표회가 열렸다. 소닉의 디자인은 드림캐스트용으로 크게 변경되어 현재의 모던 소닉의 모습은 여기부터 시작되었다.^{※23}

9월의 어뮤즈먼트 머신 쇼에는 드림캐스트 호환 기판 「NAOMI」가 발표되었다. 아케이드의 하이엔드 타이틀을 어떻게 고쳐서 성능이 떨어지는 가정용 게임기에 이식할지가 그때까지의 과제였으나, NAOMI는 아케이드의 하이엔드 기와 동등한 성능을 가지고 있으면서도 거의 그대로 드림캐스트로 이식할 수 있는 것이 장점이었다.

동시에 오랫동안 세가 새턴 발매 예정 라인업에 있었으면서도 소식이 없었던 『버추어 파이터3』이 드림캐스트용으로 변경된다는 발표도 이뤄진다. 드림캐스트는 다음 10월 개최인 가을 도쿄 게임쇼에 게임 체험이 가능하게 되고, 드디어 11월 27일 무사히 발매되었다.

드림캐스트의 자세한 행보에 대해서는 다음 장으로 미루지만, 연내 50만 대 출하를 달성하고 『버추어 파이터3tb』를 동시 발매, 『소닉

───────

※23. 새로운 소닉의 디자인은 각기 다른 디자이너에 의한 4종류 중에서 전체 사원의 투표로 선정되었다.

어드벤처』를 다음 12월에 발매했다.[24]

▲ 드림캐스트 발매 (1998년 11월 28일 아키하바라의 풍경)

12월에는 팬을 초대하여 『쉔무』의 발표회를 개최, 후에 '오픈 월드'라고 불리게 되는, 모든 것을 3D로 구축하여 자유롭게 돌아다니는 가상 세계를 세계 최초로 실현했다.

▲ 『쉔무』 발표회(1998년 12월)

....

※24. 『소닉 어드벤처』는 컨슈머 개발 부서의 총력을 결집하여 일정을 맞춘 결과, 30만 장의 히트작이 되었다.

전성기를 맞이한 플레이스테이션은 라이벌의 움직임을 신경 쓰지 않고 『에어가이츠』(스퀘어), 『쵸코보의 이상한 던전2』(스퀘어), 『환상 수호전Ⅱ』(코나미)에 『스트리트 파이터 ZERO 3』(캡콤), 『R-TYPE Δ』(아이렘), 『크래시 밴디쿳3』(SCE) 등 간판 인기 타이틀의 속편을 중심으로 다수의 작품을 릴리즈했다.

세가 새턴은 화제작이 없는 연말 후, 1999년에도 소프트는 발매되지만 그 수는 불과 17종. 200종 이상의 타이틀이 발매된 1998년의 10분의 1 이하다.

1998년의 일본 내 플레이스테이션 발매 타이틀 수를 살펴보면 300종 이상으로 역대 3위에 이르렀고 이듬해 1999년에는 600종을 넘겼다. 2000년에는 플레이스테이션 1과 2를 합하면 더 큰 수치가 되어 피크를 찍는 등 완전히 상승세였다.

전성기의 슈퍼 패미컴이라도 피크 때의 타이틀 수는 370종 정도. 세가 새턴은 전년도의 350종이 최대였다. 차세대 하드 전쟁을 제패한 플레이스테이션 소프트는 공급량이 가속화. 이미 거실 TV 앞에 세가 새턴의 모습은 없었다.

한편, 세가 새턴의 아키텍처는 다양한 장소에서 활용되었는데, 하나는 1994년에 등장한 업무용 통신 노래방 기기 「프롤로그 21」(통칭 '세가가라')에 채용. 통신 노래방 여명기에 쿄세라나 브라더 공업 등과

10년 이상 패권을 다퉜다.[※25]

또한 『프린트 클럽』의 발매 다음 해인 1996년에 등장한 보급기, 『프린트 클럽2』의 안에도 탑재되어(엄밀히는 아케이드 호환 기판 ST-V 베이스), 세가 새턴은 겉으로 보이지 않는 다양한 곳에서도 활약했다.

1998년의 세가는 5월 결산에서 적자 전환에 따른 회사 경영 체제 변화와 세가 새턴에서 드림캐스트로 하드 이행에 맞춰 개발 내에서도 큰 조직 변경과 고용 제도의 개정이 이뤄졌다. '불경기'라는 말이 만연하던 시대였다.

그 결과, 세가 새턴을 위해 아케이드 개발 부서에서 옮겨왔던 베테랑 스태프 중심으로 많은 개발 멤버가 독립하게 되었다.[※26] '아, 정말로 우리들의 세가 새턴이 끝났구나'하는 상실감이 팬 뿐 아니라, 개발 스태프 안에서도 있었다. 아마 세가에 있어서 1986년 이후 가장 큰 대량 이직이었을 것이다.

하지만 1986년에도 남은 젊은 스태프가 중심이 되어, 그 뒤에도 이어질 명작 타이틀을 다수 만들어냈다. 다 타버린 세가 새턴의 재는 차세대 스태프들이 꽃을 피우기 위한 토양이 되어, 드림캐스트로, 그 뒤로도 이어져갔다.

※25. 드림캐스트 발매 후에도 세가가라에서는 계속해서 세가 새턴을 베이스로한 하드웨어 'NEW 프롤로그 21'을 서비스 종료 시까지 계속 판매했다.

※26. 그들의 일부는 그만둔 동료끼리 모여 새로운 회사를 설립하고 세가의 외주 회사가 되어 드림캐스트 타이틀을 개발하기도 했다.

제7장 | 1998년~
드림캐스트

꿈을 전하기 위한 총력전으로

발매에 1년 차에 근소한 승리를 했지만 2년 차 이후에는 「플레이스테이션」에 큰 차이를 내주고만 「세가 새턴」. 발매 3년 후에는 소프트 판매 수량도 격감하여 사업 지속 자체가 어려운 상황까지 오고 말았다. 소니라는 거대한 자본력을 가진 기업 앞에서 저항은 무모한 것이 아닌가 하는 분위기마저 있던 가운데, 그래도 세가는 다시 한번 하드 사업 도전을 굳이 선택했다. 이것이 세가의 7번째 가정용 거치형 게임기이자 최후의 하드가 된 「드림캐스트」다.

▲ 드림캐스트

드림캐스트의 발매 시 상황은 이전에 북미에서 「제네시스

(GENESIS)」가 진출할 때와 약간 비슷했다.

「패밀리 컴퓨터」 및 NES는 전 세계에서 최종적으로 6,000만 대 이상 판매된 8비트 시대의 왕자였다. 거기에 제네시스가 NES 발매 4년 후의 타이밍에 북미에 진출. NES의 후속인 「SNES」와는 호각의 싸움을 펼쳤다.

이번 상대인 「플레이스테이션」은 당시 전 세계 5,000만 대가 판매된 '차세대기 전쟁'의 왕자였다. 여기에 드림캐스트가 플레이스테이션 발매 4년 후의 타이밍에 등장한다. 지금의 플레이스테이션에는 이기지 못할지라도 다음 「플레이스테이션2」와는 호각 이상의 싸움이 되지 않을까? 드림캐스트가 이기기 위해서는 게임기 점유율이 리셋되는 교체 타이밍을 노릴 수밖에 없었다.

드림캐스트는 그 이름 '꿈(드림)'을 전한다(브로드캐스트=방송)'가 나타내듯이 고객의 꿈을 이루어주는 게임기이며 세가 자신에게도 '꿈'='세계 제일의 하드'를 목표로 개발되었다.

꿈을 실현하기 위해 우선 패배 원인을 분석 했다. 세가 새턴의 문제로 자주 언급되던 것은 복잡한 하드 구조에 기인한 것이 많았다. 소프트 개발이 어렵고, 타이틀이 부족했으며, 원가 절감을 할 수 없었던 점이다. 드림캐스트는 이 약점을 커버하기 위한 설계가 되어 있었다.

미국, 일본에서 개발 경쟁 입찰을 통해 선발된 일본제 하드는 심플하며 밸런스가 좋아, 장래 원가 절감도 고려한 설계로 되어 있었다. 또한, 소프트 개발자의 의견을 받아들여, 과거 어떤 하드보다도 양질의 라이브러리[1]를 갖춰, 매우 개발하기 쉬운 환경을 준비했다.

세이브 데이터를 관리하는 비주얼 메모리도 새로운 놀이에 대한 개발 쪽에서 제안을 받아들인 것이었다.[2] 드림캐스트는 라이벌을 참고하여, 게임의 저장 데이터를 메모리 카드 방식으로 했으나, 거기에 하나 더해 카드에 흑백의 소형 액정 모니터를 붙여 그 자체로도 세이브 데이터 관리를 할 수 있게 했다. 안에 세이브 데이터를 다운로드하여 그 자체를 휴대 미니 게임기로서도 즐길 수 있게 한 것이다. 또한 컨트롤러에 꽂으면 손안의 개인용 서브 모니터로서도 사용할 수 있는, 창의적 고민이 가득한 주변 기기였다.

다음으로 소프트. 개발 조직은 개편되었지만 실력이 있는 주력 스텝은 남아 있었다. 메가 드라이브 시대부터 가정용 게임을 다뤄온 베테랑이나 세가 새턴으로 성장한 젊은 멤버. 세가의 간판인 『소닉』 신작 개발을 진행한 소닉 팀, '만들자!' 시리즈가 중심이 된 스포츠 게임 팀, 중기 이후의 세가 새턴을 지탱한 사쿠라대전 팀 등은 큰 변화없이 드림캐스트용 소프트 개발에 착수했다. 『쉔무』, 『이터널 알카디아』 등 대작 RPG 타이틀 개발은 하드를 변경하여 계속되었다. 또한 새턴의 성능을 뛰어넘는 고성능의 비디오 칩 대응 소프트를 만들어온 PC 소프트 개발 부서도 합류했다.

....

※1. 라이브러리란, 게임 등을 개발할 때 필요한 범용적인 기능이 모여있는 프로그램을 미리 준비해 둔 파일을 말한다. 라이브러리를 사용하여 소프트 개발을 빠르게 진행할 수 있다. 메가 드라이브까지의 시대는 라이브러리의 제공이 거의 없었으나, 플레이스테이션은 양질의 라이브러리가 있었던 덕분에 많은 제작사가 3D 게임을 처음부터 쉽게 개발할 수 있었다고 한다. 세가 새턴에서는 서드 파티에게 실용적인 라이브러리 제공이 거의 없었기 때문에 플레이스테이션과 비교하면 소프트 개발에 시간이 걸리고 말았다.

※2. 비주얼 메모리는 1998년 5월에 드림캐스트와 동시에 발표되고 본체보다 이른 7월에 발매되었다. 이것은 비주얼 메모리와 비슷한 플레이스테이션용 화면 포함 메모리 카드인 '포켓 스테이션'보다 빠른 발매다. 하지만 공식 발표는 포켓 스테이션 쪽이 빨랐기에(2월), 사내에서 아쉬워하는 소리가 많았다.

▲ 어뮤즈먼트 머신 쇼(1998년 9월)

　나아가 드림캐스트의 성능은 그때까지 아케이드의 최신 3D 보드였던 「MODEL3」[3]의 성능을 뛰어넘는 것이었기에, 드림캐스트와 호환되는 기판인 「NAOMI」를 준비하여 새로운 시스템 기판으로 삼았다. 이 이후 세가의 아케이드 게임은 일부를 제외하고는 거의 모든 타이틀이 NAOMI로 개발되었기 때문에 아케이드 게임의 가정용 이식은 더욱 쉬워져, 실질적으로 동시 개발이 되었다. 즉, 아케이드 개발 스태프도 대부분이 드림캐스트에 참가하게 된 것이었다.

　드림캐스트의 소프트 개발은 스타트 시부터 세가의 총력전이 되었다.

　하지만 늘 그래왔듯이, 세가 혼자서는 승부에서 이길 수가 없다. 세가 새턴에서 한 번 잃은 서드 파티의 신뢰를 되돌리기 위해 그동안 세가를 견인해 왔던 나카야마 하야오中山隼雄 사장 대신 새롭게 사장에

※3. 『버추어 파이터』를 개발한 MODEL1, 『버추어 파이터2』를 개발한 MODEL2에 이은 3D 게임 하드웨어로, 1996년 처음 등장. 첫 번째 대응 게임은 『버추어 파이터3』. 그 뒤에도 1997년 Step2.0까지 타이틀마다 성능이 향상되었다.

취임한 이리마지리 쇼이치로는 각지의 대형 제작사를 방문하여 머리를 숙이고 다녔다.

방문처 중에는 세가 새턴으로는 단 한 작품도 출시하지 않았던 플레이스테이션의 영웅인 남코도 포함되어 있었다. 이리마지리 사장의 요청을 받아들여 남코는 드림캐스트용 소프트 개발을 약속. 코나미도 『에어포스 델타』 등 드림캐스트용 오리지널 타이틀을 개발했다. 세가 새턴을 마지막까지 지원해 준 캡콤은 플레이스테이션의 간판 타이틀이었던 『바이오 하자드』의 드림캐스트용 신작[4]이나 오리지널 RPG 시리즈[5]를 연속 발매하기로 결단을 내렸다.

약점을 극복한 것만으로는 라이벌을 이길 수 없다. 플레이스테이션에는 뛰어난 하드, 슈퍼 패미컴 진영에서 통째로 빼앗은 충실한 소프트 라인업, 그리고 일본 최고의 마케팅 능력이 있었다. 이것은 차세대기에서도 동일할 것이다. 드림캐스트는 이 세 가지를 따라잡기 위한 노력은 물론, 무언가 더욱 새로운, 기존에 없는 놀라움이 필요했다.

이를 위해 선택된 것이 '인터넷' 기능이었다. 드림캐스트는 온라인 게임에 필요한 '모뎀'을 본체에 표준 장비한다는 대담한 선택을 했다.

....

※4. 2000년 2월에 발매한 『바이오 하자드 코드: 베로니카』를 말한다. 『베로니카』 직전에 발매된 PS1용 『바이오 하자드3』가 『바이오 하자드2』의 외전적인 내용인 것에 반해, 이 게임은 『2』의 스토리에서 이어지는 내용으로, 캡콤의 드림캐스트에 대한 진심을 느낄 수 있었다.

※5. 『엘도라도 게이트』 시리즈. 2000년 10월부터 1년에 걸쳐 전 18화의 스토리를 7권으로 나눠서 발매했다. 1편 2,800엔이라는 매우 싼 가격이었다. 캐릭터 디자인은 『파이널 판타지』의 아마노 요시타카.

인터넷 표준 대응을 위한 도전

세가는 기존에도 인터넷 및 온라인 게임에 도전을 계속하고 있었으나 어느 것 하나 성공하지 못했었다.

최초는 메가 드라이브 때이다. 별매의 모뎀 「메가 모뎀」을 사용하여 게임의 대전이나 정보 제공 서비스, 전용 미니 게임 서비스를 했으나 전화선을 사용한 아날로그 다이얼 업 회선은 전송할 수 있는 데이터가 극단적으로 적었기[※6] 때문에, 게임의 대전이라고 해도 시뮬레이션 게임 등 실시간이 아닌 것에 한정되어 있었다. 그런 이유 때문에 이용자는 거의 없는 상황이었다.

세가 새턴의 시대에는 'Windows 95'가 등장할 시점이었기에, 컴퓨터를 인터넷에 연결한 개인 사용자가 서서히 늘어나고 있었다(그 전의 컴퓨터는 네트워크에 연결하지 않은 사용자가 대부분이었다). 앞으로 올 인터넷 시대에 맞춰, 세가는 1996년에 기업 공식 사이트를 개설. 사이트에 찾아온 사람들이 교류할 수 있는 장소로서 전용 BBS[※7]를 준비했다. 통칭 '세가 BBS'는 세가 팬끼리 게임이나 그 외의 취미 화제를 이야기할 수 있는 장소로서 화제가 되었다. 하지만 이것은 PC용 서비스다.

1997년 말, 드디어 세가 새턴 용 독자 인터넷을 사용한 게임이 등

※6. 다이얼 업 기능이란 전화 회선을 사용한 인터넷 접속 방법을 말한다. 현재와 비교하면 저속, 이용량에 따라 가격이 부과되는 종량제 과금, 게다가 인터넷 접속 중에는 전화 회선을 차지하고 있어서 전화도 사용할 수 없는 등 불편한 점이 많았다.
※7. 네트워크상의 게시판. Bulletin Board System의 약자.

▲『드래곤즈 드림』

장한다. 세가와 후지쯔가 공동 개발한 『드래곤즈 드림』이 그것이다. 아마 일본 최초의 가정용 게임기용 네트워크 RPG일 것이다. 세가 새턴용 모뎀, 키보드, 인터넷 브라우저, (니프티) 접속용 소프트 등도 함께 갖춰져 있었다. 소프트는 세가에서 무상으로 배포되었으나, 플레이하려면 네트워크의 유지, 운영을 하는 후지쯔에 대한 이용료가 발생한다. 서비스 요금은 매월 500엔 사용료에 더해, 1분 10엔(!)의 네트워크 이용료(니프티 서브의 계약은 별도 요금), 게다가 액세스 포인트에 대한 전화 요금이 매번 들었다.

「텔레호다이(テレホーダイ)」라는 이름의 밤 11시부터 다음 날 아침 8시까지 통신 요금을 정액으로 쓸 수 있는 서비스는 1995년부터 시작되었기에,[※8] 심야 플레이라면 통신 요금은 크게 신경 쓰지 않아도 되었다. 그래도 이 이용 요금은 부담이 커서, 다음 해에 PC판 서비스도 스타트하여 상호 갈아타기도 가능했지만 실제로 즐긴 유저는 극소수였다. 후지쯔가 동시에 서비스하고 있던 아바타 챗 소프트 『헤비테이트(Habitate)Ⅱ』도 세가 새턴 이식판이 제공되었으나, 세가 새턴의 말기이기도 했기에 두 소프트 모두 거의 네트워크 실험 같은 상태였다.

※8. 2023년 9월 30일에 신규 접수를 정지하고 그해에 서비스를 종료하게 된다.

세가 새턴은 그 외에도 캐터펄트 엔터테인먼트사가 준비한 전용 모뎀을 통한 서비스 'X-BAND'로 1 대 1로 온라인 대전을 가능하게 했으나, 이는 전용 시스템이었기에 전화 요금과 플레이 요금이 함께 부과되어 접근성의 저해 요인이 되었다.[9]

이렇게, 기존에 그다지 좋은 인상이 없는 온라인 대응이었으나, 드림캐스트는 여기서 크게 비약하여 온라인 게임을 특별한 것이 아닌, 하드의 중심에 두겠다고 생각했다. 그래서 택한 것이 모뎀의 표준 장착이다. 가장 어려운 '모뎀을 구입하는 장벽'을 없앤 것이다.

그뿐만이 아니다. 인터넷에 접속하려면 프로바이더와 계약하여 별도의 지불이 필요했으나, 세가는 드림캐스트를 위해 준비한 프로바이더 'ISAO'를 사용하면 인터넷 이용 요금을 당분간 무료로 했다. 인터넷 브라우저는(후에는 채팅 소프트도) 게임과 마찬가지로 디스크로 표준 배포되었다.

유저의 네트워크에 대한 금전적인 장벽을 모두 세가가 대신 해결한다. 이 투자는 일반적으로 생각하자면 매우 큰 돈이 들어가는 일이고, 간단하게는 회수의 전망도 없다. 그래도 일단 한 명이라도 많은 전 세계의 사람들에게 인터넷을 접하게 하여 새로운 시대로 나아가게 하려고 한 것이 드림캐스트의 라이벌 하드에는 없는 돌파구였다. 후에 'IT 혁명'이라 불리는 인터넷 시대의 고객 획득을 위한 선행 투자 같은 것을 세가는 생각했던 것이다.

[9]. X-BAND는 원래 북미에서 시작한 서비스로 세가 새턴 이전에도 닌텐도의 슈퍼 패미컴이나 제네시스(GENESIS) 용으로 운영되고 있었다.

개발 개시와 플레이스테이션2의 그림자

게임을 제작하기 쉬운 개발 환경과 총력전이 된 게임 개발, 서드 파티의 지원, 유카와 전무의 대히트 프로모션에 의한 마케팅 전략, 승부수인 인터넷 표준 대응.

모든 조각이 모였다고 생각된 드림캐스트의 출항이었으나, 생각지 못한 구멍이 있었다. NEC 제작의 비디오 칩인 「PowerVR2」의 수율 문제[※10]로 인해 충분한 수의 상품을 준비할 수 없는 문제가 발생한 것이다. 이것은 하드웨어 설계가 늦어진 것이 원인으로 알려져 있다.

세가 새턴 시장이 1년만 더 버텨줬다면. 또는 차세대 플레이스테이션의 발매가 1년만 늦어졌다면, 드림캐스트는 1998년이 아니라 1999년에 발매되었을 것이다. 하지만 현실은 그렇지 못했다.

드림캐스트는 연내에 50만 대를 판매하여, 최저한의 구색을 갖춘 시작처럼 보였지만 원래는 단숨에 100만 대를 파는 것이 장대한 계획의 첫 발이었다. 분위기 좋은 '매진' 행렬 뒤에서 계획의 큰 재조정이 필요했다.

이때 나는 오랫동안 있었던 게임 개발 부문을 떠나 프로듀스 부서라는 곳으로 이동했다. 예전 플레이스테이션의 해외 런칭을 성공시킨 후 라이벌인 세가로 옮겨온 우츠미 슈지內海州史가 새롭게 드림캐스트의 소프트웨어 지휘를 맡았으며, 동시에 프로듀스 부의 부장으로

※10. 제조 시의 합격품 비율. PowerVR2의 제조는 불량률이 높아 계획된 수를 준비하지 못했다.

도 일했다. 이 부서에서는 『고질라 제너레이션즈』 등의 외주 개발 타이틀이나 드림캐스트를 사용하면 간단한 영상이 흐르는 새로운 음악CD인 「MIL-CD」 등을 만들고 있었으며, 외부 회사와 거래를 하는 프로듀서가 모여 있었다. 나는 당시 프로듀서가 아니었으나 이 부서에 배속되어 드림캐스트로 제공되는 새로운 온라인 놀이를 매일 이것저것 생각하고 있었다.

나는 인터넷을 배우기 위해, 전용 브라우저 소프트인 「드림 패스포트」를 사용하여 전문지 [드림캐스트 매거진]의 소개 기사에 실린 대로 무료 Web 사이트 제공 스페이스 '지오시티즈'[11]에 개인 홈페이지를 만들어 보았다.

단어 등록(바로가기)은커녕 복사 & 붙여넣기도 제대로 안 되는 드림캐스트 브라우저로는 사이트 갱신을 지속하는 것만으로도 꽤 큰 작업이었으나 어떻게든 홈페이지를 만들 수는 있었다. 나는 당시에 아무 생각이 없는 사람이 홈페이지를 개설할 때 만드는 콘텐츠인 '취미 이야기'나 '일기' 텍스트를 매일 갱신했다.

그런 것이라도 계속하고 있자, BBS를 통해 '실제로 얼굴을 마주쳐 본 적이 없는 친구'라는, 그때까지는 상상도 못 했던 교우 관계가 생겼다. 소위 인터넷 친구이다. 그들과는 주로 서로의 홈페이지 BBS로 소식을 주고받았다. 여기서 만난 사람 중 몇몇과는 20년이 지난 지금도 인연이 이어지고 있다.

'과연, 인터넷을 사용하면 이런 식으로 커뮤니케이션이 생겨나고

※11. 원래는 미국 지오시티즈 사에 의해 시작된 것이지만, 소프트뱅크와 합병 회사를 설립하여 1997년 일본에서도 서비스가 개시되어 일본에서 개인 사이트의 여명기를 뒷받침했다. 2000년부터는 'Yahoo! 지오시티즈'로 이름을 바꾼다. 2019년 3월 말에 폐쇄되었다.

친구가 생기는구나'하고 매우 놀랐다. 지금은 너무 당연한 것을 처음으로 체험했던 것이 드림캐스트였다. 하지만 이런 즐거움을 어떻게 드림캐스트의 유저들에게 알릴 수 있을 것인가?

그런 느긋한 고민을 하던 것은 정말 짧은 기간이었다. 세가 새턴 때와는 달리 게임 업계를 이미 장악하고 있던 소니는 세가에게 연말 시즌 이후의 반격 기회를 주지 않았다. 드림캐스트의 발매 불과 3개월 후인 1999년 3월 초순, '차세대 플레이스테이션'인 「플레이스테이션2」가 빠르게도 모습을 드러냈다.

플레이스테이션2의 컨퍼런스에서 발표는 여느 때처럼 영상뿐이었으나 초대된 손님들은 매우 놀랐다. 이전까지 프리렌더 무비 씬으로밖에 실현할 수 없었던 3D 인물이 리얼타임 계산으로 움직이는 모습을 선보이고, 차세대 『그란 투리스모』의 리얼한 주행 영상이 흐르고, 모션 캡쳐나 프랙탈이라는 기술을 사용한 물리 연산 데모가 차례로 소개되었다.

또한, 이들 CG 영상은 소니뿐 아니라 스퀘어나 남코같은 플레이스테이션을 지탱하는 게임 제작사의 협력하에 만들어진 것이었다.

이전 해의 드림캐스트 발표회 이상으로 임팩트가 있는 영상을 본 매스컴 각 사는 "하드 성능은 무려 드림캐스트의 10배 이상!" 등 크게 부풀렸다. 물론 실제는 그렇지 않았고 냉정하게 비교하면 드림캐스트 쪽이 기능적으로 나은 점도 많았지만 그런 소문이 신빙성을 가지고 퍼질 정도로 호소력이 있는 컨퍼런스였다.

회장을 놀라게 한 것은 영상뿐만이 아니었다. 새롭게 추가된 두 개의 하드 기능이다. 하나는 아직 등장한 지 얼마 되지 않은 차세대 기록매체인 「DVD」 미디어를 채용하여 시판 중인 영상 소프트를 재생할 수 있다는 점. 다음으로 드림캐스트가 하지 못한 초대 플레이스테이션과의 '하위 호환성'이다. 차세대 플레이스테이션은 성공한 이전 하드에서 토대를 이어받는 것이었다.

가장 중요한 발매 시기는 '이번 겨울'이라고 했기에 많은 미디어는 1년 후인 '2000년 3월'이라고 예상했다(실제로 그렇게 되었다).

새로운 하드 발표라는 것은 언제나 실제 이상의 가능성을 어필하는 자리이기에 기존에도 라이벌 간에 서로 견제해 왔었다. 하지만, 이 콘퍼런스의 임팩트는, 예전 1994년 봄에 무명 게임기를 가장 주목받는 하드로 끌어올린 그 T-REX 데모의 재림이었다. 게다가 이번에는 도전자가 아닌 '점유율 No. 1 하드'의 신형이라는 후광까지 붙어 있다.

그뿐 아니라 초대 플레이스테이션의 인기도 전혀 기세가 꺾이고 있지 않았다. 2월에 발매된 『파이널 판타지Ⅷ』에서 보여준 무비의 퀄리티는 영화 같다는 평가였다. 주제가도 포함한 대량의 광고도 힘을 더해, 연말연시의 화제는 거의 이 게임 하나로 석권하고 있었다.

그 뒤에도 4월에 『사가 프론티어』(스퀘어), 『스파이로 더 드래곤』(SCE), 5월에 『에이스 컴뱃3』(남코), 7월에 『성검전설 레전드 오브 마나』(스퀘어), 9월에 『와일드 암즈 2nd 이그니션』(SCE), 10월에 『죠죠의 기묘한 모험』(캡콤), 『아크 더 래드Ⅲ』 등 히트작과 화제작이 이어져, 도저히 차세대기로 배턴 터치를 할 생각이 없어 보일 정도로 충실했다.

또한 일본 내에서는 세가 새턴만큼이나 보급 대수가 늘지 않아 고민하던 「닌텐도64」 역시 『포켓몬』 효과로 저력을 보이고 있었다.

『포켓몬』은 TV 애니메이션화에 이어 1998년에는 극장용 영화도 공개. 닌텐도는 포켓몬의 인기를 닌텐도64에도 이어지도록 1998년 말에 음성 회화 게임 『피카츄 겐키데츄』를 발매하여 히트시켰다. 다음 해에는 TV 애니메이션과 영화가 북미에서도 공개되어, 붐은 전 세계로 퍼져 나갔다.

동시에, 대망의 신작으로 3D 액션 RPG의 결정판인 『젤다의 전설 시간의 오카리나』가 11월에 발매되었고, 1999년에 막 들어선 1월에는 유명 인기 시리즈의 첫 작품이 되는 드림 매치 『닌텐도 올스타! 대난투 스매시 브라더스』까지 연이어 등장. 이 해 연말연시는 닌텐도 64 발매 이래 가장 좋은 분위기를 보여 주었다.

5월이 되자 이번에는 닌텐도의 차세대 게임기 '돌핀'(후의 「게임큐브」)이 발표된다. 하지만, 이쪽은 기존의 닌텐도 하드웨어 발표와 마찬가지로 처음에는 그다지 구체적이지 않았고, 2000년 말 발매라는 예정도 신빙성이 떨어지는 것이었다(실제 발매가 된 것은 2001년 9월이었다). DVD 드라이브를 탑재하여 마츠시타 전기가 개발한다는 발표도 있었다.

앞 세대에는 「3DO」라는 닌텐도 라이벌 하드를 발매했던 마츠시타 전기는 3DO의 실패 후에 차세대 하드 'M2'를 개발하고 있었지만, 승산이 없다고 판단하여 발매를 단념하고 닌텐도의 서포트를 하기로 결정한다.

의욕적인 신작이 이어지나……

차례로 차세대기 엔트리가 이어지던 중에, 세가의 먼저 치고 나가기 작전은 결코 잘 흘러가지 않았다. 우선 3월에 차세대 플레이스테이션이 발표될 때, 드림캐스트 발매 타이틀은 불과 13 종뿐이었다.

분명 『소닉 어드벤처』는 런칭에도 맞췄고 평가도 높았다. 그뿐 아니라 네트워크 대전도 가능한 『세가 랠리2』, 캡콤의 신작 『파워 스톤』 등의 화제작도 있었지만, 『파이널 판타지Ⅷ』이나 『시간의 오카리나』 등 RPG 대작이 화제를 석권하는 상황에서 실제 발매된 RPG는 『신세기 에볼루션』 뿐이었던 것이 불

▲『소닉 어드벤처』

안감을 주었다. 아무리 서드 파티와 교섭이 순조롭다고 해도, 아무리 개발이 쉬운 하드라고 해도, 이런 단시간에는 개발 일정을 맞출수 없었던 것이다. 게다가 하드의 공급 부족은 연초에도 이어져 고객들이 구매하고 싶어 하는 타이밍을 놓쳐 버렸다.

결국 드림캐스트는 '연내 100만 대'에서 수정한 '분기 말까지 100만 대'라는 목표조차 도달하지 못한 채 결산을 마감했다. 겨우 5월

▲『세가 랠리2』

에 100만 대가 출하되어, 반년에 걸쳐 공급을 안정시켰을 때는 화제가 PS2로 옮겨가 드림캐스트의 수요는 순식간에 떨어지고 말았다.

드림캐스트의 고전에 더해, 세가에는 또 다른 시련이 있었다. 이전부터 수익의 핵심이었던 게임 센터(오락실)에서 가동하는 아케이드 게임의 부진이다. 이는 히트작이 안 나와서라기보다는 일본 전체가 불경기가 되어 업계 전체가 눈에 띄게 축소하고 있었기 때문이었다.

세가 새턴의 등장 시에는 일본 경기가 계속 좋았고, 게임 센터는 『버추어 파이터』를 중심으로 대히트가 이어지고 있었다. 더욱이 세가는 다소 무리를 해도 유럽/미국에서의 메가 드라이브/GENESIS의 호조로 버티고 있었으나, 이 역시 엔고와 제네시스의 쇠퇴, 세가 새턴의 부진으로 오히려 짐이 되고 있었다. 5년 사이에 세계를 둘러싼 상황이 크게 변한 것이다.

신문에는 '전후 최대의 마이너스 성장', '과거 최악의 실업률' 등의 말이 오르내리던 시기이다. 2기 연속으로 적자를 낸 세가는 이해 5월, 결국 1,000명이나 되는 대규모 구조조정을 한다. 이 숫자는 전사원의 4분의 1에 이르는 것이었다.

게다가 이 해 봄에는 드림캐스트의 고난과 관계가 없는 곳에서 세가를 곤란하게 하는 뉴스가 날아들었다. 세가가 타사 휴대기 용으로 소프트를 공급한다는 신문 보도다. 이에 이어지는 형태로, 게임 업계에서 가장 메이저한 잡지인 [주간 패미통]의 권두에 마리걸의 카야마 테츠香山哲의 인터뷰가 게재되었다.

여기에 언급된 "닌텐도 게임보이 컬러로 『사쿠라대전』을 발매한다
"는 이야기는 세상도 세가도 놀라게 했다. 마리걸은 리쿠르트와 닌텐
도의 합병 회사로 카야마는 리쿠르트에서 온 사장이었다. 왜 세가 사
람도 아니고 아무 인연도 없어 보이는 인물이 세가의 오리지널 게임
인 『사쿠라대전』에 대해 말하는 것일까?

세상을 떠들썩하게 한 "미확인 기사"는 사원들조차도 있을 수 없
는 이야기라고 생각하고 있었지만, 1년 반 뒤에 카야마는 세가의 특
별 고문에 취임, 2001년에는 COO(최고 운영 책임자)가 되어 이를 실현
시킨다. 그런 카야마의 소란스러운 게임 업계 데뷔가 이 뉴스였다.

여러 불길한 이야기가 이어지던 중, 이를 떨쳐버리려는 듯이 세가
는 마지막으로 큰 도박에 나선다. 2만 9,800엔의 본체를 1만 9,900
엔으로 갑자기 3분의 1 정도의 가격 인하를 한 것이다. 아무리 하드
가 가격 인하를 전제로 만들어졌다고 해도, 단 반 년 만에 큰 가격
인하는 물론 계획에 없던 일이다. 하드는 큰 적자 판매가 되었다. 나
아가 현재 발매된 게임 중 『소닉 어드벤처』 등 5 타이틀을 1,990엔
으로 인하했다.

소프트도 SNK의 『더 킹 오브 파이터즈 드림 매치 1999』, 겐키의
『수도고 배틀』 등 서드 파티의 강력한 타이틀이 동시 발매되었다. 다
음 달에는 프롬 소프트웨어의 대전 로봇 액션 『플레임 글라이드』나
코나미의 오리지널 플라이트 슈팅 『에어포스 델타』 등이 이어진다.
이를 통해 연내 200만 대, 회계연도 내 300만 대를 목표로 했다.

플레이스테이션2가 아무리 대단하더라도 게임 소프트의 개발은

드림캐스트가 먼저 시작했다. 거기에 300만 대의 시장이 형성되어 있다면 호각 이상으로 싸울 수 있을 것이다. 싸움은 끝나지 않았다.

드림캐스트의 소프트 라인업은 여름 이후부터 조금씩 충실해져 갔다. 세가에서 우선 세가 새턴의 히트작 스포츠 타이틀이 속속 발표되었다. 6월에는 『전 일본프로레슬링』의 속편 『자이언트 그램』, 그

▲『프로야구 팀을 만들자!』

리고 8월에 『프로야구팀을 만들자!』, 9월에는 『J리그 프로 사커 클럽을 만들자!』 같은 인기 스포츠 시뮬레이션 게임이, 세가 새턴 판 스태프의 손으로 개발, 발매되었다.

또한 아케이드 타이틀의 이식은 전용 컨트롤러도 각각 준비하여 주변기기와 세트로 속속 발매했다. 1월은 핸들 컨트롤러와 함께 『세가 랠리2』가, 3월에는 건 컨트롤러와 함께 『더 하우스 오브 더 데드2』가, 4월에는 낚시 컨트롤러와 함께 『겟 베스』가, 12월은 아케이드와 같은 트윈 스틱과 함께 『전뇌전기 버추어 온 오라토리오 탱그램』이 등장했다. 팬은 TV 앞이 주변기기로 가득해졌다.

▲『J리그 프로 사커 클럽을 만들자!』

▲『더 하우스 오브 더 데드2』

서드 파티도 대형 제작사에 의한 의

욕적인 타이틀이 출시되었다. 3월에 타이토의 『사이킥 포스 2012』
나 허드슨의 『북으로』 등이 있었으나, 8월에는 남코가 약속대로 무
기 대전 격투 인기작 『소울 칼리버』를 최고의 퀄리티로 발매했다. 또
한 8월에는 반다이에서 『기동전사 건담 외전 콜로니가 떨어진 땅에
…』까지 발매되었다.

그러던 중에도 7월에 발매된 비바리움의 『시맨 ~금단의 펫~』은
이색 중의 이색 게임이었지만, 드림캐스트에서 가장 화제가 된 게임
일지도 모른다.

기분 나쁘게 생긴 인면어를 키우면서 동봉 마이크를 사용하여 음
성으로 커뮤니케이션을 하는 유일무이한 게임 디자인을 가진 이 게
임은 흥미로운 프로모션의 도움을 받아 게임 업계 밖에서도 화제가
되었다. 그 후 오리지널 디자인의 드림캐스트 본체나 크리스마스용
특별판, 회화 어휘를 늘린 업데이트 판이 나올 정도로 큰 인기를 얻
었고 일시적으로는 드림캐스트의 마스코트 같은 취급을 받았다. 후
에 이식되기도 했지만 드림캐스트 판 만으로 시리즈 누적 55만 장이
팔렸다고 하니, 그 인기는 실로 대단했다.

핵심 기능이었으면서도 대응 소프트가 그리 잘 나오지 않던 온라
인 게임도 서서히나마 등장하기 시작했다. 특히 9월에 발매된 세가
의 『모여라! 빙글빙글 온천』은 트럼프의 대부호나 마작 등 평범한 테
이블 게임 모음집에 지나지 않았으나, 그 실체는 모르는 사람들과의
커뮤니케이션 소프트로, 온라인 게임의 표준이 되어 그 뒤에도 시리
즈화되었다.

▲『모여라! 빙글빙글 온천』

대망의 해외 발매도 시작되었다. 북미 발매일은 드림캐스트의 본체에 그려진 소용돌이 마크를 의식하여 1999년 9월 9일로, 가격은 일본의 새 가격에 맞춘 199달러라는 파격적인 저가였다. 발매 전에 20만 대의 예약이 들어왔다고 한다.

세가는 북미에서도 세가 소프트 네트웍스 사를 모회사인 CSK와 공동 설립하여 미국에서 온라인 회원 100만 명을 목표로 했다. 곧이어 유럽에서도 다음 달인 10월에 발매되었다.

북미에서 드림캐스트 발매 직후에 플레이스테이션2의 명칭, 발매일, 가격이 발표되었다. 다음 해 3월에 발매인 점은 예상대로였으나 가격은 3만 9,800엔으로 드림캐스트 가격의 두 배였다. 그렇다면 아직 싸울 여지가 있지 않을까?

그뿐 아니라 발표 직후에 치러진 도쿄 게임쇼에서는 플레이스테이션2 용 소프트의 모습은 없었다. 반대로 드림캐스트에는 기대작이 다수 모여 있었다.

우선, 드디어 12월에 발매되는 댄스 & 액션『스페이스 채널5』의 프로모션이 대대적으로 이루어졌다. 더해서, 기존에 본 적이 없는 망가 디멘션[12]의 비주얼 표현이 시선을 끄는『젯 셋 라디오』의 타이틀

※12. 망가 디멘션이라는 말은 이 게임의 오리지널 표현으로 현대에는 툰 셰이드라고 불린다. 지금은 굉장히 보편적인 그래픽 표현이지만, 이를 게임에서 리얼 타임으로 구현한 것은 이 게임이 세계 최초였다.

발표도 이 타이밍에 치러져, 세가 부스는 대성황을 이루었다. 특히 영상이 눈길을 끄는 이 두 게임은 둘 다 과거 하드에서는 실현할 수 없었던 드림캐스트만의 게임이었다.

▲『스페이스 채널5』

『스페이스 채널5』를 프로듀스한 것은 미즈구치 테츠야水口哲也로, 레트로 퓨쳐 풍 비주얼을 전면에 내세운 프로모션으로 시부야를 도배했다. 주인공 '우라라'는, 이후에 J-PHONE(현재의 소프트뱅크 모바일)의 이미지 캐릭터 같은 대우로 활약하는 등, 게임 밖에서도 오랫동안 활약한다.

▲ 시부야를 점령한 프로모션

또한『젯 셋 라디오』는『팬저 드라군』을 개발한 '팀 안드로메다'에

▲『젯 셋 라디오』

있었던 젊은 멤버가 중심이 되어 태어난 팀으로 스태프 대부분이 20대였다. 이 스태프들은 후에 『용과 같이』를 시작하는 코어 멤버가 된다.

새로운 게임을 찾는 이들에게 드림캐스트 게임의 참신함, 쿨함은 매력적으로 보였을 것임이 틀림없다.

닿지않는 목표 200만 대

하지만, 일본의 「드림캐스트」 판매 대수가 늘어나는 일은 없었다. 『소울 칼리버』가 미디어에서 최고 평가를 받아도, 『시맨』이 매스컴에서 연일 화제가 되어도, 9월 말 시점에 판매 대수는 140만 대로, 가격 인하 후를 포함한 4개월의 판매 대수는 40만 대에 불과했다.

그래도 세가는 더욱 공세를 강화했다. 10월에는 드디어 팬 대망의 신작 『사쿠라대전3』를 발표. 세가 새턴 판에서 크게 진화한 비주얼, 후지시마 쿄스케藤島康介가 그린 매력적인 신 캐릭터는 세가 새턴에서 옮겨 온 팬들에게 환영받았다. 그리고, 1년간 프로모션을 전개해 온 핵심 타이틀 『쉔무』가 12월 말, 드디어 발매되었다.

『쉔무』는 세가에서 가장 인기가 있던 『버추어 파이터』의 캐릭터를 사용한 RPG로 개발되고 있던 게임으로, 초기에는 주인공 아키라가 그의 무술 고향인 중국을 무대로 활약하는 게임이었으나 어느새 오리지널 캐릭터에 의한 장대한 스토리가 펼쳐지는 내용으로 바뀌었다.

스토리의 스케일 업과 함께 스태프도 늘어났다. 디렉터 스즈키 유의 소속인 AM2연의 스태프 만으로는 부족하여 다른 부서에서 멤버를 끌어모으고 나아가 외부에서의 파견 등도 계속 투입되어 프로젝트는 나날이 커져갔다. 참가한 개발자 수는 수백 또는 수천 이었다고 한다.

『쉔무』는 '오픈 월드' 게임의 대표가 되는 『그랜드 테프트 오토Ⅲ』(록스타 게임즈, 2001년)보다 먼저 밀도가 높은 3D 월드로의 마을을 구축하여 (샌드박스 게임처럼) 스토리 진행과 관계없이 플레이어가 자유롭게 마을을 돌아다닐 수 있다. 이런 자유로운 게임 시스템을 실현하기 위해 전례 없는 규모의 인원과 시간이 사용되었다. 이 자유도를 표현하는 말은 당시에 존재하지 않았기에 장르는 'FREE=Full Reactive Eyes Entertainment'라고 호칭했다.

『쉔무』는 세가 새턴 시절부터 개발을 이어왔으나 드림캐스트 발매시에는 맞추지 못하고 발표회 뒤에도 3번의 연기를 거쳐 발매되었다. 심지어 그 타이틀은 『쉔무 1장 요코스카』였고, 원래 예정되어 있던, 메인이 될 중국에서 모험은 전혀 들어가 있지 않았기 때문에 팀은 이어서 속편 개발을 계속했다.

▲『쉔무』

이 『쉔무』가 등장한 1999년 연말 시즌은 세가의 『스페이스 채널5』와, 『버추어 온』 외에도 컨트롤러 동봉으로 4인 대전을 즐길 수 있는

▲ 『츄츄 로켓!』

『츄츄 로켓!』, 아케이드에서의 이식 판 『좀비 리벤지』나 『버추어 스트라이커 2 Ver. 2000. 1』이 등장.

서드 파티 타이틀은 아틀러스에서 『마검X』. 아스키에서 『베르세르크 천년제국의 매 편 상실화의 장』과 『팬저 프론트』. 캡콤에서 인기 아케이드

▲ 『좀비 리벤지』

게임의 이식 『죠죠의 기묘한 모험』과 『스트리트 파이터III 더블 임팩트』. 에콜에서 『데스 크림존2 멜라니트의 제단』. 그리고 WARP 최후의 화제작 『D의 식탁2』.

「플레이스테이션2」가 발매되기 전, 드림캐스트 유일한 독무대이자 최후의 기회였기에 그 라인업은 상당히 충

▲ 『버추어 스트라이커2 Ver. 2000. 1』

실한 것이었다. 하지만, 라이벌도 이 해 연말에는 강력했다.

초대 「플레이스테이션」은 『크로노 크로스』(스퀘어), 『두근두근 메모리얼 2』(코나미)로 앞 세대 기기에서 히트한

타이틀의 속편을 차례로 투입. 추가로 오리지널 타이틀 『레전드 오브 드라군』(SCE), 『발키리 프로파일』(에닉스). 마지막으로 대망의 속편 『그란투리스모2』(SCE), 『패러사이트 이브2』(스퀘어)가 발매되어 모두 대히트한다.

타이틀이 부족한 느낌이었던 「닌텐도64」도 『커스텀 로보』, 『동키콩64』와, 『마리오 파티2』 등의 화제작이 연이어 발매된다.[13]

이에 더해 「게임보이」에서는 『포켓몬』의 첫 정식 속편으로 기다리고 기다리던 『포켓 몬스터 금・은』이 등장했다.

결국, 연말을 보낸 드림캐스트의 누적 출하량은 일본이 179만 대, 북미가 185만 대, 유럽이 76만 대로 전 세계 440만 대였다. 북미에서는 드림캐스트를 위해 인수한 개발 회사 「비주얼 컨셉」에 의한 차세대 풋볼 게임 『NFL2K』가 갑자기 70만 장 히트가 될 정도의 화제를 불러 모아 운 좋은 출발을 보였으나, 일본 내에서는 결국 판매 목표였던 200만 대에 도달하지 못한 채 1999년을 마무리했다.

플레이스테이션2와 DVD

새해가 밝고 드디어 3월에 「플레이스테이션2」가 발매되는 2000년이 되자 세가에게 더욱 난감한 뉴스가 이어진다.

연초의 화제는 Windows의 마이크로소프트가 TV 게임 업계에 직

※13. 거의 환상에 가까운 닌텐도64의 전용 주변기기 「64DD」도 이 해 말에 발매였으나 우여곡절을 겪다 조용히 발매되고 조용히 사라졌다.

접 참가하는 새로운 하드 「Xbox」였다. 소니, 닌텐도, 세가 이외의 하드가 갑자기 나타난 것이다.

이때까지의 「드림캐스트」는 본체에 'Windows CE' 로고를 일부러 붙이는 등 마이크로소프트와의 좋은 관계를 어필해 왔던 만큼, 모두가 드림캐스트와의 관계를 궁금해하는 상황이었는데 이때의 기사 제목은 그 이상이었다.

최초로 보도된 것은 2월, '세가와 마이크로소프트가 Xbox를 공동 개발'. 이어지는 3월 초에는 '세가와 마이크로소프트 교섭 결렬'로, 세가를 먹잇감으로 한 자극적인 기사가 계속 나왔다.

물론 3월 정식 발표 시에는 세가의 이름도 드림캐스트의 이름도 나오지 않았으나, 세상은 '세가가 드림캐스트를 포기했다'고 받아들일 수 밖에 없는 뉴스가 연속으로 보도되었다.

▲『크레이지 택시』

▲『룸 매니아 #203』

드림캐스트는 1월에 『크레이지 택시』, 『룸 매니아 #203』, 2월에는 캡콤의 『바이오 하자드 코드: 베로니카』와 『세가GT』, 3월에는 역시 캡콤의 『마벨vs캡콤2』, SNK의 『더 킹 오브 파이터즈'99 에볼루션』에 괴작 『더 타이핑 오브 더 데드』가 발매되는 등 연초부터 화제작이 이어졌으나, 연일 이어지는 보도로 인해 쇠퇴하는 이미지가 더 강했다.

그리고 3월, 드디어 「플레이스테이션2」가 발매되었다. 동시 발매 소프트는 남코의 『릿지 레이서V』, 캡콤의 『스트리트 파이터EX3』 등이 있었지만, 당시 플레이스테이션2를 곧바로 산 사람들에게도 이들 동시 발매 소프트의 인상은 그다지 강하지 않았을 것이다. 왜냐하면 이때 하드와 함께 가장 많이 팔린 것은 영화 〈매트릭스〉의 DVD였기 때문이다.

구입자가 선택한 것은 최신 게임을 플레이하는 것이 아니라, 이전 해 9월에 일본에서 극장 개봉된 대히트 SF 영화를 지금까지 사용했던 VHS 비디오나 레이저 디스크(LD) 이상의 고화질 재생이 가능한 DVD라는 기록 매체로 보는 것이었다.

플레이스테이션2의 3만 9,800엔이라는 본체 가격은 게임기로서는 당시에도 고가였지만, 이때 표준적인 DVD 재생기는 그 배 이상의 가격에 팔리고 있었다. 적절한 가격에 차세대 영상 매체인 DVD 재생기를 구입하여 막 공개된 영화를 곧바로 집에서 볼 수 있다는 게임과는 전혀 다른 세일즈 포인트로 플레이스테이션2는 대히트했다.

플레이스테이션2에서는 인터넷을 할 수 없지만 DVD를 볼 수 있다. 고객이 처음으로 손에 넣고 싶던 미래는 이쪽이었다.

플레이스테이션2는 발매일로부터 단 3일 만에 98만 대를 돌파했다는 보도가 나오고, 그대로 5월에는 200만 대, 8월에는 300만대로, 드림캐스트가 쌓아 올린 판매 대수를 반년도 되지 않는 짧은 기

간 만에 제쳤다. 틈을 주지 않고 10월에는 북미, 11월에는 유럽에서
도 발매된다. 여기에는 어떤 불안도 없이 탄탄대로 만이 이어지고 있
었다.

게다가 초대 「플레이스테이션」도 7월에는 소형화한 새로운 하드인
「PS One」이, 8월에는 『드래곤 퀘스트Ⅶ』이 드디어 발매되어 화제를
불러일으킨다. 「세가 새턴」의 숨통을 끊기 위한 1997년의 발표에서
무려 3년 반이 지난 뒤였다.

같은 해 8월에는 1년 만에 닌텐도가 차세대기에 대한 후속 정보를
발표했다. 두 개의 신형 게임 하드 「게임큐브」와 휴대기 「게임보이 어
드밴스」이다. 많은 이들의 예상대로 게임큐브의 발매는 연말이 아닌
2001년 7월이었다(실제는 10월로 더 연기했다). 스타트 대시에 성공하여
큰 차이를 벌린 PS2를 따라잡는 모양새가 될 것이었지만, 발매 전부
터 고전이 예상되었다.

「닌텐도64」는 이해 3월에 『별의 커비64』, 7월에 『마리오 테니스
64』, 8월에 『마리오 스토리』, 10월에 『퍼펙트 다크』로 계속 닌텐도
혼자 고군분투를 이어가고 있었으나, 일본 내에서 존재감은 옅어져
만 갔다.

그렇다고 해도 닌텐도는 1998년 가을에 발매한 휴대 게임기 「게
임보이 컬러」가 호조로, 「게임보이 어드밴스」라는 신형이 발표되었
어도 기세가 멈추지 않았다. 컬러 전용 소프트는 2000년 한 해에만
100 타이틀 이상이 발매되었다.

1998년 말부터 1999년 봄 사이에 연이어 발매된 휴대 게임기,

SNK의 「네오지오 포켓」과 반다이의 「원더스완」도 발매 당시에는 흑백 액정이었던 점도 있어서[14], 먼저 나온 게임보이 컬러에는 이렇다 할 힘도 못 쓰고 사라져 갔다. 10년 만에 이루어진 휴대 게임기 제2 라운드는 컬러 표시가 승리했다.

닌텐도 전체를 보아도 닌텐도64는 전 세계 규모에서는 선전하고 있었고 해외만으로 1996년에 675만 대 출하, 누적 2,000만 대에 이르는 기세로, 게임보이 시리즈의 호조(당시 세계 누적 8,000만 대 정도)도 포함하여 순조롭게 수익과 매출의 증가가 이어졌다.

세가는 거의 홀로 패배한 상황이었다. 3년 연속 428. 8억의 최종 적자를 기록한 세가는 이해 5월에 사장 취임 후 드림캐스트의 얼굴로 활약한 이리마지리 사장이 불과 2년 만에 퇴임하게 되었다. 후임은 오가와 회장이 사장을 겸임하였다.

비장의 카드였던 본체 가격 인하 시책도 잘 통하지 않았고 인터넷 투자도 아직 싹이 트지 않은 세가는 외상 청구서를 그대로 받고 말았다.[15]

드림캐스트는 이전 회계연도까지 누적 555만 대로 북미/유럽이 견고했기에 조금씩 늘고 있었지만 플레이스테이션2의 발매 후에는 반드시 고전할 것이라 예상되었다.

※14. 네오지오 포켓도 원더스완도, 그 후 컬러 버전을 발매하지만, 기존 기기의 충분한 보급 전에 컬러 기기를 발표했기 때문에 구매 보류가 일어나며 성공하지 못했다.
※15. 적자는 놀랍게도 오가와 회장이 사재 500억 엔을 투입하여 해결했다.

대망의 온라인 RPG 등장

사장이 바뀐 세가는 7월에 9개+α였던 모든 개발 부서를 분사, 독립시켰다. 『더 하우스 오브 더 데드』의 와우 엔터테인먼트, 『크레이지 택시』, 『버추어 온』의 히트메이커, 『스파이크 아웃』의 어뮤즈먼트 비전, 후에 『이니셜D』를 낳는 레이스 게임 개발사 세가 롯소, 가정용 스포츠팀과 세가PC가 융합한 스마일 비트, 『사쿠라대전』의 오버 웍스, 『소닉 어드벤처』의 소닉 팀, 『스페이스 채널5』의 유나이티드 게임 아티스트(UGA), 사운드 연구 개발 부서였던 웨이브 마스터. 여기에 더해 『버추어 파이터』, 『쉔무』를 만든 AM2를 흡수한 AM2-CRI(2001년에 사명을 SEGA-AM2로 바꾼다)를 포함한 10개 회사가 탄생. 그 외에도 유통계 등 몇 개의 분사화가 이루어졌다.

표면적으로는 개발력의 강화, 매니지먼트 능력의 강화 등 여러 이유를 들었지만, 실은 본사 사원을 줄여 회사를 심플하게 하지 않으면 위험한 상태였기 때문이었다.

▲ 『이터널 알카디아』

나는 이 분사 전에 개발 부서로 이동하게 되어 『이터널 알카디아』 팀에 들어가 있었다. 입사 이후 처음 맡는 직종인 어시스턴트 프로듀서로 코다마 리에코 프로듀서 밑에서 배우고 있던 나는, 그대로 오버 웍스로 이적하게 되었다.

『이터널 알카디아』는 완전 오리지널 풀 폴리곤 RPG이며 『쉔무』
와 마찬가지로 세가 새턴의 약점인 RPG라는 장르를 커버하기 위해
개발을 시작한 소프트다. 이쪽도 상당히 긴 개발 기간으로 고생하며
최대 100명이 넘는 개발 스태프들을 투입한 후에야 겨우 완성, 10월
에 드디어 발매, 라는 타이밍에 분사화되었다.

개발 부서의 분사화에 이어 11월에는 사명이 주식회사 세가 엔터
프라이즈에서 주식회사 세가로 변경되었다. 이때의 드림캐스트 전
세계 출하는 600만 대였다. 일본에서의 성장은 완전히 멈췄고 북미
에서 본체를 추가로 50달러 낮춰서 해외에서 일정 시장 확보를 노렸
으나 그 결과 적자는 더욱 커져만 갔다.

2000년 여름 이후의 드림캐스트도 절대 나쁘지 않았다. 6월에 남
코의 두 번째 게임 『미스터 드릴러』, 캡콤의 『스트리트 파이터Ⅲ 서
드 스트라이크』, 카도카와 서점의 『로도스도전기 사신강림』 그리고
『젯 셋 라디오』. 8월에 게임 아츠의 『그란디아Ⅱ』. 9월에 캡콤의 『디
노 크라이시스』, 『CAPCOM VS SNK』와 테크모의 『데드 오어 얼
라이브2』. 10월에 『이터널 알카디아』,

『네플 테일』. 11월에 『파워 스매시』.
12월에는 사미의 『길티기어X』, 그리고
대망의 네트워크 RPG 『판타지 스타
온라인』이 만전을 기해 발매된다.

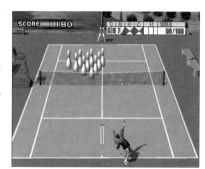

▲『파워 스매시』

『판타지 스타 온라인』은 드림캐스트

▲『판타지 스타 온라인』

에서 바라마지 않던 온라인 게임의 결정판이었다.

그때까지 PC유저들 밖에 몰랐던 온라인 게임의 매력을 훌륭하게 가정용 게임기용으로 해석해 옮겨와서, 플레이 장벽은 낮고 게임의 내용은 신선함으로 가득했다.

기본적인 게임의 흐름은, 당시 PC에서 히트하고 있던 멀티플레이 온라인(MO) RPG의 시조인『디아블로』(Blizzard Entertainment)를 따르면서 전 세계 4인 동시 온라인 파티의 3D 액션으로 완성했다. 만화적인 연출의 채팅으로 커뮤니케이션을 하면서 팀플레이, 모핑을 통한 자신만의 플레이어 캐릭터 에디트 등 플레이어의 개성을 살리는 기능이 풍성하여, 모든 부분이 세상 그 누구도 본 적이 없지만, 극한까지 네트워크 게임의 장벽을 낮춘, 받아들이기 쉬운 게임이었다.

이 플레이 체험이야말로 드림캐스트라는 하드가 줄곧 목표로 하던 것이었다. 플레이스테이션2를 포함한 다른 어떤 하드에서도 결코 할 수 없는, 온라인 게임 시대의 상징이 되는 게임이 본체 발매에서 2년이 지나 드디어 완성된 것이다.

드림캐스트 유저는 한마음으로『판타지 스타 온라인』을 플레이했다. 상시 접속이 아직 없던 시대, 「텔레호다이」를 이용하여 밤 11시부터 아침 8시까지 계속 플레이하던 사람도 적지 않았다.

물론 드림캐스트만의 이야기이므로 수는 매우 적었지만 2000년이라는 네트워크 여명기에 일본만으로 9만 명의 유저가 동시에 게임을 플레이했다는 것을 생각하면 드디어 드림캐스트가 그린 꿈이 실현되었다고 할 수 있었다.

　한편, 2000년의「플레이스테이션2」의 타이틀 라인업은 하드를 발매한지 1년 밖에 안되기도 했고, 초대 플레이스테이션의 탄탄함과 비교하면 결코 강력하다고 말하기는 어려운 것이었다.『데드 오어 얼라이브2』(테크모),『아머드 코어2』(프롬 소프트웨어) 등의 속편 타이틀이 산발적으로 나온 정도로, 12월 연말 시즌에도『다크 클라우드』(SCE),『기동전사 건담』(반다이),『바운서』(스퀘어) 등 화제작이 있긴 했으나 특필할 정도는 없었다.
　오히려 초대 플레이스테이션이 풍작으로, 앞서 이야기한 [드래곤 퀘스트Ⅶ] 외에도 5월에 [슈퍼 로봇 대전α](반프레스토), 9월에 [고기동환상 건퍼레이드 마치](SCE), 11월에는 [테일즈 오브 이터니아](남코) 같은 코어 팬 용의, 볼륨 있는 인기 타이틀이 연이어 화제의 중심이 되었을 정도다.
　하지만 그래도 플레이스테이션2는 꾸준히 팔렸다.

『판타지 스타 온라인』이 나온 2000년의 연말 시즌에도 드림캐스트는 이기지 못했다. 미지의 매력이 넘치는 이 게임의 대단함을 드림캐스트란 하드를 가지지 않은 사람들이 알아채는 데는 시간이 걸렸다.

가정용 하드 사업에서 철수

 연말연시 시즌이 끝난 2001년 1월 말, 세가는 미디어를 모아 긴급 기자 회견을 열고 이번 회계연도 말에 「드림캐스트」의 제조를 중지한다고 정식 발표했다. 이것은 1983년에 「SC-3000」과 「SG-1000」을 발표한 이래, 약 18년에 걸쳐왔던 가정용 게임기 하드 사업 철수를 의미했다.

 발표된 숫자에 의하면 연말까지 일본에서 팔린 드림캐스트는 불과 28만 대. 그 외에 미국이 135만 대, 유럽이 56만 대, 아시아 13만 대로 다 합쳐도 불과 232만 대였다. 이에 따라 전 세계에서 700만 대를 돌파했으나 당초 예상과 비교하면 44% 마이너스인 숫자이다.

 기존에 제작된 재고 200만 대는 일본 9,900엔, 북미 99.95달러로 처분 판매를 하게 되었다.

 이 발표에서는 추가로, 자사의 간판인 『버추어 파이터4』와 『사쿠라대전』 시리즈를 「플레이스테이션2」 용으로 발매, 『소닉』 시리즈의 「게임보이 어드밴스」용 발매에 관해서도 발표되었다.

 세가의 이 시점의 적자는 800억 엔에 달했으나 오가와 사장 겸 회장은 이전 해의 500억 엔에 이어 850억 엔의 사재를 증여하여 세가의 재건을 목표로 했다.

 드림캐스트의 최대 특징인 네트워크 게임. 그 히트작의 실현은 오가와 회장의 꿈이기도 했다. 신시대의 막을 여는 『판타시 스타 온라인』이 드디어 등장하여 이제부터 "역습이다"라는 타이밍에, 드림캐스트는 종료를 선언하고 만 것이다.

그 뒤 한 달 반 후인 3월 16일, 오가와 사장 겸 회장은 지병이 악화되어 세상을 떠났다.

2001년 4월, 세가는 드림캐스트 팬 대상 이벤트로 「GameJam in Zepp Tokyo」를 개최했다. 막 발매되거나 이후 발매되는 신작 소프트의 체험 이벤트다.

드림캐스트에는 어렵게 얻은 유력 서드 파티의 대부분이 떠났지만 하드 사업 종료 후에도 캡콤을 중심으로 많은 제작사에서 신작 타이틀이 발매되었다. 물론 세가에서도 원래라면 드림캐스트를 견인해야 했을 의욕적인 게임이 출시되었다. 2월에 『헌드레드 소드』, 3월에 『사쿠라대전3』와 『세가가가』, 6월에 『소닉 어드벤처2』, 9월에 『쉔무 Ⅱ』 등이다.

하드 발매에서 3년이 지나 모든 게임이 하드 성능과 개성을 충분히 살리고 있기에 이들 게임은 당시에 즐겼던 팬들에게는 잊을 수 없는 타이틀이 되었을 것이다.

하지만, 이들 게임이 팬들 손에 들어갈 즈음 대부분의 개발 스태프는 드림캐스트의 개발 장비를 정리하고 타사 하드 용 게임을 만들고 있었다.

▲ 『사쿠라대전3』

와우의 『더 하우스 오브 더 데드』 팀은 남코의 하청으로 『뱀파이어 나이트』를 플레이스테이션2로.

SEGA-AM2는 『버추어 파이터4』를 플레이스테이션2로. 히트메이커는 『크레이지 택시3』를 「Xbox」로.

어뮤즈먼트 비전은 『스파이크 아웃』을 Xbox로.

스마일 비트는 『젯 셋 라디오』와 『팬저 드라군』의 신작을 Xbox로.

오버 웍스는 신작 『Shinobi』를 플레이스테이션2로.

소닉 팀은 『소닉 어드벤처2』를 「게임큐브」로 이식하고, 게임보이 어드밴스로 『소닉 어드밴스』를.

UGA는 드림캐스트용으로 개발 중이었던 『Rez』와 『스페이스 채널5 Part.2』를 플레이스테이션2와 동시 개발로 변경.

웨이브 마스터는 『룸 매니아 #203』의 속편을 플레이스테이션2로.

(세가 롯소는 아케이드용 [이니셜D]를 개발)

2002년에 드림캐스트 전용으로 발매된 게임은 『사쿠라대전4』가 거의 실질적인 마지막이라 할 수 있을 것이다.

▲『사쿠라대전4』

2002년 봄, 세가는 작년에 이어서 다시 팬 대상 이벤트 「Game Jam 2」를 도쿄 국제 포럼에서 개최. 『사쿠라대전4』의 발매 직후였기에 드림캐스트 게임의 모습은 거의 없고 플레이스테이션2, 게임큐브, Xbox, 게임보이 어드밴스의 타이틀이 전시되어 있었다.

하지만 회장의 풍경은 1년 전과 큰 차이가 있었다. 게임 체험대에 초등학생의 행렬이 생겨났던 것이다. 2001년 말에 발매된 게임큐브용 이식판 『소닉 어드벤처2 배틀』과 동시 발매된 게임보이 어드밴스용 신작 『소닉 어드밴스』가 모두 예상을 뛰어넘는 히트를 기록. 그 결과, 닌텐도 하드의 고객들이 처음으로 세가 이벤트에 찾아오게 된 것이다. 세가가 그동안 계속 바라왔으나 자신의 힘으로는 도저히 이룰 수 없었던 저연령층 팬을 드디어 확보한 순간이었다.

세가가 만든 드림캐스트 최종 타이틀은 2004년 2월에 발매된(모든 하드로 내는 것을 목표로 제작된) 『뿌요뿌요 피버』였으나 2002년 이후의 드림캐스트를 지탱한 것은 서드 파티 게임 회사였다. 대부분은 PC에서 이식된 미소녀 게임이었으나 그래도 2004년까지는 다수의 게임이 발매되어 시장을 유지했다. 또한 아케이드용 호환 기판 NAOMI로는, 아케이드 쇠퇴기에도 『이카루가』(ESP)나 『트라이질』(트라이앵글 서비스), 『라디르기』(마일스톤), 『트리거하트 에그제리카』(와라시) 등의 슈팅 게임이 모여 최종적으로 2007년까지 드림캐스트로 이식이 지속되었다. 결과적으로 일본내 드림캐스트 타이틀은 제조 중지 후에 발매된 Xbox의 모든 타이틀보다 더 오랜 기간 동안 발매되었다.

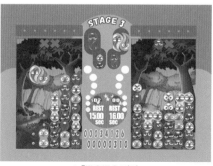

▲『뿌요뿌요 피버』

'창조는 생명'을 실현한 하드

「드림캐스트」의 최종 판매 대수는 최후의 처분 가격으로 판매한 200만 대를 더한 전 세계 913만 대, 그 중 일본은 245만 대, 북미에서는 461만 대, 유럽 161만 대, 아시아 44만 대였다.

드림캐스트 종료 후에도 아케이드 호환 기판인 NAOMI(및 개량판 NAOMI2)는 계속 사용되었다. 전용 드라이브인 GD-ROM의 생산 종료 후에도 디스크 공급에서 ROM 공급으로 전환되어 그 뒤에도 10년 이상 타이틀이 릴리즈되었다. 그중에는 아동용 트레이딩 카드 게임의 원조 『갑충왕자 무시킹』(2003년~)도 포함되어 있다. 드림캐스트의 혼은 계속 살아 있었다.

드림캐스트에서 일본 온라인 RPG의 선구자가 된 『판타지 스타 온라인』은 제조 중지 후에도 인기가 계속 확대되었다. 그 후 플레이어로부터 '게임에서 협력 플레이한 것이 계기로 결혼하게 되었다'는 보고가 몇 건 정도 세가에 들어오게 되어 개발 스태프를 기쁘게 했다.

이 게임은 몇 개의 버전 업 판, 이식판과 파생작을 지나서 2012년에 PC용으로 『판타지 스타 온라인2』가 등장. 서비스 개시로부터 10년이 넘은 지금도 전 세계에서 사랑을 받고 있다.

『판타지 스타 온라인』이 만들어낸 가정용 온라인 게임에서 새롭게 시도했던 수많은 내용들은 캡콤의 『몬스터 헌터』나 반다이남코의 『갓 이터』 등 타사를 포함한 그 후 온라인 게임에도 영향을 주었다.

『판타지 스타 온라인』이야말로 드림캐스트가 목표로 한, 네트워크 게임을 개척하겠다는 방침이 없었다면 존재할 수 없었던 게임이었다.

그 후 「플레이스테이션」이 인터넷을 표준 탑재하는 것은 2004년 「플레이스테이션 포터블」이 되어서였다. 드림캐스트는 그보다도 6년 빠른 등장이며 하드웨어의 아이덴티티로 인터넷을 선택한 것은 스스로 고난의 길을 선택한 것이라 할 수 있으나, 세가가 줄곧 사훈으로 제창해 온 '창조는 생명'이란 말대로 개척 정신의 집대성이 드림 캐스트였을지도 모른다.

세월이 흘러 드림캐스트의 제조 중지 선언에서 20년 후인 2021년. 드림캐스트에 관한 어떤 화제가 Twitter(현 X)에 확산되어 뉴스가 되었다.

그 화제란, 유명 메탈 밴드 LOVEBITES의 인기 베이시스트 miho 와 '니코니코 생방송'의 유명 스트리머인 쿠사카 아키라가 각각 초등학생이었을 때 드림캐스트를 통해 만난 '온라인 친구'였다는 것이다.

둘은 같은 취미를 가진 초등학생[16] 이란 점 때문에 드림캐스트의 채팅 기능을 통해 인연이 되어 초등학교를 졸업할 때까지 반년간 매일같이 채팅이나 이메일을 주고받았다고 한다

그리고, 그녀들은 묘한 계기로 다시 연락되어 20년이 지나서야 처음 실제로 만나게 되었다고 한다. 코로나로 인해 친구를 만나기 어려워 힘들었던 시기에 많은 사람들이 이 뉴스를 보고 그녀들의 재회를 축하했다.

※16. 당시 「드림캐스트」에서 인터넷을 이용하던 초등학생은 꽤 드물었을 것이다.

당시 세가가 드림캐스트로 이루지 못했던, 인터넷이 가능하게 하는 새로운 교류. 그것이 확실히 존재했다는 것을 그녀들이 20년 만에 알려준 것이었다.

1999년, 드림캐스트 발매 전의 10월에 열린 미디어, 유통 대상의 결단식 「뉴 챌린지 콘퍼런스Ⅱ」를 위해 제작되었으나 직전에 상영이 취소된 환상의 영화 〈인의 있는 전쟁〉.[17] 라스트 씬에서 이리마지리 사장은 이렇게 말한다.

드림캐스트의 목표는 이것이야. 사람과 사람의 커뮤니케이션이지.
이제부터는 놀이만을 위한 게임기는 끝이야.
많은 사람들이 모여서 하나의 목표를 향하는,
마음과 마음을 잇는 도구야.
이제 막 태어난 하드니까 아직 갈 길이 멀지만,
그래도 말이야, 가능성은 있어.
모두가 키워나갈 꿈의 원석이지.

『쉔무』, 『판타지 스타 온라인』, 『시맨』…… 드림캐스트는 세가 가정용 게임기 역사에 종지부를 찍은 최후의 하드이며, 결코 성공한 하드는 아니었으나 이 '꿈의 원석'은 세계에 영향을 주고 그 뒤의 비디오 게임의 역사, 온라인의 역사에 남은 명 하드로서 사람들의 기억에

※17. 〈인의없는 전쟁〉의 패러디 단편 영화. 기획, 각본을 아키모토 야스시가 담당하고 〈TRICK〉, 〈이케부쿠로 웨스트파크〉, 〈긴다이치 소년의 사건부〉 등을 담당한 츠츠미 유미히코가 감독을 맡았다. 출연자는 모두 당시 세가 사원 및 임원이 했다. 오랫동안 봉인되어 있었으나 2002년 봄 GameJam2에서 일반인 대상으로 이벤트 상영되었다.

남아있을 것이다.

제8장 | 2002년~

그 후

확대되어 가는 비디오 게임 시장

세가가 가정용 게임 하드 사업에서 철수한 후인 2000년대 중반, 나는 프로듀서가 되어 새롭게 「플레이스테이션2」용으로 리스타트한 『사쿠라대전』시리즈의 업무를 하고 있었다.[※1] 발매 지역에 유럽/미국은 포함되어 있지 않았으나 일본 이외의 아시아 지역용으로 대만이나 홍콩을 위한 번체판, 한국용의 한글판 등 새로운 버전도 처음으로 직접 개발했다. 게임 시장은 점점 확대되고 있었다.

이에 맞추어 일본의 게임 업계는 기업의 재편이 이어졌다. 최초로 세상을 놀라게 한 것은 2002년 11월, 2대 RPG 회사인 스퀘어와 에닉스의 합병 발표이다. 다음 해 4월에 정식으로 새로운 회사 '스퀘어에닉스'가 탄생했다.

그다음은 세가였다. 전통 있는 게임 제작사이며 파치 슬롯으로 큰 성장을 하고 있던 사미와의 사업 통합을 2003년 2월에 발표. 그 후 다른 합병 이야기도 나왔으나, 다음 해인 2004년 1월, 세가와 사미는 경영 통합을 하여 '세가사미 홀딩스'가 탄생했다. 세가는 세가사미 그룹의 일원이 되어 재건을 이루었다. 분사했던 개발사들은 다시 세가 본사로 흡수되었다.

이 사이에 세가와의 합병 보도가 있었던 남코는 예전에 세가와 합병 이야기가 취소되었던 반다이와 2005년에 경영 통합을 하여 '반

※1. 2004년 9월 발매인 『사쿠라대전Ⅴ EPISODE 0 ~황야의 사무라이 아가씨~』에서 처음으로 프로듀서가 되었다.

다이남코 홀딩스'가 탄생했다.

또한 같은 시기에 타이토가 스퀘어에닉스의, 허드슨은 코나미의 연결 자회사가 되었다(허드슨은 2012년에 해산).

2008년에는 코에이와 테크모가 경영 통합을 발표, 2009년에 '코에이테크모 홀딩스'가 탄생했다.

경영 기반을 강화한 각 사는 지금도 세계 게임 업계에서 활약하고 있다.

그리고, 세가가 빠진 뒤의 가정용 게임기 점유율 경쟁은 마이크로소프트가 세가의 뒤를 잇는 모양새로 닌텐도, 소니와 3사 대결이 이어지고 있다.

하지만 현재는 가정용 게임기 이외에도 PC 게임 시장의 확대, 스마트폰이나 VR 기기도 더해져 이제는 가정용 게임기 시장이 비디오 게임의 중심이라고 부를 수 없게 되었다.

그뿐 아니라 중국 등 아시아 각국을 포함하여 세계의 게임 인구 증가도 있어서, 비디오 게임 시장 규모는 매년 확대되고 있다.

[패미통 게임백서 2022]에 의하면 2021년 세계 게임 콘텐츠 시장 규모는 21조 927억 엔, 그 중 일본은 2조 엔의 시장이라 전 세계에서의 비중은 1할에도 미치지 못한다.

닌텐도의 매출은 2021년도에 1조 6,953억 엔인데 패미컴의 발매 직전 직후인 1983~1984년도는 둘 다 약 650억 엔으로 당시와 비교하면 무려 26배가 된다.

1983년 세가와 같은 날에 게임기를 발매하여 오랫동안 라이벌로 싸워온 닌텐도가 지금도 소니나 마이크로소프트라는 거대 기업 상대로 훌륭한 싸움을 하는 모습을 보면, 어딘가에서 찬스를 살렸다면 세가에게도 이런 미래가 있었을지도 모른다는 생각이 든다.

만약 「SG-1000」의 성능이 패미컴과 같은 레벨이었다면? 만약 북미에서 「제네시스(GENESIS)」에서 차세대기로의 이행이 실패하지 않았다면? 만약 『버추어 파이터』가 태어나지 않았다면? 「세가 새턴」의 장기였던 2D 게임의 시대가 지속되었다면? 또는 소니와 협력하여 하나의 하드로 닌텐도에 도전했다면? 만약 「드림캐스트」의 런칭이 잘 되었다면? 아니면 20세기 중에 세가가 소프트 제작사로 되어 있었다면? 지금까지 이야기했던 중에 몇 번이고 있었던 터닝 포인트가 생각이 난다. 이런 '역사의 if'는 한 번이라도 세가의 하드를 사랑한 적이 있는 사람이라면 밤을 새워서, 아니 며칠 동안이라도 계속 이야기할 수 있을 것이다. 만약 드림캐스트 다음으로 다시 한번 새로운 하드를 만들 수 있었다면?

…하지만 현실의 세가는 아무리 팬들의 지지를 받아도, 드림캐스트 이후, 가정용 게임기를 만들지 않았다.

약 20년 만의 가정용 하드 발매

2018년. 아키하바라에서 행해진 세가의 팬 감사 이벤트 「세가 페스」 회장에서 레이와 시대(역자 주: 2019년부터의 일본 연호) 최초의 새로운 가정용 게임기로 「메가 드라이브 미니」가 발표되었다. 나는 회장 한구석 벽에 기대어, 멀리서 사토미 하루키里見治紀회장이 본체를 들어

올리며 메가 드라이브 미니를 소개하는 모습을 감격에 차서 바라보았다. 이 발표는 「드림캐스트」에서 약 20년 만의 세가 가정용 게임기라는 점에서 크게 화제가 되었다.

▲ 「세가 페스」의 모습(2019년 3월)

메가 드라이브 미니는 30년 전에 발매된 「메가 드라이브」를 55% 축소한 미니어처이며 그 안에는 여러 게임이 내장되어 있는, 소위 '플러그 & 플레이'[※2]라고 불리는 게임기이다. 카트리지 등의 소프트 교환식이 아니니까 형태로 치자면 1983년의 초대 세가 하드 「SG-1000」보다 오래된 닌텐도의 「컬러 테레비게임15」와 같은 1970년대의 게임기로 회귀했다고도 할 수 있다. 안에서 동작하는 게임 소프트는 모두 메가 드라이브용의 그리운 레트로 소프트들이라 최신 게임이라 불러도 좋을지는 미묘한 부분이 있다.

아시는 대로 이 상품은 2016년에 닌텐도가 발매한 미니어처 플러

※2. '연결하면(plug), 특별한 설정 없이 실행(play)할 수 있다'는 의미. 「메가 드라이브 미니」는 TV접속은 HDMI, 전원은 USB 공급이므로 문자 그대로 '꽂으면 즐길 수 있다'.

285

그&플레이 기기 「닌텐도 클래식 미니 패밀리 컴퓨터」 및 2017년의 「닌텐도 클래식 미니 슈퍼 패미컴」의 히트의 영향을 받은 기획이다. 닌텐도의 이 2기종은 합쳐서 전 세계에서 1,000만 대가 판매되었다.

「닌텐도 클래식 미니」가 발표되었을 때, 오랜만에 가정용 게임기가 '장난감'으로 돌아온 것을 나는 매우 사랑스럽게 느꼈다. 그리고 이것은 세가도 만들어야 한다!~라고 바로 제안서를 작성하여 회사에 제출했다. 그것이 채용되었는지 어쨌는지는 확실하지 않지만 그 2년 뒤에 실제 개발이 시작되었을 때, 나는 보기 좋게 개발 담당자 중 한 명으로 참여할 수 있었다.

▲ 「메가 드라이브 미니」

메가 드라이브 미니에서 나의 역할은 '콘텐츠 총괄'. 게임 소프트웨어 부분의 책임자이다. 메가 드라이브 미니는 예상을 훨씬 뛰어넘은 반향에 맞추어 규모를 확대하여, 발표에서 1년 반 후인 2019년 가을에 전 세계에 발매되었다. 그리고 발표 시를 뛰어넘는 큰 반향을 받을 수 있었다. 30년을 지나서도 메가 드라이브는 모두의 기억에 남아 사랑받고 있었다는 점이 매우 기뻤다.

　드림캐스트의 제조 중지에 따라 가정용 하드 개발에 관여하던 사원의 대부분은 「Xbox」 등 타사 하드의 개발로 옮겨가거나 세가를 떠나, 세가에서 가정용 하드웨어의 개발 부서는 없어졌다. 그래도 몇몇은 현재 관리직 등을 하고 있었기 때문에 이때 현장에 복귀했다. 또한, 메가 드라이브 제작에 관여한 멤버의 일부는 메가 드라이브의 아키텍처를 사용하여 만들어진 「키즈 컴퓨터 PICO」의 개발로 옮겨가 그대로 그룹 회사인 세가 토이즈에서 일하고 있었으므로 프로젝트에 참여할 수 있었다. 그들 없이는 메가 드라이브 미니를 제작할 수 없었다. 끊겼다고 생각했던 역사는 이어져 있었던 것이다.

　메가 드라이브 미니와 동시기에 「NEO GEO mini」, 「플레이스테이션 클래식」, 「PC엔진 mini」 등 그리운 하드가 타사에서도 속속 등장하여 큰 화제를 모았다. 가장 뜨거웠던 90년대 전반의 게임기 전쟁이 다시 벌어진 것 같아서 나도 즐거웠다. 게다가 지금이라면 무언가 하나를 고를 필요 없이 어른의 재력으로 전부 살 수도 있다. 경쟁은 필요 없었다.

　그 후에도 세가는 2020년에 설립 60주년을 기념하는 굿즈로 가지고 놀 수 있는 미니어처 「게임 기어 미크로」를 발매. 2022년에는 「메가 드라이브 미니2」도 발매했다. 최근 수년 동안 다시 가볍게 세가 하드를 다루게 되었으나 가능하다면 모든 하드를 컴플리트하여 여기서 이야기했던 역사를 순서대로 재현해 보고 싶은 기분이다. 누구도 하지 않는다면 반다이의 「알카디아」도, 에폭 사의 「카세트비전」도 내가 전부 복각하고 싶은 기분이다. 이익을 낼 수 있을지 어떨지는 의심스럽지만…….

▲「게임 기어 미크로」

▲「메가 드라이브 미니 2」

　「패밀리 컴퓨터」와 세가의 가정용 하드가 탄생한지 올해(2023년)으로 40년이 된다. 40년 전, 세가에 기대감을 가지고 「SG-1000」을 선택한 사람도, 패미컴을 살려다 SG-1000을 사 버린 사람도, 모두 50대 이상이다.

　세가의 가정용 하드는 시작한 지 40년, 미니 하드를 제외하면 끝난 지 20년. 지금은 세가 사원일지라도 예전에 닌텐도나 소니와 하드로 경쟁하던 것을 모르는 사람이 있어도 이상하지 않을 정도로 긴 시간이 지났다. 현재는 게임기의 역사를 말할 때, 흥미 위주로 정리되어 놀림당하는 경우도 많은 세가의 하드지만, 그 궤적을 따라가 보면 결코 실패와 패배만의 역사가 아니었음을 많은 분이 알아주셨으면 해서 이 책을 썼는데 어떠셨을지 궁금하다.

　신사업을 만들어낸 SG-1000. 유럽에서 천하를 차지한 「세가 마크 Ⅲ/마스터 시스템」. 북미에서 닌텐도와 대등한 대결을 펼친 메가 드라이브. 일본 톱의 꿈을 꾸었던 「세가 새턴」. 그리고 가정용 온라인 게임의 길을 연 개척자 「드림캐스트」. 세가 하드의 역사는 최후에 도산의 위기까지 갈 정도로 싸움을 계속한 도전의 역사였다.

SG-1000 때에는 200억 엔대였던 세가의 매출은 메가 드라이브 인기가 피크였던 1994년에는 3,540억 엔에 달했다. 그 후는 오랜 적자에 힘들어하면서도 회복하여 2023년의 세가사미 매출은 3,896억 엔. 드디어 전성기의 세가를 능가하게 되었다.

이렇게 부활을 이뤘지만, 비디오 게임 업계의 기반이 된 그 시절의 도전이 있었기 때문에 지금의 세가가 있는 것이 아니었을까 생각된다. 그 결과로 세가의 이름이 세계 많은 이들의 기억에 남은 것이다. 세가는 더 이상 새로운 하드를 내지 않을지도 모르지만, 앞으로도 도전은 계속될 것이며 살아남을 것이다. 다음은 어떤 일이 벌어질 것인지 앞으로도 주목하고 싶다.

맺음말

뱌쿠야쇼보白夜書房는 나에게 기억에 남는 출판사이다. 내가 아직 여섯 살이었을 때, 아버지가 뱌쿠야쇼보(당시 이름은 셀프 출판이었다)에서 '소설 매거진'이라는 잡지를 창간했기 때문이다. 표지에 그려진 〈천재 바카본〉의 '우나기이누'를 신나서 가위로 잘라냈던 기억이 있다.

아버지는 그 이전에도 '히야시츄카 사상의 연구(冷し中華思想の研究)'라는 코너를 셀프 출판의 잡지에서 연재하고 있었다고 하는데, 이쪽은 아이인 내가 읽으면 안 되는 책이었기 때문에 아쉽게도 기억이 없다.

어쨌든 예전 아버지가 인상적인 일을 하던 출판사에서 이렇게 책을 내게 되어 기묘한 인연이라고 생각했다. 아버지도 저세상에서 웃고 계실 것이다.

현재의 나와 뱌쿠야쇼보의 첫 만남은 2020년이었다. Web사이트 '미래의 아이디어'에서 「게임기어 미크로」에 대해 인터뷰 요청을 받았었다. 이 책의 편집자인 사토 씨는 거기서 처음으로 만났다.

그러고 나서 반년 정도 지나 사토 씨에게서 원고 집필 의뢰를 갑자기 받았을 때는 꽤 놀랐다.

처음에 받은 제안은 '세가와 걷는 게임사'였다. '미래의 아이디어'에서 5회 연재하는 것이었으나 '게임사'라면 스케일이 너무 크기 때문에 5회로는 이야기를 충분히 할 수 없다고 생각하여, 차라리 많은 사람들의 기억에 남아있는 「세가 새턴」의 이야기만 해보려 했다.

그때 받은 기획서에는 이미 서적 화도 목표로 하고 싶다고 쓰여 있었기에 조금 놀랐지만, 아무래도 5회 연재 정도로는 볼륨 면에서 어렵다고 생각해서 당시에는 깊이 생각하지 않고 받아들이기로 했다.

2021년 여름에 게재된 최초의 연재는 덕분에 호평을 받았으나 종료 후에 다시 서적 화에 관한 제안이 있었기에 진지하게 생각하게 되었다.

하지만 그때 나는 이미 「메가 드라이브 미니2」의 개발이 본격화되어 있었기에 이번에는 1년 후에 「메가 드라이브」의 역사에 관해 연재하기로 하고 일단 넘어갔다.

결국 남은 것을 모두 다 쓴 것은 2023년의 1월이었고 교정하는 중에 연재 시의 원고에도 여기저기 손을 봐, 다시 쓰고 나니 5월이었다.

결국 최초에 제안을 받은 뒤에 2년 이상 걸려버렸지만, 마지막까지 인내심을 가지고 대응해 주신 사토 씨, 정말로 감사했습니다.

이 책은 '머릿말'에 쓴 것처럼 너무 매니악하지 않게 적당히 역사를 훑어볼 수 있게 하는 의도로 썼지만 근본이 오타쿠라서 몇몇 곳에서 지나치게 깊게 들어갔을지도 모른다. 또, 때마침 이 책을 일단락 짓자마자 SNS에서 TV 게임의 역사가 맞았느니 틀렸느니에 관해 불타오르는 것을 보았을 때는 조금 간담이 서늘했다는 점도 기록해 둔다.

이 책을 내는 데 있어, 부업으로 집필을 해보도록 강하게 권해주신 미야히로 씨, 나구모 씨, 마츠다 씨를 시작으로 응원과 협력을 해주신 사내의 모든 분께도 감사드립니다. 또 부업을 할 수 있게 해준 회사에도 감사합니다.

TV 게임도 탄생에서 반세기를 지나 당사자의 기억도 희미해져 가는 중에, 게임 역사의 연구가 본격화하는 것은 일본에서는 이제부터라고 생각한다. 이 책을 읽어주신 많은 '게임 고고학자' 여러분도 한층 역사에 관심을 가지고 배워주신다면 좋겠다.

2023년 5월
〈이세계 삼촌〉 제50화 갱신을 기다리면서

오쿠나리 요스케

역자 후기

삼국지. 많은 사람들이 좋아하는 이야기이다. 삼국지의 주인공이라고 하면 유비, 관우, 장비가 나오는 촉나라라 할 수 있다. 시골에서 돗자리를 짜던 유비가 관우, 장비와 도원결의를 하고, 삼고초려를 하여 제갈량을 영입하는 이야기는 삼국지를 읽지 않은 사람일지라도 모두 안다. 이들은 적벽에서 통쾌하게 조조를 물리치기도 하지만, 결국 모두 아쉬운 죽음을 맞이한다. 결국 촉은 통일은커녕 2대를 넘기지 못하고 역사 속으로 사라진다. 그렇다. 냉정히 이야기하면 이들은 모두 역사의 패배자일 뿐이다. 그럼에도 불구하고 오늘날까지 많은 사람들은, 이들을 단순히 역사 속에 스쳐 지나간 패배자들로 보지 않는다.

세가가 가정용 게임기 시장에서 활약했던 것은 83년부터 2001년까지로 20년이 채 되지 않는다. 물론 그 기간 중 일부 시기에는 닌텐도나 소니를 일시적으로 누르고 시장 점유율 1위를 차지한 적도 있다. 하지만 결국 드림캐스트를 마지막으로 게임기 사업에서 철수하고, 파칭코 사업이 주력이던 일본 사미 사에 인수되어 세가사미가 된다. 그렇다. 냉정히 이야기하면 세가는 8~90년대 게임기 전쟁의 패배자일 뿐이다. 그러나, 세가가 단순히 패배자일 뿐이라면 팬들이 아직도 세가를 그리워할 일도, 이 책이 나올 일도 없었을 것이다.

세가를 그저 게임을 잘 만드는 회사 이상의 어떤 존재로 만든 것은, 분명 가정용 게임기 사업의 영향이라고 생각한다. 이익을 많이 가져다주는 게임을 만드는 것과 게이머들에게 놀라움을 주는 게임을 만드는 것은 일치하지 않는다. 세가는 적자를 거듭한 드림캐스트의 마지막 순간까지도 게이머들에게 놀라움을 주는 게임을 만드는 것을 포기하지 않았다. 구체적인 게임 이름을 들지 않더라도 세가 팬들이라면 이미 머릿속에 많은 게임들이 떠오를 것이다. 매출 순위에서 단순히 돈만 잘 버는 게임들이 즐비한 요즘, 더욱더 당시 세가가 믿기지 않는 행동을 했다고 느낀다.

세가 게임기를 소유하고, 즐기는 것은 단순히 어떤 재미있는 하나의 게임을 하는 차원을 넘어선 것이었다. 보다 색다르고 독특한 게임을 하기 위해 기꺼이 비주류의 선택을 하겠다는 선언 같은 것이었다. 그런 팬들과 세가가 상호작용을 하면서 만들어진, 일시적으로 존재했던, 지금은 존재하지 않는 독특한 문화 현상이었다. 지나치게 못 만든 게임에 되레 '사마(님)'라는 존칭을 붙이며 즐기거나, '시맨'같은 괴상한 인면어 게임이 높은 판매량을 보인 것도 모두 그런 문화가 있었기 때문에 가능한 일이었다. 따라서, 세가가 하드웨어 사업에서 철수한 것은 단순히 게임기의 종류가 하나 줄어든 것이 아니라 특정한 스타일의 게임을 선호하는 게이머들이 모이는 커뮤니티 공간이 사라진 것이며, 나아가 그런 게이머들이 일정 규모를 가지고 있는 시장이 존재했기에 만들어질 수 있었던 독특하고 매력적인 게임들이 더 이상 나올 수 없음을 의미하는 것이었다.

이 책에는 게임기 전쟁 당시 세가 내부에 있었고, 현재(2025년)까지도 세가의 직원인 오쿠나리 요스케씨가 직/간접적으로 보고 느낀 것들이 적혀 있다. 단편적으로 알고 있던 당시의 속사정들을 내부자의 관점으로 담담하게 풀어놓았다. 세가 팬이라면 누구라도, 혁신적이고 멋진 게임이 쏟아지던 뒷무대에서 많은 이들이 노력했다는 사실을 새삼 상기하며 벅찬 감정을 느낄 것이다.

이 책을 번역하는 것은 기쁘고 영광스러운 일이면서도 부담스러운 일이었다. 단순히 외부인이 취재를 통해 재구성한 내용이 아니라, 당시 현업에 있었고 현재에도 세가에 재직하고 있는 실무자가 작성한 글이기 때문이다. 그래서 무심코 보면 담담히 당시 상황을 기록한 것 같지만, 신경 써서 보면 글쓴이의 세가에 대한 애정과 아쉬움이 많이 드러나 있는 것을 느낄 수 있다. 그러한 점이 세가 역사를 다룬 기존의 많은 책들과 이 책의 차이점이라고 생각한다. 그런 부분을 놓치지 않으려고 번역에 신경을 썼지만 제대로 되었을지 걱정이 앞선다. 전국에 계신 세가 팬들에게 부끄럽지 않은 번역이 되었기를 바랄 뿐이다.

본서의 출판을 성사시켜주신 출판사에 감사드리며, 나에게 세가란 무엇인가를 알려주었던 강한주(KGOON) 군에게 이 자리를 빌려 감사를 표하고 싶다.

고라

역자 소개 – 고라

　게임 로컬라이즈, 라이센싱, 마케팅 업무로 경력을 시작하여 개발 전략, 게임 제작 관리 업무까지 두루 경험하였다. 콜 오브 듀티, 철권, 킹 오브 파이터즈, 천주, 페르시아의 왕자 등을 국내 퍼블리싱하고, 팡야 콘솔 버전 등의 해외 라이센싱 업무를 담당했다. 이 과정에서 콘솔, 모바일, PC,아케이드 등 지역, 언어, 플랫폼을 넘나들며 게임 사업 및 개발 전반을 경험하였다.

　부모님이 1등 하면 게임기 사준다고 해서 생애 딱 한번 반 1등을 해봤다. 슈퍼 패미컴을 사려고 했지만, 어머니께서 돈이 모자란다고 해서 어쩔 수 없이 슈퍼 겜보이(메가 드라이브)를 사면서 세가 게임에 입문했다. 어머니께서 밥솥을 사기 위해 돈을 빼돌려서 그랬다는 사실은 한참 나중에 알게 된다. 이로 인해 길을 잘못 들어서 메가CD, 세가 새턴, 드림캐스트까지 세가 게임기를 즐기게 된다.

　현재 게임 업계 분석 유튜브 채널 "뀨놀의 게임읽기" 활동을 하고 있다.

　저서로 게임 사행성에 관한 이론, 실무를 다룬 「당신이 몰랐으면 하는 K-게임 사행성의 비밀」이 있다.

참고문헌

잡지, 서적

『セガハードヒストリア』（SBクリエイティブ、2021年）

『Beep』『BEEP!メガドライブ』『セガサターンマガジン』『ドリームキャストマガジン』『ドリマガ』（日本ソフトバンク、SBクリエイティブ）

『セガ・コンシューマー・ヒストリー』（エンターブレイン、2002年）

武層新木朗 『週刊ファミ通』連載「Road To Famicom」
　　　　（エンターブレイン、2008年9月12日号〜2009年1月2日号増刊）

上村雅之、細井浩一、中村彰憲 『ファミコンとその時代 テレビゲームの誕生』
　　　　（NTT出版、2013年）

赤木真澄 『それは「ポン」から始まった アーケードTVゲームの成り立ち』
　　　　（アミューズメント通信社、2005年）

小山友介 『日本デジタルゲーム産業史 増補改訂版：ファミコン以前からスマホゲームまで』（人文書院、2020年）

大下英治 『セガ・ゲームの王国』（講談社、1993年）

ブレイク・J・ハリス 『セガVS.任天堂 ゲームの未来を変えた覇権戦争』（上・下）
　　　　（早川書房、2017年）

山本直人 『超実録裏話 ファミマガ 創刊26年目に明かされる制作秘話集』
　　　　（徳間書店、2011年）

佐藤辰男 『KADOKAWAのメディアミックス全史 サブカルチャーの創造と発展』
　　　　（KADOKAWA、2021年）

厚木十三、水崎ひかる 『電子ゲーム70's & 80'sコレクション』
　　　　（オークラ出版、2000年）

クリスチャン・ワースター 『コンピュータ 写真で見る歴史』
　　　　（タッシェンジャパン、2002年）

『RackAce』（東京出版販売、1986年4月号、12月号）

Keith Stuart 『Sega Mega Drive/Genesis Collected Works』

(Read-Only Memory、2014年)
『Retro Gamer: The Master System The Sega Book』
　　(Live Publishing、2016年)
『DEFINITIVO MEGA DRIVE』（WARPZONE、2017年）

Web

「ゲームマシン」アーカイブ（アミューズメント通信社）
　　https://onitama.tv/gamemachine/archive.html
「オーラルヒストリー」（立命館大学ゲーム研究センター）
　　https://www.rcgs.jp/?page_id=204
ゲーム産業、イノベーションのルーツを探る（『日経クロステック』日本経済新聞
社）　　https://xtech.nikkei.com/dm/atcl/feature/15/050800095/

그 밖에, 「Beep21」 (https://note.com/beep21/)、
セガ公式ホームページ (https://www.sega.jp/)、
任天堂公式ホームページ (https://www.nintendo.co.jp/)、
SIE公式ホームページ (https://sonyinteractive.com/jp/) 등등

세가 게임기 투쟁사
세가 게임기 40년의 기록 : 1983~2023

2025년 6월 30일 제1쇄

저자
오쿠나리 요스케

번역
고라

협력
신경수, 최신원

편집/디자인
엄다인, 민경천

표지
김경희

발행인
홍승범

발행
스타비즈(제375-2019-00002호)
주소 [16282] 경기도 수원시 장안구 조원로112번길 2
팩스 050-8094-4116
e메일 biz@starbeez.kr
ISBN 979-11-92820-11-8
정가 28,000원